高等学校交通运输与工程类专业教材建设委员会规划教材

现代交通信号控制系统

于泉 主编
蒋松涛 王力 副主编

人民交通出版社股份有限公司
北京

内 容 提 要

本书为高等学校交通运输与工程类专业教材建设委员会规划教材,共分8章,主要内容包括:交通信号控制概述、交通信号控制演变、交通信号控制基础知识、现代交通信号控制系统硬件、现代交通信号控制系统通信、现代交通信号控制系统平台、现代交通信号控制仿真与应用和开源交通信号控制系统。为方便阅读,本书附录配有相关标准及中英文对照表。

本书根据国内外交通信号控制技术的新发展状况,全面收集新资料,对传统交通信号控制基础知识和交通信号控制系统进行了详细讲解。本书从硬件到通信、平台再到仿真与应用以及开源技术,全面介绍了现代交通信号控制系统的发展状况。

本书可作为高等院校交通工程专业本科生的教学用书,亦可作为相关专业本科生和研究生的教学参考书,也可供从事交通工程的技术人员和管理人员阅读参考。

图书在版编目(CIP)数据

现代交通信号控制系统 / 于泉主编. — 北京:人民交通出版社股份有限公司,2023.10
ISBN 978-7-114-18879-4

Ⅰ.①现… Ⅱ.①于… Ⅲ.①交通信号—自动控制系统—教材 Ⅳ.①U491.5

中国国家版本馆 CIP 数据核字(2023)第 120892 号

高等学校交通运输与工程类专业教材建设委员会规划教材
Xiandai Jiaotong Xinhao Kongzhi Xitong

书　　名	**现代交通信号控制系统**
著 作 者	于　泉
责任编辑	杨　思
责任校对	孙国靖　宋佳时
责任印制	张　凯
出版发行	人民交通出版社股份有限公司
地　　址	(100011)北京市朝阳区安定门外外馆斜街 3 号
网　　址	http://www.ccpcl.com.cn
销售电话	(010)59757973
总 经 销	人民交通出版社股份有限公司发行部
经　　销	各地新华书店
印　　刷	北京虎彩文化传播有限公司
开　　本	787×1092　1/16
印　　张	15.375
字　　数	384 千
版　　次	2023 年 10 月　第 1 版
印　　次	2023 年 10 月　第 1 次印刷
书　　号	ISBN 978-7-114-18879-4
定　　价	49.00 元

(有印刷、装订质量问题的图书,由本公司负责调换)

前言

在近些年的教学科研以及技术交流活动中,编者明显感觉到传统交通信号控制课程的教学内容与实际项目应用脱节。国内的交通信号控制应用已经发展成集传统交通信号控制、各种新概念控制方法、新概念传感器、互联网技术支撑的大数据应用等于一体的典型跨学科技术体系,这使得从业人员除了需要具备传统交通信号控制专业基础知识以外,还需要掌握大量的当代信息技术知识。传统交通信号控制课程的教学内容很难全面覆盖这些领域,这使得交通工程专业的毕业生在进行实际工作时仍要学习补充大量的行业知识。

受制于早期交通检测技术的缺失,传统的交通信号控制系统无法对道路上的车辆进行精准计数和数据采集,因此往往将道路上的连续多个车辆视为流体,通过局部时空中的流体密度、速度和流率等统计性交通参数来简化描述车辆的运动。所以,传统交通信号控制系统以定周期控制模式为主,设备配置简单,功能设计有限。随着智能交通系统的发展,人们开始采用计算机联网控制交通信号,通过感应线圈、摄像机、雷达检测器等采集实时交通流数据,研发多种交通信号控制优化模型来确定信号配时方案,动态调整交通信号灯色的显示时长等,进而实现整个交通路网的配时优化。交通信号控制领域也出现了集智能交通检测器、边缘计算设备、智能交通信号控制机、高速率-大容量-低时延通信设备以及智能交通管控云平台、开源控制系统等融合现代科技的硬件和软件于一体的系统。

传统交通信号控制理论体系已经基本固化,近几十年没有发生过大的变化。而近年来迅速发展的自动驾驶、智能网联、车路协同有可能从根本上改变传统交通信号控制的预设场景,使得交通信号控制理论发生重大变革。产业界在车端、通信端投入了大量资源,产出了众多应用成果,但是在如何与交通信号控制领域互动并有效提升路网通行效率方面建树不多，这一方面是因为传统交通信号控制体系相对封闭，另一方面也是因为涉及的知识体系庞大，学习成本、创新成本高。

开源体系的出现有效降低了创新成本。近年来，交通信号控制领域的开源项目逐渐成熟，出现了多个可实际应用的开源产品。编者与多个开源项目团队合作，初步创建了基于开源体系的交通信号控制教学环境，并且在一些项目中形成了成功的应用案例和技术。

本书第1章至第2章从交通信号控制的本质、目的及发展着眼，展开详细介绍，第3章则介绍了交通信号控制的一些基础知识，第4章至第6章介绍了现代交通信号控制系统的组成部分，分别从硬件、通信、平台展开介绍，接着引出第7章现代交通信号控制系统仿真与应用，第8章对开源交通信号控制系统及其实际应用进行具体阐述，旨在帮助从业人员获得更多的行业经验。

本书从现代交通信号控制技术发展催生的交通信号控制系统新体系入手编写，集合了长期从事交通信号控制教学、科研、管理、应用的多名专家、学者的理论和实践经验，体现了我国交通信号控制的发展情况和建设需求，体现了我国在交通信号控制技术方面的创新性和学科特色。

本书适合高等院校交通工程专业学生及交通行业相关从业者使用学习，书中介绍的相关理论知识以及实践应用对于学生及从业者掌握概念和更新专业知识有重要意义。本书的出版，旨在更新专业知识，传递行业经验，凝练建设成果，推动行业发展，惠及从业人员。

本书第1章至第2章由于泉、吉鸿海编写，第3章由徐盛、林科编写，第4章至第7章由蒋松涛、饶幸运、王力编写，第8章由唐崇伟、蒋松涛编写。在本书成稿过程中，编者向国内外领域专家进行了咨询并得到了众多宝贵意见，在此表示诚挚的感谢。

本书是对现代交通技术发展场景下交通信号控制系统现状的总结与展望，部分内容系初次编写，由于技术更迭迅速和编写水平有限，疏漏之处在所难免，敬请读者朋友指正。

编　者
2023年5月

目录

1 | 第 1 章 交通信号控制概述
1.1 交通信号控制的本质 …………………… 2
1.2 交通信号控制的目的 …………………… 11
1.3 交通信号控制的难点 …………………… 13
本章思考题 ………………………………… 17

19 | 第 2 章 交通信号控制演变
2.1 国外交通信号控制主要发展 ……… 20
2.2 国内交通信号控制主要发展 ……… 24
2.3 交通信号控制现存问题 …………… 28
本章思考题 ………………………………… 33

35 | 第 3 章 交通信号控制基础知识
3.1 交通信号灯 ………………………… 36
3.2 基本参数 …………………………… 37
3.3 基本控制方法 ……………………… 43
3.4 基本控制策略 ……………………… 45
3.5 特殊控制场景 ……………………… 54
3.6 控制技术及场景发展 ……………… 62
本章思考题 ………………………………… 63

65 | 第 4 章 现代交通信号控制系统硬件
4.1 交通信号控制机 …………………… 66
4.2 交通检测器 ………………………… 101
4.3 边缘计算体 ………………………… 112
本章思考题 ………………………………… 119

121 | 第 5 章 现代交通信号控制系统通信
5.1 通信传输内容 ……………………… 122

5.2　通信传输方式 …………………… 123
　　5.3　通信协议中控制方式的分类 ……… 126
　　5.4　通信标准 ……………………………… 133
　　本章思考题 …………………………………… 143

145 ｜ 第 6 章　现代交通信号控制系统平台
　　6.1　悉尼协调自适应交通系统 ………… 147
　　6.2　英国协调自适应控制系统 ………… 153
　　6.3　开源统一信控平台 …………………… 158
　　本章思考题 …………………………………… 164

165 ｜ 第 7 章　现代交通信号控制仿真与应用
　　7.1　交通仿真概述 ………………………… 166
　　7.2　交通信号控制仿真软件简介 ……… 166
　　7.3　仿真驱动的虚拟交通环境 ………… 170
　　本章思考题 …………………………………… 175

177 ｜ 第 8 章　开源交通信号控制系统
　　8.1　开源简介 ……………………………… 178
　　8.2　开源交通控制系统的需求背景 …… 187
　　8.3　交通信号控制系统的典型开源
　　　　工程 …………………………………… 195
　　8.4　开源工程的实际应用 ………………… 205
　　本章思考题 …………………………………… 214

215 ｜ 参考文献

216 ｜ 附录 A　GB 25280 对象消息结构

220 ｜ 附录 B　通信帧结构、通信规范定义及通信规程

226 ｜ 附录 C　对象定义

231 ｜ 附录 D　NTCIP 标准中主要对象类型

234 ｜ 附录 E　本教材中英文对照表

现代交通信号控制系统

1

第1章 交通信号控制概述

1.1 交通信号控制的本质

1.1.1 信号

在信息论中,信息用来衡量一个事件发生的不确定性。这个定义清晰明了,直指本质。比如"明天下雨的概率为40%"和"明天一定不下雨"相比较,前者的不确定性更大,存储前者所需要的二进制数也更大,这意味着弄清楚前者需要付出的代价更大。而信号的定义却模糊不清,主要有以下几类定义。

(1)信号是表示消息的物理量,如电信号可以通过幅值、频率、相位的变化来表示不同的消息。这种电信号有模拟信号和数字信号两类。信号是运载消息的工具,是消息的载体。

(2)在通信系统、信号处理或者电子工程等技术领域中,信号是"传递有关一些现象的行为或属性的信息的函数"。

(3)信号是消息的载体,是通信系统的主要组成部分。

1.1.2 控制

什么是控制?《现代汉语词典》第7版对"控制"的定义是,掌握住不使任意活动或越出范围。但是这一定义并不完整,控制还应该包括对事物起因、发展及结果的全过程的把握,使能预测并了解并决定事物的结果。

在经济学中,控制是指有权决定一个企业的财务和经营政策,并能据此从该企业的经营活动中获取利益。例如,若投资企业能够对被投资单位实施控制,则被投资单位为其子公司,投资企业应当将子公司纳入合并财务报表的合并范围。

在管理学中,控制有两个定义。定义一:对员工的活动进行监督,判定组织是否正朝着既定的目标前进和健康发展,并在必要时及时采取矫正措施。定义二:检查工作是否被既有逻辑控制,如果用 X 表示输入值,用 y 表示输出值,用 S 表示客体的功能,用 R 表示控制系统即反馈系统的作用,用 ΔX 表示偏差信息,则有

$$y = S(X + \Delta X) = S(X + Ry) = SX + SRy \tag{1-1}$$

式中,R 为反馈因子或控制参数,它反映闭环控制系统的反馈功能或控制功能。管理中所运用的反馈原理主要是负反馈原理。

1.1.3 信号控制

了解了信号和控制的定义,不难理解广义上的信号控制,即在有限时空范围内,使有效信息按照掌控者意图随时间或者空间流动的方法或者行为。

信号控制的本质是将控制意图通过电信号的形式传递给被控制的对象,

以实现对目标对象的控制。在控制系统中,信号控制多指数据表征状态下的信息传递方法,分为以下几类。

1. 前馈控制

前馈控制是一种使预期量不随时间变化的常量反馈控制。在前馈控制中,由于预期量是个常量,其控制系统的主要任务是抵抗外部干扰。当外部干扰影响系统运行时,输出量将偏离预期值,控制系统的作用是使输出量恢复到预期值。例如,国家对物价水平和经济增长速度的控制,一般都是前馈控制。

2. 同期控制

同期控制也称现场控制或事中控制。同期控制的控制作用发生在行动之中,即与工作过程同时进行。其特点是在行动过程中能及时发现偏差、纠正偏差,取得立竿见影的效果,将损失降到最低的程度。其目的是保证本次活动尽可能少发生偏差,改进本次而不是下一次活动的质量。

3. 反馈控制

反馈控制也称事后控制,是最常用的控制方法。所谓反馈控制,就是从一个时期的活动结果中获得反馈信息,并依据这些反馈信息来监控和矫正今后的活动。

1.1.4 交通信号控制

交通信号控制,也叫交通控制或城市交通控制,就是依靠交通警察或采用交通信号控制设施,根据交通变化特性来指挥车辆和行人的通行。交通信号控制运用现代化的通信设施、信号装置、传感器、监控设备和计算机对运行中的车辆进行准确的组织、调控,使其能够安全畅通地运行。交通管制分为静态管理和动态管理,而交通信号控制就是其中的动态管理。

广义交通信号控制包含两个层面的三种控制:第一层面是交通设施层面的控制,即交通信号控制(可称之为狭义交通信号控制),该层面的控制是通过交通信号灯与某些交通标志、标线等的共同作用,控制交通流运行。第二层面是交通需求层面的控制,包括行为控制和结构控制。其中,行为控制是通过规划交通参与者的出行方案,从时空上来控制道路交通需求强度;结构控制就是通过政策法规或经济杠杆调整出行方式结构,从而控制道路交通需求强度。

为什么会出现交通信号控制这个名词?深入探索会发现,当今社会文明程度在不断提高,交通设施在不断更新迭代,道路上的车辆也在不断增加,而道路的供给不匹配,矛盾的出现不可避免。当矛盾出现时,随之而来的是交通拥堵和交通事故的发生。交通信号控制可以很好地缓解这个矛盾。道路安全等级和设施匹配度高低决定了交通信号控制的优劣,如何提高两者之间的匹配度,成为解决交通拥堵问题和减少交通事故发生的关键点。接下来我们将从不同的角度来认识交通信号控制,从不同的角度去思考如何提高道路安全等级和设施匹配度,以便更好地进行交通信号控制。

1.1.5 从交通路权角度认识交通信号控制

要从交通路权的角度认识交通信号控制的本质,就必须理解信号灯是什么。信号灯是人们发明的一个工具。为了规范秩序和保障安全,人们创造了信号灯,以此制定了路口的规则,明晰了路权。

路权包括占有权、使用权和优先权。占有权实际上是一种财产权和物权。使用权包含两方面的含义:一是上路权,就是指在道路上行驶或者行走的权利;二是指在特定场景下使用道路的权利。大部分交警和驾驶人最关心的是优先权,优先权包括绝对路权、相对路权、特殊路权和通行优先路权。绝对路权强调交通参与者要各行其道,如公交专用道、自行车专用道等专用道路,只有公交车、自行车的驾驶人可以使用,其他交通参与者不能使用;相对路权是指交通参与者在借道通行时拥有的权利,如在施工作业区内,交通参与者可以借用非其使用的道路通行;特殊路权是警车、消防车、救护车和工程救险车等特种车辆在执行紧急任务时拥有的特殊权利,如在确保安全的前提下,可不受行驶路线、行驶方向、行驶速度和信号灯的限制,其他车辆和行人应当让行;我们使用最频繁的是通行优先路权,很多道路设计、交通信号控制等都是在做明确通行优先路权的工作,例如在交叉口前设置停车让行的标志,就是为了把通行优先路权区分开来。

路权的概念经常被使用,如公安交警部门在实际工作中经常使用路权概念来定责,也就是发生道路交通事故后,首先判断路权属于谁,然后定责。比如,大家常见的侵犯路权的违法行为有机动车未按规定车道行驶、未按标志标线指示行驶、未避让已进入人行横道的行人、违规使用专用车道等,这些都和路权息息相关。

道路设计和交通信号控制设计,都要使道路使用者容易看见路权的信息,并能很快明白其中表达的含义。路权信息主要通过标志、标线、信号灯等来清晰表达,使每个人都能轻松明白自己的路权是什么、可以做什么,以及其他人可以做什么。另外,对存在冲突的交叉点,需要有足够的视距确保驾驶人在看见停让标志或信号灯后,有足够的时间和空间完成必要的动作。

如果道路设计和交通信号控制设计不能清楚地表达路权信息,就不能保证道路使用者的使用权和安全。路权不能靠猜,但在实际中,很多标志牌上罗列了过多信息,这样的标志信息很难让驾驶人看清楚自己到底拥有什么样的路权。还有一些道路标志上存在奇异的图形,驾驶人根本不知道要表达什么意思;还有一些道路设计存在冲突路权,如同时出现信号灯和停让的标志,这种冲突路权往往会使驾驶人感到迷惑,不知道该遵守哪个,这样就会降低交通信号控制设施的权威性,降低大家遵守交通信号的积极性。

有了信号灯和简单通行规则后,人们又在此基础上采用轮转方式为各方向划分了时间资源,尽可能保障各行进方向有同等优先权。所以,究其本质,交通信号控制的终极目标就是解决时空资源的协调分配问题。回顾交通发展历史,交通系统大致经历了无控制时期、交通信号标志控制时期、单点定时交通信号控制时期、智能交通信号控制时期、无人驾驶时期等几个阶段,在此期间,路权分配手段同样发生了多次更新迭代。

1. 无控制时期

最初,人们在遇到路权纷争时,往往遵从"先到先行,互相礼让"的基本原则。双方驾驶人根据各自目视的结果,决定由谁优先通过冲突区域,并凭借默契各自驾驶。实际上,这也是人们从步行、骑马和驾驶马车时代起就采用的基本路权决定方式。但这一路权决定方式存在诸多问题。

(1) 该决定方式非常依赖驾驶人对周边环境的正确感知和合理判断。在车速较快、视线不佳、交通状况复杂等情况下,驾驶人难以准确地判断何时何地会发生碰撞,因此无法决定路权归属。

(2) 该决定方式需要多方驾驶人采用能够共同理解的方式进行交流。在车灯还未出现的时候,驾驶人会将手臂伸出窗外,通过不同的手势来表示其行驶意图。即使在车灯已是车辆必备件的今日,驾驶人也经常以眼神和手势交流来辅助换道、并线等操作。然而,首先,眼神和手势交流没有统一的交互标准。人们互相打手势或者用眼神示意的方式千差万别;特别是由于历史文化差异,不同国家和地区对同一手势可能有截然不同的解读。其次,眼神和手势交流的通信速度慢、可视距离短、谈判效率低,在车辆速度较快时,极易出现误差而造成交通事故。

(3) 该决定方式在相当程度上取决于驾驶人的礼让精神,路权的分配很可能由"合作"演变为"竞争",甚至"抢夺"。

基于这三点,基于默契的路权谈判很难在短时间内达成一致。因此,这一路权决定方式在汽车时代逐渐被新的交通信号控制方式代替。无控制时期的道路通行情况如图 1-1 所示。

图 1-1 无控制时期的道路通行情况

2. 交通信号标志控制时期

早在周代,中国就已有"列树以表道"的记载。在古罗马时代,军用大道上也设有里程碑和指路牌。但这些仅仅标记道路信息,并未指示路权。1903年,由于法国汽车联盟的积极推进,法国成为世界上较早在全国范围内使用统一的汽车交通标志的国家。而直到 1930 年以后,统一的交通标志法才在英国各地获得认可,交通标志更加规范化。1935 年,美国的第一版《统一交通控制设施手册》(*Manual on Uniform Traffic Control Devices*)出版,在全美国统一了制作交通标志的办法和标准。这一阶段,交通标志依然以提示驾驶人危险为主要职责。如法国当时的交通标志为在黑色的木板上用白漆书写"左拐""右拐""桥梁"等提醒驾驶人注意的文字。1968 年,联合国公布《道路交通和道路标志、信号协定》作为各国制定交通标志的基础,从此各国的交通标志在分类、形状、颜色、图案等方面逐渐向国际统一的方向发展。地面交通进入交通信号标志控制的时代。道路交通标志常用图形符号和文字来传递特定的交通法规以及交通运行控制方法的信息。道路交通标线是由路面标线、箭头、文字道路轮廓线等构成的,是用于路权设置的基础设施。这两者的作用都是管制、引导、控制和分配交通流,既可单独使用也可配合使用。交通信号标志控制的优势在于造价低廉且耐用,可尽量减少由人对于路权的不同理解而产生的歧义和纷争。道路交通标线在道路中明确标识了道路使用权中的通行权、先行权、占用权等,是目前道路交通中最为重要的静态交通设施。特别是车道线的引入,大大简化了车道路权的分配,降低了车辆行驶产生冲突从而发生碰撞的风险。但交通标志、标线对交通冲突点(交叉路口和出入口匝道)区域中不同方向车辆的路权很难起到有序和安全的控制和引导。

3. 单点定时交通信号控制时期

最早的交通信号灯出现在1868年英国伦敦威斯敏斯特区,为调度马车的运行而设立,是由煤气点燃发光的,仅仅工作了20余天便因为煤气爆炸而"夭折",煤气信号灯如图1-2所示。所以,很多人认为1914年出现在美国俄亥俄州克利夫兰市的电气交通信号灯才是交通信号控制系统的发轫之作。而我国直到1929年才在上海市第一次安装交通信号灯。交通信号灯的出现,使得令行禁止成为交通冲突点的新型路权分配和提示方式。通常,交通信号灯用在道路空间上不同方向交通流冲突的交叉口,用来在时间维度上给不同方向的交通流分配道路通行权。为了避免车辆在路口发生碰撞,一般根据车

图1-2 煤气信号灯

流方向划分不同的相位,在一段时间内依次切换各个相位,以便不同方向的车辆通过。切换一遍所有相位的时长称为周期,其中去掉红灯、黄灯时间,一个周期内路口能被利用的有效时间和周期的比值称为绿信比。交通信号灯的引入一方面改善了交叉口通行秩序,另一方面降低了驾驶人信息负荷,从而减轻了驾驶负担。在安装了交通信号灯的道路交叉口,潜在冲突区域的路权决定有了权威认证。路权由原先驾驶人之间的分布式谈判转变为集中式指派。从此,人们只需按照统一的红绿灯规则,和前车保持距离行进,无须花费时间和精力与其他方向的驾驶人进行沟通,大大降低了道路交叉口的事故率。而居于高处、有着明亮颜色的红绿灯能够被通过道路交叉口的众多驾驶人一致看到并明确认知,很好地解决了消息交互和确认的问题。但早期的信号灯由警察根据目视所及的有限信息进行手动控制,每个警察仅能控制一个路口的信号灯。这种控制方式缺乏足够的交通信息感知能力和联动控制机制,难以提高交通效率。其后很长一段时间,交通信号的三个主要参数即周期、相位差和绿信比,均被设置为定时切换、时段内固定。这一工作方式虽然较人工控制更为简单,但仍然不能实现交通运行效率最大化。

4. 智能交通信号控制时期

随着智能交通系统概念的深入普及,对城市交通的控制转向信息化和智能化。美国是最早开始智能交通信号控制研究的国家之一。其后,英国运输与道路研究试验所研制的SCOOT系统和澳大利亚新南威尔士州道路交通局

(历史上称为RTA,现称RMS)所研制的SCATS成为业界使用最广的智能交通信号控制系统。SCOOT系统和SCATS以其动态实时自适应控制的特点,对城市交通信号控制的发展起到了实质性作用。日本、美国、欧洲其他地区的智能交通系统也随之发展和普及起来。目前中国的智能交通系统发展迅速,在北京、上海、广州等大城市已经建设了先进的智能交通系统。当今的智能交通信号控制系统更加复杂。例如实时分级优化分布式控制系统就包括智能交通数据收集和处理、智能预测交通流量变化、智能计算最优配时方案等多个模块,组合起来以最佳的方式协同不同路口的信号灯,实现智能联网联控。

随着智能、网络通信等技术的发展,智能交通系统在交通信号控制行业得到越来越广泛的运用。基于互联网、大数据以及云计算的交通信号控制系统,可以对道路系统中的交通状况、交通事故、气象状况和交通环境进行实时的监视,依靠先进的车辆检测技术和计算机信息处理技术,获得有关交通状况的信息,并根据收集到的信息对交通进行有效控制,如信号灯控制、发布诱导信息等,甚至可以根据手机定位、微博留言等数据对交通系统的性能进行评估和调整。

然而即便如此,全球每年的交通事故率依然居高不下。交通效率和安全问题始终困扰着交通管理者和出行者。其重要原因之一在于交通信号控制仍然存在相当的局限性。

交通信号灯控制范围有限。通常来说,交通信号灯一般只布设在道路交叉口和快速路出入口匝道这些容易出现路权冲突导致碰撞的位置。可事实上,路权冲突导致的交通事故却可能出现在道路任何位置,并不局限在由交通信号灯控制的道路范围内。

5. 无人驾驶时期

最近十几年方兴未艾的无人车(automated vehicle)和自动驾驶(autonomous driving)技术为时空资源协调问题的解决带来了可能。在未来的几十年中,传统的交通信号控制将逐渐被更为精细的基于每辆车实时动态信息的自组织协同驾驶(cooperative driving)替代,实现路权分配的协同利用。对于路口交通信号控制而言,我们的决策变量变为每个通过路口车辆的运动时空轨迹。基于这些运动时空轨迹,我们可以方便地定义控制目标函数以实现全体车辆的通过时间更少,或者平均通行时间更短等。而车辆之间的避撞要求也可以直接在时空轨迹的相对位置上设置。虽然看起来此时的控制问题可能过于复杂,但研究表明,协同驾驶问题的核心在于决定车辆通过路口的时间顺序,确定这一顺序后,整个问题可以迎刃而解。仿真实验表明,协同驾驶在交通压力不至于导致路口过饱和的情况下,能够显著提高路口的通行能力。

从控制的本质上来看,传统的交通信号控制属于被动的反馈控制。控制系统被动地感知车流到达的变化,仅仅通过施加信号灯控制以期从当前的系统状态发展到理想的状态。而协同驾驶是将前馈控制和反馈控制相结合,通过预先规划车辆轨迹来更好地将系统导向理想状态。

虽然囿于计算能力,目前的协同驾驶尚只能考虑独立路口的交通信号控制,路口和路口之间的协同驾驶尚未引起研究者的广泛兴趣。但研究者正在探讨未来实现提前规划和控制路面上行驶的每一辆车从出发地到目的地整个轨迹的路径。在完全掌握车辆信息和道路环境信息的前提下,控制中心可以计算出每辆车具体到每一秒钟的最优行驶路线,并让每辆车准确地执行。因为人不再参与驾驶活动,也就不存在拒不执行调度或者延迟调度等行为,交通有可能变得更加流畅和安全。此时,局部时空的路权分配将从集中式指派再次回归到分布式协作,实现螺旋式演进发展。

这里,我们可以将地面交通信号控制与公认于1936年创立的空中交通信号控制进行一个有趣的对比。80多年来,国内外主要的干线航空和设想的未来地面交通一样,每架飞机基本按照预先设置好的固定轨迹飞行,大部分飞行时间飞机由机载系统驾驶。但空中管理主要依赖人来划定少量航线,在近场时也主要依靠人类管理员来进行管制。这一方式导致管理效率不高,且时有危险发生。美国因此决定启动 NextGen 计划,开发主要由机器自动管理的空中交通信号控制系统。而地面交通信号控制系统很早就进入了主要由机器自动管理的时代。不过由于无人车有待落地普及,因此地面交通尚未达到完全预先设定每辆车的运动,实现全程自动驾驶的程度。

此外,在很多大城市中,道路供给资源始终小于道路行驶需求。因此,研究者们对通过拥堵收费、投票获取路权或者可交易电子路票等多种方式来决定车辆是否能够获得驶入特定区域或路段的路权开展了很多研究。在车联网和无人驾驶技术成熟之后,这些方法的实施也将变得非常方便。

不仅如此,完全定制化的路权也将使得特权出行和共享出行变得更为便捷。我们可以动态地为特殊车辆(如消防车、救护车等)或者载有多名乘客的车辆(high-occupancy vehicle,HOV)设置更高的路权,以方便其出行。这比设置静态的载有多名乘客车辆的专用车道(HOV lane)要节省更多的道路资源。

综合来看,在今后几十年中实施上述想法首先需要无人驾驶技术得到进一步的完善,通过测试,上路普及。其他需要关注的问题包括:

(1)在较长的一段时间中,有人驾驶车辆和无人驾驶车辆将混行在道路上,如何保证驾驶人或者无人车不因误解彼此的意图而发生碰撞是值得深入研究的课题。同时,混行交通也为道路交通管理带来了新的挑战,需要构建与之相适应的交通信号控制策略。

(2)随着路网和车辆数量的急速增长,控制算法计算的复杂性也呈几何级增长,如何找到合适的算法得出较优的可行解是今后研究的热点。目前来看,自组织式的交通系统分布式控制方法具有较强的抗系统崩溃性失效的能力,可能是较优的选择。

(3)今后的交通系统将越来越依赖通信的实时性和可靠性,从而保障路权计算的合理、最优以及路权分配的及时、准确。同时,交通参与者的隐私保护也需要得到更仔细的考量。

1.1.6　从信息角度认识交通信号控制

信号是运载消息的工具,是消息的载体。在通信手段和感知设备不断发展的如今,信号和消息通过互联网媒介快速传播,从信息传播的角度而言,交通信号控制系统的输入输出状态变化被统一表述为数据,数据源、数据质量、数据隐私开始成为评价一个城市交通信号控制系统好坏的重要指标。

在这个数据爆发的时代,传统交通数据和互联网数据的交互利用同样为智能交通信号控制发展提供了极大助力,例如:传统数据中流量信息是交通需求的直观体现,准确的流量信息是信号周期与绿信比优化的输入参数,而根据互联网浮动车数据得到的车辆轨迹地图,在渗透率达到一定程度时,可以直接通过数据绘制车辆轨迹地图和热力图,和传统交通数据相配合,可以完全避免麻烦的人员实地勘测环节,准确锁定路口及路口拥堵方向。利用这些实时的状态信息,也就是数据,可以达到对问题路口"望闻问切"的目的。

"交通互联网+"具有以下时代特征:
(1)跨界融合,连接一切交通参与者;
(2)通信技术+数据技术+网络技术;
(3)用户体验至上;
(4)开放生态;
(5)创意+创新。

互联网数据信息的介入,从本质上丰富了交通信号控制的手段,可以通过融合多种交通信息挖掘网络交通需求,根据需求定制信号控制服务,实现车车、车路、基础设施之间互联互通,通过海量的交通数据进一步挖掘城市的交通需求特征,从而提高信号控制的鲁棒性与适应性。这是闻所未闻的创新突破。基于信息技术的信号控制新方向包括:

(1)交通拥堵靶向定位化。随着检测数据的种类和体量的极大丰富,采用先进的算法来实现交通拥堵的快速发现、溯源乃至精准预测成为重点。

(2)交通信号控制精准化。基于交通大数据的交通信号控制系统,可依靠精准预测、拥堵溯源来准确定位控制源头,实现精准控制。

(3)交通需求数据可视化。随着移动互联数据的普及和广泛应用,尤其海量数据等的应用,交通需求数据可视化成为可能。

(4)交通出行定制化。从被动服从向主动定制过渡,为不同的需求提供特定的服务,改善驾驶人及乘客的体验,满足不同用户的特定需求。

1.1.7 从控制角度认识交通信号控制

如何从控制角度认识交通信号控制的本质呢?如果将交通信号控制系统还原成一个反馈闭环控制系统,其组成如图1-3所示。

图1-4从控制角度清晰明了地展示了交通信号控制的发展历程,从控制对象、控制目标、控制手段、检测器、控制方法和评价分析等多个角度还原了交通从被动控制到主动控制的演进,表1-1展示了交通信号控制方式演变的三个阶段。

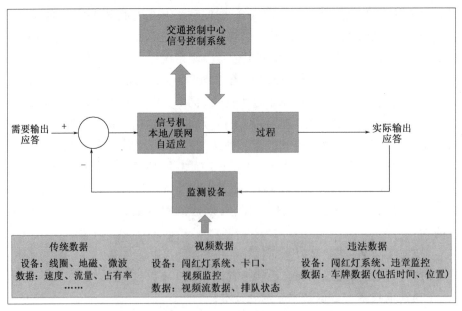

图1-3　交通信号控制系统

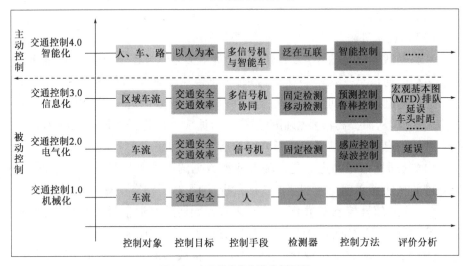

图1-4　交通信号控制的发展历程

交通信号控制方式演变　　　　　　　　　　　　　　　　　　　　　　　　　　　表1-1

阶段	交通信号控制方式
初级阶段	由管控中心通过交通大数据+传统控制手段的方式,利用交通基础设施、传感器设备、车辆与人员、行为数据、交通综合调查等一套传统控制设置流程进行有形控制
中级阶段	由"云中心",即物联网+信息控制+出行服务的方式,实现无物理中心的云控制模式,向下兼容传统信号控制方式,向上创新交通大数据交互共享控制,突破了空间局限性,逐步探索机器学习与知识发现在整个控制系统中的作用以及应用,从而进一步实现无形控制
高级阶段	由"交通信息物理系统",即无人驾驶+分布式信号控制+主动交通信号控制+基于预测的精准服务,最终实现人、车、路的智能协同,从区域交通网、道路网、能源网、信息网、控制网全方位立体化实现整个交通信号控制系统的泛在控制

在当前智能控制时代的大背景下,交通信号控制具有以下特点。
(1)被动控制转向主动控制;
(2)粗犷控制转向精准控制;
(3)节点控制转向全过程控制;
(4)小规模系统控制转向复杂巨系统控制;
(5)数据维度极大丰富,数据量爆炸式增长;
(6)计算能力极大提升。

由通过信号被动控制交叉口车流,到主动建立模型适应交通流特征,再到将车辆作为信号控制单元融入整个交通信号控制网络中,极大程度依赖于相关理论的严谨探究和应用技术的不断创新。由简单的配时方案信号控制到传统交通信号控制理论中的感应配时、协调配时等,再到智能信号控制中融入强化学习模型,都体现了交通需求的爆发式增长逼迫着行业不断进步。

除此之外,从时空尺度、控制对象、技术手段三个维度,可以更精确地刻画交通信号控制系统,如图1-5所示。

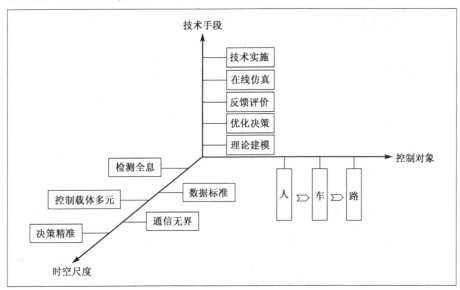

图1-5 交通信号控制系统的三个维度

交通信号控制系统不同于传统的控制系统,研究要点在于:
(1)"人在回路"的复杂巨系统建模;
(2)大规模无监督学习的智能算法;
(3)宏观在线反馈与评价。

1.2 交通信号控制的目的

交通信号是交通管理部门为实现交通管制所借助的光、声、电等信号。常用的交通信号有灯光信号和手势信号。灯光信号是由架设在道路上的交通灯或指示牌显示的信号,手势信号是由交通管理人员使用手臂动作传递的信号。

交通信号控制的主要目的是通过实施信号控制把可能发生冲突的交通流从时间和空间上进行分离,从而改善交通秩序、优化交通安全环境,同时调整道路交叉口通行能力以适应交通流的变化。交通基础设施供给的刚性与交通需求的弹性之间的差异为交通信号控制发挥作用提供了空间。究其本质,交通信号控制的目的具体可分为保障道路交通安全、提升时效、提高经济效益和提高服务水平。交通信号控制的根本目的是以人为本,服务交通出行者,故其最重要的目的是提高服务水平。

1.2.1 保障道路交通安全

道路交通安全是指在交通活动过程中,能将人身伤亡或财产损失控制在可接受水平的状态。交通安全意味着人或物遭受损失的可能性在可以接受的范围内;若这种可能性超过了可接受的水平,即为不安全。道路交通系统作为动态的开放系统,其安全既受系统内部因素的制约,又受系统外部环境的干扰,并与人、车辆及道路环境等因素密切相关。系统内任何因素的不可靠、不平衡、不稳定,都可能导致冲突与矛盾,产生不安全因素或不安全状态。

对道路平面交叉口实施信号控制,首先是为了保障平面交叉口的交通安全。平面交叉口是各方向车流、人流的汇集点,各个方向的车流与人流在平面交叉口处不断地产生交叉、合流、分流冲突,完成各自的转向,使平面交叉口成为交通事故的多发点,同时,平面交叉口发生交通事故造成的危害程度比其他路段要严重得多。因此,除了少数车流量极小且视野极好的平面交叉口之外,我们必须对绝大部分的平面交叉口实施切实有效的交通信号控制,以达到减少交通事故、保障交通安全的目的。

1.2.2 提升时效

提升时效主要体现在提升交通畅通程度上。从理论上来讲,对于一个平面交叉口,在不实施交通信号控制的情形下,各向而至的车辆谁先到谁先行,消除不必要的等候时间,似乎能获得最高的畅通度。但实际上这是不可能的,只有在极少数交通流量极小、视野极好,而各向车辆速度较为接近的平面交叉口,这一理论才适用。对于绝大多数平面交叉口,考虑到其他交通流和视野局限,驾驶人驾驶车辆接近平面交叉口时,不得不提前减速观望,缓慢通过,即使当时没有其他车辆通过也是这样。同时,驾驶人通过无控制的交叉口时,都希望自己的车辆能优先、快捷地通过,而结果往往是众多车辆挤成一团,互不相让,造成拥堵。因此,为了提高平面交叉口的交通畅通度,必须对绝大部分平面交叉口实施交通信号控制。

1.2.3 提高经济效益

随着大数据和人工智能技术的不断进步,交通信号控制系统正不断迭代升级,成为智慧城市的重要支撑和核心单元。完善成熟的城市交通信号控制系统能够有效减少交叉口延误,提高路段通行效率,降低整体交通拥挤程度,保障交通系统的低事故率、低能耗、高效运转。

道路中行驶车辆的能源消耗波动主要由频繁地踩加速踏板与制动踏板造成，而踩加速踏板与制动踏板的次数一定程度上反映了道路通行能力。路段上，由于车辆自身车速的限制以及诸多因素影响，很难通过自动化的手段对行车速度予以调节。而信号控制交叉口则不同，信号控制的好坏直接影响排队车辆的数量以及路口的通行能力，如果交叉口信号控制系统场景感知及控制能力优越，车辆通过的时间必然大幅缩短，从而降低时间成本和能源成本，带来巨大效益。

通过城市道路的行驶车辆，如果在信号控制交叉口一年能够平均降低5%的能源消耗，就2020年交通运输行业总能耗来计算，可节约燃油2616.4万t，能源成本明显降低，可见实施和优化信号控制的必要性。

1.2.4 提高服务水平

1.服务于国民经济发展

随着社会的发展和经济水平提高，交通供需不平衡、交通拥挤等问题日益严重，尤其在一些大中城市，交通拥堵已经是社会公害，是城市面临的极其严重的"城市病"之一，极端情况下甚至会导致城市整体或局部功能瘫痪，城市交通问题一定程度上成为城市经济、社会可持续发展的瓶颈。交通信号控制提升了交通系统的服务水平，使得交通延误减少，行车速度提高，出行时间大幅度缩短，为国民经济的发展提供了更多的便利。从深层次来看，交通信号控制服务于国民经济发展。

2.服务于人

交通信号控制最根本的理念就是以人为本，服务于人。交通从本质上反映人与人、人与自然的关系，坚持"以人为本"和"人与自然和谐"，满足人的出行和沟通需求。而交通控制就是服务于人的一种有效方式，2022年2月北京冬奥会期间，交通信号控制采用了"1+1"一体化交通保障模式，即交管部门在重大活动期间加强指挥调度、路面疏导和视频巡控，及时发布交通引导信息，科学编排、规划活动车辆发车时间、行驶路线，加大对道路节点的维护力度。在确保活动车辆安全准点抵离的同时，最大限度地减少对社会交通的影响。冬奥会期间，全北京市交通运行良好，既没有因交通问题造成运动员晚点、耽误比赛等情况，也没有过多干扰和影响市民的出行。

1.3 交通信号控制的难点

交通信号控制系统经历了机械化、电气化、信息化、智能化这四个阶段，经过不断发展，取得了很多令人瞩目的成就，但仍有很多技术难点与非技术难点需要解决。

1.3.1 技术难点

随着技术不断更新迭代,5G、大数据、云平台等智能化时代产生的技术逐渐落地并得到广泛应用,在以大数据、云计算和人工智能技术为基础的智能时代,感知能力、计算能力、控制能力得到极大的增强。信息化时代的交通信号控制是对交通车流的控制,而在智能化时代,随着以物联网为基础的智能网联汽车的出现,交通信号控制则变成了对智能车辆、智能道路甚至是智能社会的控制。交通信号控制目标也从信息化时代的提高交通信号控制效率变为提供动静态交通一体化资源服务。综上,随着时代发展,交通信号控制技术也出现了变革,这为交通信号控制领域带来了更多的发展契机,同时也带来了更多技术难点和挑战。

1. 检测方式

全息检测是利用全息摄影再现的三维图像进行无损检测的方法,分为激光全息检测、超声波全息检测和微波全息检测。随着信息技术日益发展,网络已经完全融入了人们的生活中,在泛在网络下万物互联互通,交通信号控制的检测方式也出现了一系列变化,由基础的固定式检测变化为移动检测。未来,全息检测技术将全面替代当前的检测方式。信息检测延伸到出行发生的最源头、信息传递到出行服务的最末梢,从而使得城市交通神经系统四通八达。实现全息检测面临的技术难点如下。

(1)交通检测形式和检测粒度不一致,面向交通信号控制的多源交通数据融合方法有待开发;

(2)城市大脑、交通大脑等的发展提升集中在信息感知能力的提升上,"交通大数据+人工智能+交通信号控制"的格局尚未形成。

2. 控制

传统交通信号控制以交通信号灯控制为主,而在未来的交通信号控制中,信号灯、车辆、移动终端等都将是交通信号控制系统的执行通道。对象多元化与控制手段多元化的情况导致交通信号系统优化控制的复杂度呈指数增长,多输入多输出的交通信号控制系统耦合优化方法亟待研究。

3. 通信系统

在数字化智能化时代,光纤、4G/5G、LET-V(商用蜂窝车辆通信网络系统)、DSRC、Wi-Fi(无线网络通信技术)、NB-IOT(窄带物联网)等网络的交织和融合是历史发展的必然,而未来道路交通的发展趋势则是道路与道路、车辆与道路、车辆与车辆、人与车辆和道路的完全互联。这需要打破异构通信网络边界,建立高效、安全的通信系统,研究网络化交通系统智能控制方法,达到"通信无界"。建立智能且全面的通信网络以达到"通信无界"所面临的技术难点如下。

(1)面向交通信号控制的多模态网络通信系统稳定性分析;

(2)考虑网络时滞的网络化交通信号控制方法研究;

(3)多网络接入环境下交通信号控制网络的信息安全防护与控制技术研究。

4. 综合应用

综合应用将面临的技术难点如下。
(1) 复杂交通环境下的多维度动态交通服务系统建模;
(2) 基于交通大数据和人工智能算法的多主体交通状态动态估计研究;
(3) 面向主动交通信号控制的多目标动态交通资源优化方法研究。

在图 1-6 中,ad hoc 网络是一种多跳的、无中心的自组织无线网络。整个网络没有固定的基础设施,每个节点都是移动的,并且都能以任意方式动态地保持与其他节点的联系。在这种网络中,由于终端无线覆盖取值范围的有限性,两个无法直接进行通信的用户终端可以借助其他节点进行分组转发。每一个节点同时也是一个路由器,它们具备发现以及联系其他节点的功能。车载随意移动网络(vehicular ad-hoc network,VANET),又称车用移动通信网络,是一种移动通信技术,以移动中的车辆及交通设施为节点,利用无线通信技术来形成移动网络。

图 1-6 车路协同概念图

1.3.2 非技术难点

1. 数据隐私

交通大数据具有数据量巨大、种类多样、蕴含价值丰富、时效性明显等特点,用传统技术难以在合理时间内对其管理、处理和分析,但通过数据挖掘和数据整合,能产生巨大的社会经济效益。然而,对交通大数据的不当处理和使用会导致大量个人数据泄露,使个人隐私受到侵犯。因此,国内外快速地制定了一系列的法律规范并研发了数据隐私保护技术,例如欧盟的 *General Data Protection Regulation*(GDPR)即《通用数据保护法案》、国内的《信息安全技术 个人信息安全规范》等。随着智能化时代的到来,交通大数据的种类、数据量等都有了巨大的变化,因此还需要及时构建新的交通数据隐私保护法。

构建新的交通数据隐私保护法的非技术难点如下。

(1) 交通大数据种类繁多,需要对不同的数据做出对应的隐私规定;

(2) 国内各部门、各企业的数据联系并未打通,管理分散,亟待进行深度整合。

2. 标准规范

1) 信控标准

标准化是道路交通信号控制发展的基础性工作,制定道路交通信号控制标准是实现交通信号控制的科学管理方式,我国现行的道路交通信号控制标准如《道路交通信号控制方式 第 3 部分:单点信号控制方式实施要求》(GA/T 527.3—2018)、《道路交通信号控制方式 第 4 部分:干线协调信号控制方式实施要求》(GA/T 527.4—2018)、《道路交通信号控制方式 第 5 部分:可变导向车道通行控制规则》(GA/T 527.5—2016)等都是对道路交通信号控制方法的技术规定与指导。但交通信号控制的标准化仍然需要进一步加强,技术规定和指导须将交通信号控制领域内的问题与现象全部囊括,起到把控该领域大方向的作用。构建交通信号控制标准的非技术难点如下。

(1) 各省、市所使用的信号机与信号控制算法种类繁多,难以统一进行标准化;

(2) 各省、市需要相关部门各层级对接互联,实现信号控制的统一化、标准化。

2) 数据标准

智能化时代交通大数据快速发展,数据驱动控制成为主流,面向未来交通信号控制需求,数据驱动控制的核心为场景驱动和信息控制,因此,通过利用互联网、物联网技术,构建适应交通信号控制需求的"面向交通信号控制的交通数据标准体系"来解决交通数据规范问题是重点。构建数据标准所面临的非技术难点如下。

(1) 交通大数据具有数据量巨大、种类多样的特点,难以制定全面的标准。

(2) 现有数据标准多且繁杂,无法统一化和标准化。

3. 信控平台

在交通信号控制方面,国内大部分城市使用集各种功能于一体的交通信号控制平台,极大地提高了交通信号控制与管理的效率。但是,目前各城市和部门所使用的交通信号控制平台一般由交通信号控制行业内的企业或高校建立,所使用的形式和使用方式、功能等都各不相同,这就使得国内交通信号控制平台较为分散,无法实现统一化、标准化。因此,各城市建立并使用适合各自城市的统一的交通信号控制平台(例如:北京市交通委、北京市交警大队等相关部门均使用"北京市交通信号控制平台")迫在眉睫。建立城市交通信号平台的非技术难点如下。

(1) 各城市现有交通信号控制平台种类较多,需要进行互联沟通,并由一家或多家企业、高校联合建立;

(2)将城市交通信号控制平台所需要的所有应用功能进行高效整合,充分实现一个平台融合全部基本功能。

4. 建设成本

交通大数据的各类具体应用的成本均过高,实现交通信号数据收集、存储、管理的一系列过程,构建大数据的完整信息处理链,深度开发、应用交通信号数据进行交通信号控制时,往往需要计算机、大型服务器、固定机房等各类硬件、软件设施及专业人才的支撑,以上均需要大量资金的投入。交通信号控制建设成本问题的难点如下。

(1)各城市对于交通重视程度不足,较大程度上限制了交通信号控制数据应用的投入。

(2)各城市经济水平不同,导致各城市解决成本问题的能力各不相同。

本章思考题

1. 技术难点的解决依赖于各种新技术的发展和交叉学科的应用,我们该如何针对性解决交通信号控制的技术难点?

2. 非技术难点中的数据隐私安全该如何维护?

3. 非技术难点中的统一标准该如何建立?

4. 非技术难点中的建设成本该如何适应各城市的投入?

现代交通信号控制系统

第2章 交通信号控制演变

2.1 国外交通信号控制主要发展

2.1.1 最初的交通信号灯(1868—1920年)

英国最早的交通控制设备,也是世界上第一盏街道交通信号灯,于1868年12月10日在英国伦敦威斯敏斯特区议会大厦前的十字路口上树立。它是用煤气灯照亮,灯柱高达7 m,只有一盏光源,借助于煤气灯罩前的两块红绿玻璃进行红绿灯的切换,是由执勤警察通过牵动皮带轮控制的,如图2-1所示,这是第一盏用于街道的交通信号灯,后因煤气爆炸而毁坏。

1914年,美国克利夫兰警察局在第105街和欧几里得街的路口安装了红色和绿色的交通控制信号灯,这是世界上的第一盏固定式安装的信号灯,如图2-2所示。

图2-1 执勤警察手动进行
红绿灯切换

图2-2 世界上第一盏固定式
安装的信号灯

世界上第一个实现交通干线控制的系统于1917年出现在美国盐湖城。它用电缆把一条道路上6个连续的交叉口的信号灯连接起来,并使用手动开关控制。此后十年间,人们先后又试验成功了同步式、交互式、推进式系统,它们都是机械联动的,如图2-3所示。

1917年,美国底特律警察威廉·波茨对交通信号灯做了重大改进,增加了一个黄色警戒灯,这有助于清除交叉口交通流之间的冲突点。

1918年,美国芝加哥和纽约采用了这些改进后的手动控制的信号灯,并使之通过美国的城市系统迅速传播。之后巴黎在1922年、柏林在1924年、伦敦在1931年都采用了这种信号灯。

1920年,威廉·波茨对交通信号灯再次进行了改进,研制出了一种四面三灯的多功能交通信号灯,如图2-4所示,这种信号灯共有四面,每面均竖立排列三盏灯,当时它的排列形式与功能已经与我们现在所熟知的信号灯十分接近,红灯与绿灯分别表示停止与通过,黄灯则表示"谨慎行进"。

图 2-3　美国盐湖城交通干线控制系统

图 2-4　四面三灯的多功能
交通信号灯

2.1.2　固定配时控制(1920—1980 年)

这一阶段是城市交通控制发展的真正开端,不断增多的交通拥堵使决策者们越来越觉察到这一问题的严重性,并由此确立了所有交通信号控制系统的基本目标。

1926 年,美国芝加哥采用了交通灯控制方案,每个交叉口设有唯一的交通灯,如图 2-5 所示。此后,交通控制技术和相关控制算法得到迅速发展和改善,提高了交通控制的安全性、有效性,并减少了对环境的影响。

1928 年,灵活的协调定时控制系统诞生,城市居民很快就接受了这些定时控制系统,随后该系统被广泛安装在几乎所有美国城市。

图 2-5　芝加哥街头的交通信号灯

1936 年,在澳大利亚墨尔本的道路上出现了一种名为 Marshalite 的交通信号灯指示系统,如图 2-6 所示。它由两个竖立的圆盘组成,每个圆盘上均有红、黄、绿三个颜色区域,其中红、绿区域长度相近,黄色区域相对较短,圆盘中间固定着白色指针。人们将这种交通信号指示设备放置在路口中央,并以电力驱动指针旋转,当指针旋转至红色区域时,表示停止前进,旋转至绿色区域时,表示允许通行,旋转至黄色区域时,便是提醒人们需要做好停车的准备。

19 世纪 50 年代,很多国家的汽车保有量进一步增加,固定配时控制系统已不能满足城市道路交通的需要。

1952 年,美国丹佛通过开发和安装一个模拟计算机控制系统推进了交通控制系统的发展。该系统应用单点感应控制的概念来控制交通网络,通过交通检测器输入交通流数据,其后系统根据交通需求来进行配时,而不是简单地根据时段配时。1952—1962 年,超过 100 套此类系统被安装在了美国的各个地方。

第 2 章　交通信号控制演变

图 2-6　Marshalite 交通信号灯指示系统

1959 年,加拿大多伦多进行试验,并于 1963 年正式安装了世界上第一个实现区域控制的交通控制系统。此后,许多国家也都采用新型电子计算机控制交通信号灯,使一个区域内的信号灯协调运转。

1960 年,加拿大多伦多实施了一个示范研究,尝试运用数字计算机来执行中心控制功能。虽然这次研究中使用的 IBM650 计算机在今天看来过于低级,但是该控制系统的成功应用推动了多伦多进行大规模的推广实施,多伦多在 1963 年用计算机控制了 20 个交叉口,之后又在 1973 年拓展到了 885 个交叉口。

1964 年,交通拥堵作为一个严重的问题开始在英国受到关注。英国交通部发布了名为《城镇交通》的研究报告,报告预测到 2010 年英国的机动车保有量将达到 4000 万辆,2009 年实际登记的机动车已超过 3400 万辆。该报告对于鼓励政府寻求私人机动车的替代交通方式起到了重要作用。

1969 年,英国明确提出建设更多的道路并非城市交通拥堵的解决方案。而美国艾森豪威尔于 1952 年为美国制定了一个通过建设整体公路系统来减少城市交通拥堵的方案。这展现了 20 世纪五六十年代不同国家解决交通拥堵问题的迥异策略。但是这两个案例都提出了采用交通控制系统缓解交通拥堵的情况。

20 世纪 50 年代后期,通过实施联动交通信号控制来改良最初各自孤立的固定配时控制的建议开始出现。这需要确定相邻道路交叉口的相位差以便能够产生"绿波",来减少主干路的交通延误和拥堵。为实现这种区域联动,多个道路交叉口被分区定义,这些分区内的信号灯可以在绿信比、周期和相位差等方面进行优化。

2.1.3　独立型车辆感应控制(20 世纪 70 年代至今)

20 世纪 70 年代,交通拥堵问题日益显著,英国政府致力于寻求技术提升。英国政府为一些研究和开发的独立权威机构设立基金,用以寻求问题的解决方案;同时按计划在伦敦和格拉斯哥进行投资,以提高城市路网的运行效率。随着感应线圈的出现及其在路网上广泛安装,交通信号得以被通过道路交叉口的车辆触发。在英国,孤立的道路交叉口一般都采用车辆感应控制,感应线圈检测是国际上应用最广泛的检测方法。依赖于交通检测器,系统可以相应地分配绿灯时间;这一方式与固定配时控制相比需要更多的基础设施,所以采用车辆感应的道路交叉口需要较大的初始投资,但是相对来说在流量监测和时间校准方面可节省很多开销。

更新改造固定配时控制需要大量的时间和资源的投入,例如,多伦多在决定升级到车辆感应系统之前曾经进行估算,如果更新所有的固定配时信号灯,需要耗费 30 个人年的努力。感应线圈由缠绕的金属丝组成,被埋入道路下方,在道路边缘设置检测器,可以给金属丝供电,并在线圈周围形成一个磁性区域。线圈以一定的频率共振,这种共振可以通过检测器进行监测,当车辆经过该磁性区域,共振频率会增加,检测器就可以监测到车辆的出现。一般来说,线圈通常放置在道路交叉口的上游,这样当车辆被监测到之后,交通信号灯有充足的时间做出反应。

2.1.4　联动型车辆感应控制(20 世纪 70 年代晚期至今)

在交通控制系统中通常被提到的车辆感应系统都是联动控制系统。全球范围内有很多不同的交通控制系统已被应用,有不少理论上的交通控制系统被提出,表 2-1 是已经投入商业化运作并且在很多地方实际应用的系统及其安装情况。

交通控制系统及其安装情况　　　　　　　　　　表 2-1

交通控制系统	安装情况
SCOOT	全球范围内 250 处以上
SCATS	全球范围内 20 处以上
UTOPIA	意大利的几个城市,以及荷兰、美国、挪威、芬兰和丹麦部分城市有应用
RHODES	4 处安装
MOTION	德国有应用

与独立型车辆感应系统相同,用于联动感应控制交叉口的车辆感应系统采用在线监测措施来优化信号配时。这些系统利用绿信比、周期、相位差优化等技术,可以通过一个中央计算机实现联动;或者通过智能配时在本地实现联动,需利用的功能如集成自动化的城市交通优化功能。中央控制系统使用相对不太复杂的本地控制器,相反,分散型系统给予地方更高的决定权,相邻控制器之间存在一定程度的联动。所有的主流交通控制系统都是基于相似的基础运行:调整绿信比、周期、相位差来优化通行于一连串道路交叉口的交通流。但是,每个交通控制系统都有不同的算法来调整变量,以获得更高效的道路交叉口区域或网络。与联动型车辆感应系统相比,独立型车辆感应系统在改变交通信号方面有更大的弹性,因为无须考虑对相邻道路交叉口产生的影响。然而,如果每个交通信号都独立运行,那么整个网络可能存在潜在的问题。在美国弗吉尼亚州进行的一项对比研究表明,与最初的非联动感应控制交叉口相比,联动感应控制交叉口的车辆通行时间减少了 30%。

2.1.5 整合交通控制系统和智能交通系统(1997年至今)

目前较先进的交通控制系统越来越多地与其他交通管理系统进行集成整合,从而减少道路运行管理者的工作量并提高路网效率。进行交通控制时需要考虑不同的要素,通过有效整合,可以减少运行管理者的工作量。这些已通过一系列的技术进步得以实现,多数技术进步涉及检测技术的改善或者与驾驶人的通信方式的改进。

英国交通部构建了城市交通管理和控制(Urban Traffic Management and Control, UTMC)系统,目的是帮助地方政府从集成的交通控制系统和智能交通系统(Intelligent Transport Systems, ITS)中获得最大效益。UTMC系统的设计允许交通管理系统内不同的应用程序相互关联、信息共享。这有助于建立一个更加动态、智能、基于实时信息的交通管理系统。20世纪90年代,英国交通政策主要致力于实现以下目标。

(1)建立安全有效的交通系统;
(2)建立更好的、集成度更高的公共交通系统;
(3)建立环境友好、更可持续的交通系统;
(4)交通与土地使用规划政策性整合度更好。

显然,整合是这一时期政策的关键,这也正是UTMC系统的目标。基本上,UTMC系统被认为是模块化的开放性系统,可以基于交通控制和其他交通系统已有的功能建立并与之配合。准确且实时更新的信息是UTMC系统成功的关键。例如,操作者可以向道路使用者提供路网内拥堵或事故方面的信息并据此为其重新导航,或者给驾驶人提供城市中心区可使用的停车设施信息。

2.2 国内交通信号控制主要发展

我国交通信号控制始于20世纪70年代,已经历50多年的发展历程。本书主要从单点交通信号控制、区域协调交通信号控制、智能化交通信号控制、数据驱动的交通信号控制、交通信号控制算法五个方面介绍国内交通信号控制主要发展历程。

2.2.1 单点交通信号控制

自交通信号诞生与首次应用以来,其在世界各国很快被引进和应用,我国的交通信号最早出现在上海。最初上海部分十字路口使用了拨盘式交通信号控制机来指示车辆的前进与停止,如图2-7所示,同时,南京路的两个重要的十字路口也安装了手动控制的信号灯。

1973年,当时的行业主管部门第四电子机械工业部提出"要将现代通信技术应用到交通管

图2-7 拨盘式交通信号控制机

制和车辆调度上去",我国由此开始了交通信号自动控制的自主技术研究与应用,陆续在几个城市使用单点定周期式交通信号控制器来控制交通信号灯。1973年,在北京前三门大街进行了交通干道的协调控制系统的试验研究。1978年,北京、上海、广州等城市开始了单点定周期式交通信号控制器的研发和使用。

1979年以后,交通信号灯在我国真正兴起与普及。

2.2.2 区域协调交通信号控制

随着科技的快速发展,交通信号的研究往前迈进了一大步,多所大学、企业研发了区域协调交通信号控制系统,在一些城市得到了局部实施。

1984年,上海、广州引进了我国第一个线控交通信号控制系统,在市区干道的几个路口应用。该系统在东风路5个路口实现了交通信号绿波控制,到1992年后,引进的SCATS将其取代。

20世纪80年代末,北京、上海、深圳分别引进了英国的SCOOT系统、澳大利亚的SCATS、日本的KATNET等城市交通信号控制系统。天津、沈阳、广州等其他一些大城市随之陆续引进了国外先进的区域交通信号控制系统。自此,我国城市道路交通系统进入了点、线、面协调控制时期。这一时期主要是引进国外的先进交通信号控制系统,并将其应用于大城市,不断地摸索前进,学习和吸收国外的交通信号控制技术,为后来我国自主研发做铺垫、打基础。

我国自主研发的第一个实时自适应城市交通系统是国家"七五"重点科技攻关研发的"城市交通实时自适应控制系统"("2443"工程),该系统让我国实现了"零的突破",而且该系统总体上也达到了国际先进水平,在南京的24个路口进行了区域交通协调控制示范应用。

国家"八五"重点科技攻关研发的"城市交通控制系统应用技术",在广州市天河区进行了示范应用,该技术解决了交通信号控制系统的工程化技术问题,系统软件从AT&T Unix移植到了Microsoft Windows NT平台。

20世纪80年代及90年代初,我国的道路交通信号控制仍处于试点应用阶段。我国研发和建立了适合混合交通流特性的控制系统。由于诸多原因,当时我国主要城市的城市交通信号控制系统仍依赖于从国外引进,北京、上海、广州、武汉、杭州、沈阳等大城市皆应用SCOOT系统或SCATS。

2.2.3 智能化交通信号控制

1997年,公安部交通管理局下发《关于印发〈公安交通指挥中心建设与发展的若干意见〉的通知》(公交管〔1997〕231号),2000年2月,国务院办公厅转发了公安部、建设部《关于实施全国城市道路交通管理"畅通工程"的意见》,在国家政策的支持下,我国开始进入智能化交通信号控制阶段。

2000年后的十年间,依托"畅通工程",各个城市建立了交通指挥中心,国内一些企业迅速地开始研发不同的交通信号控制系统,道路交通信号控制系统进入应用发展阶段。

2001年,SMOOTH系统信号机、线圈车辆检测器投入试点,运行感应控制;2002年末,该系统平台试运行,率先采用了GPRS无线联网,实现绿波控制等功能;2003年末,嵌入式系统开发成功,SMOOTH系统信号机、线圈车辆检测器升级为嵌入式平台,可实现自适应控制、公交优先控制等。

2004年,为了解决实时控制与软件兼容问题,出现了Intellific交通信号控制系统的信号机,其可以实现多时段多相位单点配时控制、多时段多相位多点协调配时控制、多时段多相位多点联网协调控制、单点感应控制、区域联网协调感应控制、完全交通自适应控制。2005年,该系统应用于杭州市滨江区江南大道双向绿波控制,实现了我国首次真正意义上的双向绿波控制。

2005年12月,在国外技术基础上自主研发的新型自适应交通信号控制系统凭借优异的性能被应用于北京市智能化交通管理项目,这在中国交通史上具有里程碑式的意义,国外高端信号控制器的垄断局面结束了,该智能交通信号控制系统如图2-8所示。

图2-8 在国外技术基础上自主研发的新型自适应交通信号控制系统

2.2.4 数据驱动的交通信号控制

2010年以后,随着公安部"两化"工作的推进,交通信号控制逐渐智能化和数据化,与"互联网+"、图像处理等先进技术结合,我国交通信号控制进入了数据驱动的时代。

2016年,"城市大脑"在杭州发布。"城市大脑"通过各类数据感知路口交通情况,可有效地调整信号灯配时,解决城市道路拥堵问题。通过交通微波和视频数据感知拥堵、违停、事故等交通事件,设定了触发机制进行智能处理。对于城市道路交通出现的特殊情况,比如出现120救护车等特种车辆,可以实现优先调度;对交通事故路面,能迅速报警,与该区域的交警人员联动处理。

2017年,济南成为首个"互联网+信号灯"智慧交通项目的示范区。该项目的引入为行业带来了海量互联网轨迹数据和先进算法,评估区域实时车流量得以实现。之后,该项目在其他城市也相继得到应用。

2017年7月21日,公安部交通管理科学研究所在无锡组织召开交通信号控制系列标准征求意见会,就国家标准《道路交通信号控制系统通用技要求》等征求意见。在此期间,单点自适应控制、干线绿波动态协调、基于GPS与北斗定位及射频识别技术(RFID)的特种车辆优先控制得到广泛应用,面向饱和交通的区域均衡控制策略也开始实施。

2021年,智能路口、全息路网成为热点,车路协同、自动驾驶、智慧高速的建设需求激增,新一批感知设备诞生,如毫米波雷达、激光雷达、雷视融合设备等。

现在乃至未来一段时间内,数据驱动控制系统、智慧交通是发展的重中之重。

2.2.5　交通信号控制算法

随着社会经济的不断发展进步,人民生活水平日益提高,城市交通治理需求包括常发性拥堵的大范围疏解策略、拥堵瓶颈的精细化管控、特殊性/大型活动管控,多方式交通管控需求也是未来交通信号控制的重点。随着城市机动车出行率的大幅度提高,交通环境更加复杂多变,这对交通信号控制的适应性、智能化提出了更高的要求,道路交通信号控制系统智能化发展任重道远。作为信号控制系统的核心,交通信号控制算法有以下几个发展方向。

(1)在控制算法技术上,基于数据驱动的道路交通信号控制是当前的一个热门发展方向。

(2)以机器学习为代表的人工智能技术为道路交通信号控制提供了新的解决方案,即运用诸如增强学习(也称近似动态规划)、深度学习等机器学习中的一系列通用技术方法进行数据的统计分析与学习仿真,从而使道路交通信号控制从传统的模型控制转变为数据驱动的智能决策优化。在丰富数据支撑下,该方法能更好地适应道路交通流的变化特性,实现更精准、更主动的道路交通信号控制。

(3)基于资源调度分配算法的道路交通信号自组织控制是另一个发展方向,该方法类似于路面交警疏导交通拥堵的控制理念,以路口排队可控为目标,寻求实现信号相序的优化及去中心化、非周期式的最优信号控制。

(4)在大规模路网条件下,递阶分散式控制结构仍是系统发展的主流,其通过控制中心与路口终端的分工协作实现系统整体控制功能。控制中心依据构建的数据平台对各类相关数据进行汇聚分析,研判路网交通流的宏观运行态势,评估及生成路口控制决策所需的参数及策略方案;路口终端则进行微观控制,实时生成最优信号配时方案,适应路口间道路交通流的实时变化。

(5)智能化的道路交通信号控制系统将是"真正"自适应的控制系统,其通过数据分析进行系统控制中所需参数及方案的最优估计,实现在无人工干预或干预很少的情况下的自动控制,减轻道路交通信号控制系统实施维护的工作量。

交通大数据快速发展,产生了断面标志数据、大规模轨迹数据、全方式出行链数据等数据。大数据驱动旧系统更新换代,控制算法需要适应数据变化。比如经常提到的"城市大脑","大脑"建设完成后,要考虑如何利用现有设施,解决云-边-端的协同、端的优化等问题。针对信号控制的算法层出不穷,交通控制区域的信号控制路口设备还不能满足当前超前的控制算法,而且控制算法设计需要合理有效,避免信号冲突保护不完善或绿间隔时间设计不合理引发的交通事故。如何大规模实地验证其有效性,这也是亟须解决的"卡脖子"问题。

在未来无人驾驶车辆全面应用的时代,人类驾驶行为带来的不确定影响将被消除,道路交通信号控制将演变为类似于通信网络中的流量控制,道路交通信号控制系统将会有颠覆性的变革,那将是全面智能的时代。

2.3 交通信号控制现存问题

2.3.1 数据管理精细化程度不足

交通信号控制行业还没有建立一个大的数据处理平台针对交通信号控制产生的海量数据进行保护、挖掘、分析、利用,也没有对产生的数据的特征进行识别,甚至在控制过程中产生的原始数据由于存储空间等问题会被定期删除,即使是保存下来的数据也未能得到高效利用,使大量数据资源闲置浪费,加之行业长期以来存在重建设轻管理的现象,信息系统建设过程当中针对数据存储保护意识较为薄弱,经常会发生数据丢失、数据泄露等事件,因此交通信号控制在数据管理方面仍然面临很多挑战,具体表现如下。

(1)数据采集难度大。交通大数据是控制策略制定、算法设计的基础,决定了系统的适用性、可靠性和可测度性。目前国内主要应用的交通信号控制系统(其中包括 SCOOT 系统和 SCATS)都依赖于在道路交叉口铺设的检测器,使用经典的交通信号控制理论和算法进行区域协调配时计算和优化。但在实际应用中,检测器工作环境较差,且频繁的道路施工会破坏检测器完好性,使得检测器不能检测到优质的数据并提供给信号控制系统。

(2)数据传输干扰大。目前出现的基于交通大数据的智慧交通系统,可收集 GPS 数据、手机信令数据、App 数据和未来可能很快就会出现的车联网数据。交通信号控制系统的运行需要运用相应的传感器,数据通信需要使用部分通信频段,但是在此过程中容易受到电磁波、磁力、雷雨天气等的干扰,使这些设备的信号中断或是变弱,从而使相应的设备无法正常运行。

(3)数据处理难度大。由于交通信号采集的数据多,信号接收与处理的时间冗长,考虑现实中的不利因素,还可能会出现数据的延时与丢包,因此存在因数据处理不及时而导致的交通瘫痪。现在市面上大多数信号机通过处理离线数据来搭建模型,这些离线数据可能还会存在异常值,处理这些异常值也是难点之一。

(4)数据利用效率低。由于专业人才短缺以及管理机制制约,海量传感数据(包括由线圈检测器、雷达波检测器、视频检测器采集的数据)未能被充分利用。

2.3.2 运行维护难度加大

随着城市建设规模日益扩大,交通信号控制系统运维管理的难度开始凸显,出现了维护监督难、故障发现难、考核统计难等一系列问题。

(1)维护监督难。传统设备箱运行维护无操作记录且时效性差,还存在忘关锁、低效、滞后以及难以对运行维护数据进行监督考核等问题。

(2)故障发现难。由于故障发现、维修不及时,监控设备数据的有效性和质量无法得到保障,监控设备难以发挥其作用。

(3)考核统计难。统计定期运维数据及报修数据、完好率工作非常烦琐,且数据来源不够全面,无法为运维管理提供有效的数据支撑。

在后期的优化和运维上,目前专业队伍建设不足,重建设、轻运维,专业化配时人才缺失,持续更新与评价不足。绝大多数的运维和健康监管系统与运行系统采用共网模式,当运行系统发生故障时,运维和健康监管系统同时失效,无法精准及时提供故障报警、故障定位与运维干预服务。

整个交通信号控制系统应该是"三分建,七分管"。需要建立城市交通信号控制系统的运行和维护制度,利用互联网云平台构建新型的运维流程和工作模式,实现运维服务的全过程闭环管理,实时掌握设备故障维修、巡检养护进度和结果,确保设备故障时快速发现和修复,提升工作效率。

2.3.3 安全风险提升

近些年,随着信息技术在交通信号控制领域应用升级,出现了一些新的安全挑战,主要包括以下几个方面。

(1)控制系统的定位存在偏差,过去一段时间,交通信号控制系统在产品研究、项目建设过程中,不断强调以提高通行能力、出行效率、道路使用率等为导向,重效率、轻安全的趋势比较明显,对控制安全重视不足。

(2)交通信号控制产品、设施、系统安全相关标准欠缺,对产品安全、系统安全、设计安全、运行安全没有强制的标准规范进行约束。

(3)交通信号控制相关的部分"创新"以挑战安全底线为代价,引发了新的安全问题。

(4)互联网技术与应用进入交通信号控制领域,给传统封闭信号控制系统带来了新的应用风险,从单点控制到网络控制,信号控制系统由封闭到开放,越来越多的系统与交通信号控制系统互联互通、数据融合、控制融合,网络规模越来越大,安全风险也越来越大。

2.3.4 政产学研用脱节

"政产学研用"是一种创新合作系统工程,是生产、学习、科学研究、实践运用的系统合作,是技术创新上、中、下游及创新环境与最终用户的对接与耦合,是对产学研结合在认识上、实践上的又一次深化。随着信息技术的发展和创新形态的演变,政府在开放创新平台搭建和政策引导中的作用以及用户在创新进程中的主体地位进一步凸显。

目前在部分领域,理论研究与实际应用严重脱节、分向而行,产业自成体系,出现"理论与实际无须结合"的偏颇观点。政产学研用协同合作是提高我国产业技术创新能力的关键途径之一,但在实践中这一模式却面临着五者难以深度融合的问题,形成了"产学研,两张皮"的怪象。

在信号控制系统研究应用上,产学研合作的课题研究多,但研究成果转化少,缺乏深入的持续性技术研究与测试应用,尚未形成可与国外知名系统比肩的国产道路交通信号控制系统。

按照国家"建立以企业为主体、市场为导向、产学研深度融合的技术创新体系"的要求,要积极以校企联合研发机构为载体,直接面向交通应用中的核心信息技术问题,加快自主知识产权技术的创新和实践。

当前,在我国各大城市中行人和非机动车对机动车畅通运行影响重大,而起源于发达国家的交通流理论一般不考虑这种人车共路的情况,使得在这些理论基础上建立的交通信号控制系统在国内推广应用有很大的局限性,造成我国企业在工程实施中的重重困难。针对我国道路的实际情况,联合机构开创性地开展混合交通流检测、建模和控制系统的研究,凝结了在采集和处理混合交通流数据基础上验证的统计规律,开发出交通参与者行为和干预技术及仿真平台,该平台可以进行不同条件下的混合交通仿真,而新一代城市交通信号控制系统则提出了适合我国国情的混合交通动态分区控制策略和协调控制算法。

交通信号控制系统要形成一个产业,还需要一段时间以及更多企业的参与,需要国家继续在技术体系标准化、市场化、安全设计、测试、仿真验证、人才引进与培养等方面不断投入与加大支持力度,真正研发出自主创新的技术产品。

2.3.5　开放性亟待提高

根据交通信号控制系统的市场现状,可总结出以下两大开放性方面的问题。

(1)系统协议封闭。系统内、外部数据交换协议,大都采用私有协议及自定义接口。国外系统的系统中心与信号机只能按照系统各自专用的协议进行数据传输,对于国内的信号机无兼容性;而国内系统,系统与系统、系统与信号机之间相互不兼容。在系统外部数据交换方面,目前接口都是用各自专用的协议来进行数据交换。交通信号控制系统与其他智能交通系统(ITS)之间系统层面的通信标准、通信协议尚未制定,现有的各系统都使用厂商私有的通信协议。

(2)控制算法封闭。比如SCOOT系统算法很好,但是相较于其他系统算法,兼容性不强。目前大多数厂商出于安全、保密等考虑,不愿开放算法,导致建立统一信号控制平台受阻,影响信号控制系统综合管理。加上交通信号控制系统领域尚无统一的行业标准,不同的信号机厂商遵循的行业标准不同,以至于无法保证信号机之间的兼容性,这将阻碍交通信号控制系统向智能化、开放性的方向发展。

市场中存在的这些问题,导致交通信号控制系统发展缓慢,不利于其与现在的智慧交通融合。交通信号控制系统的开放性亟待提高。采用统一、开放的数据交换通信协议,建立统一的行业标准,有助于突破交通信号控制系统封闭运行的现状,建立信号与数据交换的统一平台,利于技术的再升级和设备的更新迭代,做到集中式、开放式控制与管理。

2.3.6 统一信控平台尚不成熟

1. 建立统一信控平台的目的

建立统一信号平台的目的如下。

(1)利于跨区域统筹管理交通信号控制。目前,市场对于信号机的研究层出不穷,不同品牌的信号机有着不同的操作系统,现在大多数城市存在两个以上不同品牌的信号机,这将导致工作人员操作繁杂,在一些特殊情况下,比如交通事故发生、道路拥堵、特殊车辆优先调度,不同品牌的信号机会带来诸多不便,甚至耽误险情处理。建立统一信控平台,利于工作人员统一操作,方便迅捷;利于实现信号机之间的协调控制。

(2)利于信号机升级迭代。目前市场处于数据化、智能化的时期,更新换代迅速,存在在升级迭代时,两种不同品牌的信号机之间无法兼容的问题,建立统一信控平台可以解决这一难题。例如南宁市采用了统一信控平台,解决了技术升级时信号机兼容问题。建立统一信控平台,便于城市交通路口信号机的升级迭代,便于新技术的引进与应用,便于工作人员安装与调试。

(3)利于打破行业市场的垄断局面。目前不同的信号机使用的协议不统一,在应用安装时存在巨大的困难,以至于用户长期使用固定商家的设备与系统,在价格、技术等方面商讨空间不足,出现市场垄断局面。其他商家的产品也会被留滞,技术得不到升级,交通行业发展不均衡。建立统一信控平台,有利于打破垄断性局面,有利于建立互利共赢、共同进步的行业市场,有利于开发全新的交通信号控制技术。

2. 统一信控平台的功能

统一信控平台有如下几个功能。

(1)实现统一接入。统一信控平台可解决不同品牌的接口协议不统一问题,设计平台间、信号控制设备间开放接口协议,实现信号控制向统一信控平台接入,建立不同系统间的数据交换、命令控制交互、协调控制。

(2)实现统一监视与操控。整个城市路网采用统一的信号控制平台,能够调取不同路口的实时画面,查看及控制设备的运行状况等,做到统一监视。而且可以做到统筹策略,统一操控。对于设备或交通运行出现的情况,可及时操控,无须工作人员用不同的平台设备分批次操作,效率高。针对交通流中出现的一些突发情况,建立统一的控制干预界面,可避免交通瘫痪。

(3)实现统一数据。对于检测器、传感器等采集的交通流数据,可建立统一的定义方式和表达形式,形成数据库。针对不同方式收集的数据信息,也可建立统一的数据包。用接收到的所有数据信息建立一个统一的数据信息库，可实现统一控制数据管理、统一预归档处理、统一存储、统一分析、统一可视化展示。

（4）实现统一安全与运维。针对整个交通网的信号控制平台，建立统一的安全登录界面，整个平台可实现一人一登录认证，而且可设置独有的防火墙和安全保密系统。

在建立统一信控平台后，针对运维成本高的问题，建立统一的故障处理系统，对不同的故障分类，可实现统一的故障报警、处置、维修维护全流程管理，减少人力资源的浪费。统一信控平台界面如图 2-9 所示。

图 2-9　统一信控平台界面

3. 统一信控平台的问题

目前建立统一信控平台的技术尚未成熟，仍存在如下问题。

（1）跨品牌的信号机协调控制存在技术难度。国内制定了很多的行业标准，但是不同信号机的实现机制仍然不同，由于不同信号机的控制模式、控制逻辑以及实现方式大不相同，每个系统都有技术创新，因此难以实现不同信号机协调控制。

（2）解决不同信号机兼容问题存在难度。一个城市有两个或多个信号机型号并存的现象较普遍，信号机厂商各有不同的协议和算法，这是其设备的技术核心优势，也是行业竞争的筹码与卖点。如何统一兼容、如何说服信号机厂商开放数据协议、如何实现开源控制等皆需探讨，很难建成具备统一协议的平台。

（3）平台与仿真、大数据应用等结合还需深入研究。统一平台后接收的数据量巨大，存在"三座大山"：一是数据的采集、处理与分析难；二是数据与仿真平台的融合与仿真难；三是整个控制系统的技术要求高。

（4）统一信控平台运维存在障碍。除了系统建立自身安全免疫系统以及故障分类报警等技术难度高外，还需运维管理整个城市路网设备，负责其更新迭代以及应对后期遇到的突发状况，现平台所涉及的部门甚多，需要统筹调动人员管理。

本章思考题

1. 国内外交通信号控制发展历程有哪些共同点和不同点?
2. 目前交通信号控制主要存在哪些问题?
3. 什么是数据驱动的交通信号控制?
4. 如何看待交通信号控制发展对智慧交通发展的推动作用?

现代交通信号控制系统

3

第3章　交通信号控制基础知识

交通信号控制是以交通信号控制模型为基础,通过合理控制路口信号灯的灯色变化等,从时间上将相互冲突的交通流予以分离,以达到减少交通拥挤与堵塞、保证城市道路通畅和避免发生交通事故等目的。

交通信号控制模型是描述交通性能参数(延误时间、排队长度、停车次数等)随交通信号控制参数(周期、绿信比、相位差等)、交通流参数(饱和流量、交通流量等)等因素变化的规律的数学关系式。

3.1 交通信号灯

1. 机动车信号灯

机动车信号灯通常由红色、黄色和绿色3个几何位置分立的单元组成,是用于指挥机动车通行的交通信号装置。红灯表示禁止机动车通行,绿灯表示准许机动车通行,黄灯表示警示,如图3-1所示。

2. 方向指示信号灯

方向指示信号灯通常由红色、黄色和绿色3个几何位置分立的内有同向箭头图案的圆形单元组成,是用于指挥某一方向机动车通行的交通信号装置。箭头向左代表左转,箭头向上代表直行,箭头向右代表右转。图3-2所示的方向指示信号灯皆为左转方向指示信号灯,针对特殊情况下的多方向组合控制需求,可考虑将方向指示信号灯根据实际需求进行组合应用,如直左、直右信号灯。信号灯的使用应与地面交通标线相匹配。

3. 车道信号灯

车道信号灯通常由一个绿色向下箭头图案单元和一个红色交叉形图案单元组成,是用于表示允许或禁止使用某道路特定车道的交通信号装置。红色交叉形表示本车道禁止车辆通行,绿色向下箭头表示本车道准许车辆通行,如图3-3所示。

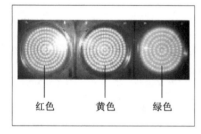 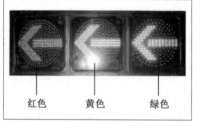 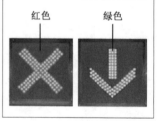

图3-1　机动车信号灯　　　　图3-2　方向指示信号灯　　　　图3-3　车道信号灯

4. 非机动车信号灯

非机动车信号灯通常由红色、黄色和绿色3个几何位置分立的内有自行车图案的圆形单元组成,是用于指挥非机动车通行的交通信号装置。红灯表示禁止非机动车通行,绿灯表示准许非机动车通行,黄灯表示警示,如图3-4所示。

5. 左转非机动车信号灯

左转非机动车信号灯通常由红色、黄色和绿色3个几何位置分立的内有自行车和向左箭头图案的圆形单元组成,是用于指挥非机动车左转弯通行的交通信号装置。红灯表示禁止非机动车左转,绿灯表示准许非机动车左转,黄灯表示警示,如图3-5所示。

6. 行人信号灯

行人信号灯通常由几何位置分立的内有红色行人站立图案的单元和内有绿色行人行走图案的单元组成,是用于指挥行人通行的交通信号装置。绿灯表示允许行人通行,红灯表示禁止行人通行,如图3-6所示。

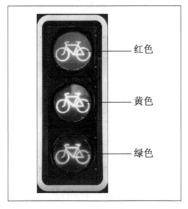
图3-4 非机动车信号灯

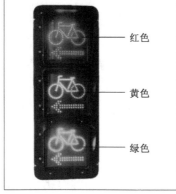
图3-5 左转非机动车信号灯

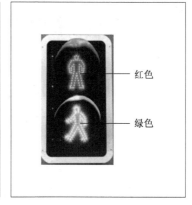
图3-6 行人信号灯

3.2 基本参数

3.2.1 信号控制参数

1. 信号周期

信号灯灯色按设定的信号相位顺序变化一个循环的完整过程为一个信号周期。

2. 周期时长

周期时长是信号灯各种灯色按照设定的信号相位顺序完整显示一次所需的时间。周期时长是决定交通信号控制效果的关键控制参数。倘若信号周期太短,则难以保证各个方向的车辆顺利通过路口,导致车辆在路口频繁停车、路口的利用率下降;倘若信号周期太长,则会导致驾驶人等待时间过长,从而大大增加车辆的延误时间,如图3-7所示。

3. 信号相位

在一个信号周期内,交叉口上某一股或几股交通流所获得的通行权称为信号相位。

4. 信号阶段

在一个信号周期内,一个或多个非冲突相位同时显示绿色信号的时间段称为信号阶段。

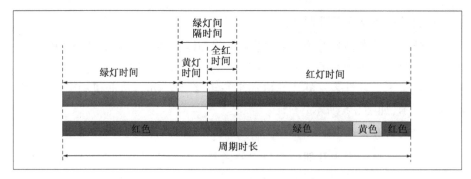

图 3-7 周期时长

5. 绿灯时间

绿灯时间是某一相位在一个信号周期内所获得的绿灯显示时间。

6. 黄灯时间

黄灯时间是某一相位在绿灯结束之后黄灯的显示时间。

7. 全红时间

全红时间是某一相位黄灯结束至下一相位绿灯启亮的时间间隔,用于清空交叉口内的车辆。

8. 绿灯间隔时间

绿灯间隔时间是指一个相位绿灯结束到下一相位绿灯开始中间这一段时间间隔。一般包含黄灯时间和全红时间两部分。设置绿灯间隔时间主要是为了确保已通过停车线驶入路口的车辆,均能在下一相位的首车到达冲突点之前安全通过冲突点,驶出交叉口。

绿灯间隔时间设置大小取决于交叉口几何尺寸,时间设置太短行车不安全,设置太长损失时间过长,路口通行效率较低。

绿灯间隔时间公式如下:

$$G_t = Y + R_a \tag{3-1}$$

式中:G_t——绿灯间隔时间,s;
Y——黄灯时间,s;
R_a——全红时间,s。

9. 损失时间

每个相位绿灯初期,因车辆启动消耗而实际并未用于通车的一段绿灯时间,为相位绿初损失时间。黄灯初期尚有车辆通行,而黄灯末期已不能通车,黄灯末期的这一段时间,属于相位黄末损失时间,把绿初损失时间同黄末损失时间合在一起,统称为损失时间,如图 3-8 所示。

损失时间公式如下:

$$L_t = W_g + W_y \tag{3-2}$$

式中:L_t——损失时间,s;
W_g——绿初损失时间,s;
W_y——黄末损失时间,s。

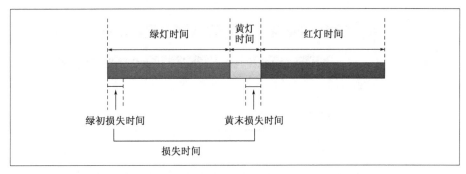

图 3-8　损失时间

10. 有效绿灯时间

有效绿灯时间是指被实际有效利用的绿灯时间。有效绿灯时间 = 绿灯时间 + 黄灯时间 − 损失时间,如图 3-9 所示。

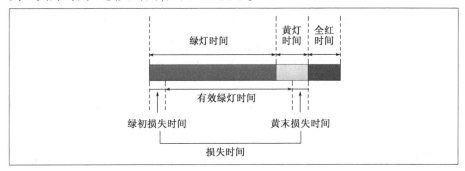

图 3-9　有效绿灯时间

有效绿灯时间公式如下:

$$G_y = G + Y - L_t \tag{3-3}$$

式中:G_y——有效绿灯时间,s;
　　　Y——黄灯时间,s;
　　　G——绿灯时间,s;
　　　L_t——损失时间,s。

11. 绿信比

绿信比是指一个信号周期内某信号相位的有效绿灯时间与周期时长的比值。其公式如下:

$$R_g = \frac{G_y}{C} \tag{3-4}$$

式中:R_g——绿信比;
　　　G_y——有效绿灯时间,s;
　　　C——周期时长,s。

12. 相位差

相位差是指协调控制中,协调交叉口与指定的参照交叉口相位或周期的起始时间之差,或者协调交叉口相位或周期的起始时间与规定的基准时间的时间差,如图 3-10 所示。

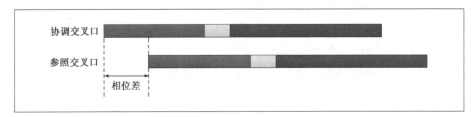

图 3-10　相位差

13. 最小绿灯时间

最小绿灯时间是指对各信号相位规定的最小绿灯时间限值。任何信号阶段或任何相位的一次绿灯时间,都不得小于最小绿灯时间。

规定最小绿灯时间主要是为了保证车辆行车安全。如果绿灯信号持续时间过短,停车线后面已经启动并正在加速的车辆会来不及制动或者驾驶人不得不在缺乏思想准备的情况下进行紧急制动,这都是相当危险的,很容易酿成交通事故。在定时信号控制交叉口,需要根据历史交通量数据确定一个周期内可能到达的排队车辆数,从而确定最小绿灯时间的长短;在感应式信号控制交叉口,则需要根据停车线与车辆检测器之间可以容纳的车辆数确定最小绿灯时间的长短。

14. 最大绿灯时间

最大绿灯时间是指对各信号阶段或各个信号相位规定的最大绿灯时间限值。任何信号阶段或任何相位的绿灯时间,都不得大于最大绿灯时间。

15. 交叉口控制方案

交叉口控制方案是指交叉口相位设置、相位序列设置、信号配时等的有序集合。

16. 日计划/日时段表

日计划/日时段表是指为适应不同交通需求而设置的一天中信号控制时间段、控制方式及方案的集合。

17. 周调度表

周调度表是指一星期内每天所执行日计划的集合。

18. 特殊日调度表

特殊日调度表是指一年内特定日期所执行日计划的集合。

19. 子区

子区是指协调控制中,由相邻两个或多个采用相同交叉口控制方案的信号控制交叉口组成的集合。

20. 子区周期

子区周期是指在子区协调控制时,子区内各交叉路口采用的相同周期。

21. 子区周期时长

在子区协调控制时,交叉口连续两个周期时长之和等于子区周期时长。

22.绿波带宽

绿波带宽是指车辆在协调控制各交叉口间连续获得通行的绿灯时间长度。

23.绿波速度

绿波速度是指协调控制交叉口获得绿波时的相应车辆行驶的平均速度。

3.2.2 交通流参数

1.交通流量

交通流量是指单位时间内到达道路某一截面的车辆数或行人数量。到达交叉口的交通流量是指单位时间内到达交叉口停车线的车辆数或行人数量,其主要取决于交叉口上游的驶入交通流量,以及车流在路段上行驶的离散特性。

2.饱和流量

饱和流量是指单位时间内车辆通过交叉口停车线的最大流量,即排队车辆加速到正常行驶速度时,单位时间内通过停车线的流量。饱和流量取决于道路条件、车流状况。具体而言,影响道路饱和流量大小的道路条件主要有车道宽度、车道坡度等,影响道路饱和流量大小的车流指标主要有大车混入率、转弯车流占比等。

3.通行能力

通行能力是指在现有道路条件和交通管制条件下,车辆以能够接受的行车速度行驶时,单位时间内一条道路或道路某一截面所能通过的最大车辆数。交叉口各方向入口道的通行能力是随其绿信比的变化而变化的。

4.车道交通流量比

车道交通流量比是指入口道上各车道的到达流量同该车道饱和流量之比。其公式如下:

$$R_f = \frac{F_d}{F_s} \tag{3-5}$$

式中:R_f——车道交通流量比;

F_d——车道到达流量,辆;

F_s——车道饱和流量,辆。

5.道路饱和度

道路饱和度是指道路的实际交通流量与通行能力之比。其公式如下:

$$S = \frac{F_r}{F_m} \tag{3-6}$$

式中:S——道路饱和度;

F_r——实际交通流量,辆;

F_m——通行能力,辆。

6.绿灯利用率

绿灯利用率是指某流向绿灯时间内通过的车辆数按照饱和流率通行所需要的绿灯时间与该流向绿灯时间的比值。

7. 车辆轨迹

车辆轨迹是指车辆在道路中移动的轨迹。车辆轨迹数据是由一定粒度的车辆坐标及状态信息组成的集合,包括车辆标志、时间、坐标、速度、转向角度等信息。

8. 车头时距

车头时距是指同一车道上同向行驶的车辆队列中,两辆连续车辆头部到达某一断面的时间间隔,如图3-11所示。

9. 车间时距

车间时距是指同一车道上同向行驶的车辆队列中,两辆连续车辆的前车车尾和后车车头到达同一断面的时间间隔,如图3-11所示。

图3-11　车头时距和车间时距

10. 时间占有率

时间占有率是指某一断面或者某一区域在指定时间内存在车辆的时间占总时间的百分比。

11. 空间占有率

空间占有率是指某区域内车辆所占的面积占该区域总面积的百分比。

3.2.3　交通性能参数

1. 车辆延误

车辆在通过交叉口时因交通信号控制会产生时间延误。车辆的延误时间是指车辆在受阻情况下通过交叉口所需时间与正常行驶同样距离所需时间之差。交叉口的总延误时间是指所有通过交叉口的车辆的延误时间之和,交叉口的平均延误时间则是指通过交叉口的车辆的延误时间平均值。

2. 排队长度

排队长度是指交叉口停止线后排队的车辆所占路段长度。

3. 停车次数

停车次数是指车辆从距离路口设定距离处到通过交叉口期间受交通信号控制影响而停车的次数。

4. 自由通行速度

自由通行速度是指车辆在无干扰情况下通过某段道路的平均速度。

3.3 基本控制方法

交通信号控制有多种方法，以下分别按控制类型和控制范围进行分类。

3.3.1 按控制类型分类

1. 定时控制

定时控制模式下，交通信号按事先设定的配时方案运行，配时的依据是交通量的历史数据。一天内只用一个配时方案的称为单时段定时控制，一天内不同时段选用不同配时方案的称为多时段定时控制。

2. 感应控制

感应控制没有固定的周期，工作原理为在感应控制器的进口设有车辆检测器，感应控制器内预先设置一个"初始绿灯时间"和"单位绿灯延长时间"，从绿灯启亮到初始绿灯时间结束，在此时间间隔内若没有后续车辆到达，则立即更换相位；若检测到有后续车辆到达，则每检测到一辆车，就从检测到车辆的时刻起，绿灯相位延长一个预置的"单位绿灯延长时间"。相位绿灯时间一直可以延长到一个预置的"最大绿灯时间"。当相位绿灯时间延长到最大值时，即使检测器仍然检测到有来车，也要中断此相位的通行权，转换信号相位。

感应控制根据检测器设置的不同又可以分为半感应控制和全感应控制。只在交叉口部分进道口上设置检测器的感应控制称为半感应控制，在交叉口全部进道口上都设置检测器的感应控制称为全感应控制，如图 3-12 所示。

3. 自适应控制

自适应控制模式下，连续测量交通流，将其与希望的动态特性进行比较，利用差值改变系统的可调参数或产生一个控制，从而保证不论环境如何变化，均可使控制效果达到最优。自适应控制有两类，即配时参数实时选择控制和实时交通状况模拟控制。配时参数实时选择控制是在系统投入运行之前，拟定一套配时参数与交通量等级的对照关系，即针对不同等级的交通量，选择相应最佳的配时参数组合。将这套事先拟定的配时参数与交通量等级对应组合关系存储于中央控制计算机中，中央控制计算机则通过设在各个交叉口的车辆检测器反馈的车流通过量数据,自动选择合适的配时参数,并根据所选定的配时参数组合对路网交通信号实行实时控制。实时交通状况模拟控制不需要事先存储任何既定的配时方案,也不需要事先确定一套配时参数与交通量等级的对应选择关系。它是依靠存储于中央计算机的某种交通数学模型,对反馈回来的实时交通数据进行分析,再对配时参数做优化调整。

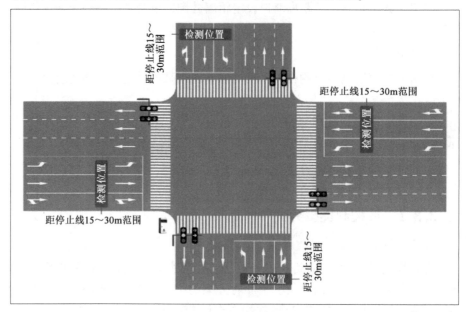

图 3-12　全感应控制

3.3.2　按控制范围分类

1. 单点交叉口交通信号控制

每个交叉口的交通信号控制只按照该交叉口的交通情况独立运行,不与其邻近交叉口的信号有任何联系,称为单点交叉口交通信号控制,也称为单点信号控制,俗称"点控制"。这是交叉口交通信号控制的最基本的形式,从技术上来讲,它又分为离线点控制和在线点控制。

2. 干线交叉口信号联动控制

把道路上若干连续交叉口的交通信号通过一定的方式联结起来,同时对各交叉口设计一种相互协调的配时方案,各交叉口的信号灯按此协调方案联合运行,使车辆通过这些交叉口时,不致经常遇上红灯,称为干线交叉口信号联动控制,俗称"线控制"。这种控制的原始思路是希望车辆通过第一个交叉口后,若按一定的车速行驶,随后到达各交叉口时就不再遇上红灯。但实际上,由于各车在路上行驶车速不一样,且随时有变化,交叉口又有左、右转弯车辆进出的干扰,所以很难确保一路都是绿灯,但使沿途车辆尽可能少地遇上红灯,大量减少车辆停车次数与延误是能够做到的。

根据相邻交叉口间信号灯联结方法不同,线控制可分为有电缆线控和无电缆线控。

有电缆线控:由主控制机通过传输线路操纵各信号灯间的协调运行。

无电缆线控:通过电源频率及控制机内的计时装置来操纵各信号灯按时协调运行。

3. 区域交通信号控制

以某个区域中所有信号控制交叉口作为控制的对象,称为区域交通信号控制,俗称"面控制"。控制区内各受控交通信号都受交通信号控制中心的集中控制。对范围较小的区域,可以整区集中控制;对范围较大的区域,可以分区分级控制。分区往往使面控制成为一个由几条线控制组成的分级集中控制系统。这时,可认为一条线控制是面控制的一个单元。有时,分区会使面控制成为集合点、线、面控制的综合性分级控制。

3.4 基本控制策略

3.4.1 控制策略概述

交通信号控制的研究对象是人、车、路,利用交通信号灯、交通标志标线、交通设施等对路权进行时间安排或空间划分,以达到规范秩序、保障安全、提升效率的目的。

交通信号的控制目标多种多样,控制效益的评价维度可以是交通安全、交通效率、经济效益等。

交通信号控制的实现方法是为了达到控制目的而采用的控制方式、手段,以及实现交通信号控制的工作思路与工作流程等。

交通信号控制策略是指针对一定的交通场景,在充分了解道路条件、交通流特征和变化趋势的情况下,遵循一定的标准和原则,围绕主要交通问题提出的控制目标和控制实现方法。

3.4.2 城市级控制策略

城市级交通信号控制策略,是针对城市交通的宏观特点,制定具有指导性意义的控制原则,确定全局控制目标与信号控制思路。目的是从整体上科学合理疏导交通流,提升信号控制效率。

城市级交通信号控制策略的制定,需考虑城市功能定位、路网结构、交通组成、土地利用规划以及城市交通管理现状。

城市功能定位不同,决定了城市的交通产生与交通吸引的特点不同。如对于旅游城市,存在周期性的高峰出行现象,在交通管理与控制上,需要有专门针对节假日或特殊活动日的管理与控制预案;对于新型工业城市,工业区与住宅区分区明显的,通勤交通是主要的交通活动,且交通流会出现早晚高峰的潮汐现象,在道路资源分配和交通信号控制策略制定时需要多加考虑。

路网结构不同,交通信号控制策略的侧重点也不相同。如采用环形加射线组合的路网结构(环形放射状),射线往往是交通的主干道,越往中心的地方交通汇集度越高,但是可利用的道路资源越少,因此这类路网结构在进行交通信号控制策略设计时,需要保证内部的交通流能够快速疏导出去,同时要避免外部进来的交通流过快聚集,可采用"内部疏导,外部截流"的控制策略。

交通组成是指交通参与者与交通工具类型的分布情况,针对不同的交通组成,控制策略的侧重点也不一样。如某些城市,非机动车(含电动自行车)的占比非常高,那么在实施城市级交通信号控制时,需要充分考虑非机动车的运动特点与安全要素,在控制策略制定时可适当使非机动车优先通行。

土地利用规划决定了商业、工业、住宅等的分布,土地利用性质的差异也决定着交通流特点的差异。土地利用规划的不同,可能导致出现不同的"组团",如现代城市普遍存在的"新老城区"就是组团形式的一种。组团形式下,交通流容易出现潮汐现象,交通流往往集中在连接不同组团的主干道,在控制策略制定时,需要重点考虑。

城市交通管理现状包括交通设施基础条件、管理技术与管理人员素质等,它们都影响着控制策略的制定。如路面交通信号控制相关设施是否完善,交通灯、标志标线设计是否符合标准,交通信号机是否联网,是否配套交通流检测设备、信号控制系统等,都对具体的控制策略制定具有决定性的影响。

综上所述,制定城市级交通信号控制策略是一项系统工程,不同的城市需要根据自身不同的政治、经济、文化、交通特点来全面考虑,根据自身的交通管理需求,提出交通信号控制目标,细化控制策略。

3.4.3 区域级控制策略

区域级控制策略设计的第一步是进行控制区域的划分,控制区域的划分主要有以下几种方式。

(1)按行政区域划分,适用于组团式交通或各行政区域交通流特点差异比较明显的城市区域。

(2)按土地利用功能划分,可划分出旅游风景区、商业区、工业区、住宅区、教育活动区等,是常用的区域划分方式。

(3)按道路范围划分,通常把主干道及其连通道路划分为统一区域,该区域的交通流有相似的特点,区域控制的子区划分通常采用这种方式。

(4)按路口影响范围划分,通常重点考虑某个关键路口或拥堵路口,在开展信号控制设计时,需要把该路口各进出口方向上下游路口都包括进来统一考虑,当需要着重解决某些重点交通节点的交通信号控制问题时,可采用这种划分方式。

区域级控制的目标,在不同的区域划分方式下、解决不同的交通问题时有所不同,但总体来说可归纳为以下几个方面。

(1)保障区域内交通参与者的生命财产安全和区域内的交通秩序,提升整体通行效率;

(2) 在区域内进行交通总量控制,使交通流快速疏导,有序进入;

(3) 提升区域内道路通行能力、道路平均车速,降低拥堵指数;

(4) 提升关键交通节点的通行效率,减少延误等。

针对以上控制目标,区域级基本的控制策略从宏观上可概括为以下几类。

(1) 当区域内车流量大、路段饱和度高、交通运行情况急剧恶化时,可通过绿波协调控制,将区域内部车流快速疏导出去;通过压缩绿灯时间、降低绿信比,对进入区域的通道沿线信控路口逐级截流控制,延缓外部车流汇入,达到"外截内疏,缓进快出"的目的;

(2) 当区域内车流量小、路段饱和度低、车速较快时,可通过小信号周期高效运转和连接道路绿波协调控制来提高整个区域的通行效率;

(3) 当区域内智能交通设施完善(有足够智能的信号机、丰富的交通流检测器等),可设计区域自适应控制算法,校正控制参数,实现自动的区域协调控制,提升区域交通信号控制效率。

根据以上控制策略的制定思路,下面列举学校、医院、商圈、老城区等常见的交通场景所采用的区域控制策略。

1. 学校区域控制策略

1) 调研区域内的交通情况,分析交通问题

调研学校周边交通吸引点,掌握大型商业区、居民区等情况;调研学校周边道路,掌握道路通行条件、出入口、停车位设置等情况;调研学校周边主要交叉口,掌握车流量、人流量等交通参数及交通信号控制方案;掌握学校上下学时段、特殊教学活动日期及时间等。根据掌握的交通基本情况,分析学校周边主要的交通问题。

2) 确定控制目标

学生是比较特殊的交通参与群体,他们活泼好动,安全意识相对薄弱,因此保障交通安全应该被视为第一控制目标。

学校上下学时段,接送学生的家长比较集中,交通流汇集快、停车需求大、交通秩序容易变得混乱,因此控制交通流、维持交通秩序为第二控制目标。

第三控制目标是保障学校周边的交通运行效率,避免交通阻塞而产生更大的影响。

3) 制定信号控制策略

根据已掌握的交通情况,围绕控制目标,拟制定的信号控制策略如下。

(1) 可按照 1.0 m/s 的学生过街速度,适当增加上下学时段学生过街时间,给予一定冗余,保障学生安全过街。

(2) 在连接学校重要通道沿线信号路口逐级截流,适当延长周期,降低汇入流向的绿信比,延长相关联路口流出方向绿灯时间,设计流出方向路段绿波协调控制,快速疏散区域内接送学生车辆。

(3) 精细划分控制时段,针对上下学高峰时段制定控制预案;除了上学时段,还需要针对开学礼、散学礼、家长会、运动会等特殊日期制定控制预案;制定寒暑假、周六日假期低峰时段控制预案。

(4) 过街学生数量较多、车流量密集时,利用信号灯控配合现场交警进行

临时干预,禁止车辆驶入学校门前路段,引导其从学校周边道路绕行,缓解学校门前交通压力。

2. 医院区域控制策略

1)调研区域内的交通情况,分析交通问题

根据医院进出口明确关键交通节点,并找出与之相关联的路口,调研路口连通的周边道路条件,掌握日常拥堵问题;医院是一个较为重要的交通吸引点,交通组织复杂,交通需求多样,需要调研清楚机动车、行人、特殊车辆(救护车等)通行线路等,必要的情况下需要制定特殊的控制预案;调研医院周边停车场位置、出入口及连通道路情况。根据掌握的交通基本情况,分析医院周边主要的交通问题。

2)确定控制目标

医院周边道路、路口是交通拥堵易发地点,考虑病人属于特殊群体以及医院救死扶伤的特殊性质,在交通信号控制上要有所侧重。

(1)保障医院周边道路畅通,避免拥堵蔓延、道路阻塞;

(2)规范交通秩序,保障行人交通安全;

(3)保障特殊车辆的通行。

3)制定信号控制策略

根据已掌握的交通情况,围绕控制目标,拟制定的信号控制策略如下。

(1)高峰时段,在进入医院的路段实施适度的截流控制,使排队进入医院的车辆均衡分布在路段上,避免出现路段溢流反堵现象,造成交通阻塞;对离开医院区域的道路进行绿波协调控制,快速疏导滞留车辆。

(2)信号控制方案适当进行行人优先控制,设计行人绿波,缩短行人停留等待时间。

(3)针对进出医院的路线设计"救命通道"的应急预案,保证在安全的前提下,遇到紧急情况时能以最快速度开辟出救护车通行路段。

(4)在路网资源不足时,可考虑禁左、设置单行道、停车诱导、预约停车等"诱控一体化"的控制策略。

3. 商圈区域控制策略

1)调研区域内的交通情况,分析交通问题

主要了解交通发生及吸引、车流通行关键路径、车流的交通组成等情况。确定商圈周边重要的节点路口,路口的车流来源方向,路网的结构,道路的通达性,路段是否存在短连接交叉口、易溢出路口等,明确各路口的信号控制关键点;掌握交通流组成,如行人流量、非机动车流量、机动车流量、公共交通流量等对信号控制方案设计有重要影响的信息,根据情况设计相应的相位相序及配时。

2)确定控制目标

购物高峰时段,商圈区域交通流短时聚集速度快,容易发生交通拥堵;部分商圈路段人车混行严重,交通秩序混乱,交通安全隐患大。因此,在信号控制上要做到以下两点。

(1)控制交通总量,外截内疏,保障道路畅通;
(2)规范交通秩序,减少人车冲突,保障行人交通安全。

3)制定信号控制策略

根据已掌握的交通情况,围绕控制目标,拟制定的信号控制策略如下。

(1)在高峰时段,进行区域总交通流量控制,避免出现路段拥堵、阻塞现象;在进入该区域的道路方向实行截流控制,在离开该区域的道路方向实行绿波协调控制。

(2)商圈路段交通存在短时间内车流大量集中的情况,通过设计绿波或增加路口绿信比等手段有针对性地制定溢流控制预案,当检测器或人工巡查监测到流量达到临界值时,利用信号机防溢出功能,启动信控预案,必要时采取人工干预手段,防止重要路口排队反堵。

(3)针对商圈内部路口,人流较密集的时段,可设置行人专用相位,或设置"X"形全向行人过街斑马线。对右转车辆,在行人高峰时段可采用控右措施,也可采用迟启动、早切断的控制方式,缓解人车冲突。

4. 老城区控制策略

1)调研区域内的交通情况,分析交通问题

调研老城区路网结构、主干道路连通其他区域的交通流特点、区域内部主要交通吸引点等。

2)确定控制目标

老城区与其他区域往往容易产生组团式交通,即区域与区域之间的主干道承载着主要的交通量,视老城区城市功能不同,可表现为通勤交通或旅游观光交通等。而由于历史原因,老城区内部路网道路通行能力往往不强。因此在控制上要做到以下两点。

(1)保障主干道交通顺畅,提升主干道通行能力,主路优先;
(2)保障区域内部道路顺畅,对重要交通节点实施精细化控制。

3)制定信号控制策略

根据已掌握的交通情况,围绕控制目标,拟制定的信号控制策略如下。

(1)采用外截内疏策略,延缓外部车辆进入老城区的速度,加快城区车辆出城速度;可根据通勤、旅游交通特点,设计潮汐车流控制方案。

(2)对老城区内部重要交通节点进行精细化控制,细分控制时段,设置合理相位,科学配时,合理利用时空资源。

(3)基于中心城区路网密集、路段功能复杂的情况,合理设计单行道、短连接路段、行人流量较大路口或路段、重点保障路口的配时方案。

3.4.4 路段控制策略

路段控制是对路段上所有信号控制路口进行联动控制,对车流进行疏导或截流控制,以达到提升道路通行效率或均衡路网压力的目的。

基于交通信号控制的需求,路段类型可按以下方式进行划分(非学术性分类)。不同路段类型的控制目标及控制策略不尽相同。

（1）按路段基础条件不同,可划分为主干道、射线道路、环形道路、短连接路段等;

（2）按路段交通功能不同,可划分为通勤干道、BRT专用道路段、交通走廊路段、潮汐交通路段、进出城通道路段等;

（3）按路段交通运行状态不同,可划分为施工路段、大车占比高路段、慢行交通秩序差路段、多车道汇入交织路段等。

根据以上路段分类,分别选择典型的路段场景来概述其控制策略的制定,其他路段类型的控制策略制定可参考类推。

1. 主干道控制策略

1）调研路段交通情况,分析交通问题

调研掌握路段的基础信息,包括路口数量、路口间距、车道数、路段限速等;调研路段交通运行情况,包括停车次数、平均车速、路口饱和度等。根据调研情况,分析路段交通存在的问题。

2）确定控制目标

主干道控制的目标如下。

（1）平峰时段,减少停车次数,提升平均车速,缩短行程时间;

（2）高峰时段,主要交通流方向优先通行,避免交通拥堵。

3）制定信号控制策略

根据已掌握的交通情况,围绕控制目标,拟制定的信号控制策略如下。

（1）平峰时段,可进行双向绿波协调控制,达到提升通行效率的控制目标。

（2）高峰时段,主要交通流方向优先通行,可采用单向绿波协调控制方式;若路口存在过饱和状态或路段出现拥堵、溢流的情况,可适当进行截流控制,均衡分摊路段交通压力。

（3）对路段关键节点(如关键交叉口、短连接路口等)进行精细化相位相序设计,以配合路段协调控制。

2. 进出城通道路段控制策略

1）调研路段交通情况,分析交通问题

调研掌握路段的基础信息、路段交通运行情况,分析路段交通存在的问题。

2）确定控制目标

缓进快出,优先保障市区内交通顺畅。

3）制定信号控制策略

根据已掌握的交通情况,围绕控制目标,拟制定的信号控制策略如下。

（1）根据路段流量变化情况进行精细化控制时段划分。

（2）出城车流优先通行,可采用单向绿波协调控制;延缓进城车流速度,可适当采用截流控制手段。

（3）对路段关键节点(如关键交叉口、短连接路口等)进行精细化相位相序设计,以配合路段协调控制。

3. 施工路段控制策略

1）调研路段交通情况，分析交通问题

调研掌握路段的基础信息、路段交通运行情况，分析路段交通存在的问题。

2）确定控制目标

保障施工期间路段的通行秩序，提升路段通行能力。

3）制定信号控制策略

根据已掌握的交通情况，围绕控制目标，拟制定的信号控制策略如下。

（1）施工路段通行能力下降，可以在路段上游进行适当的截流控制，利用上游路段的排队时间，疏散下游施工路段车辆。

（2）对受施工影响或正在围闭施工的路口，进行精细化控制方案设计：相位设计上可采用重复放行方式，利用多次放行以减少车辆"断流"而造成的绿灯时间浪费；信号配时上，低峰和平峰时段以减少空放和延误为目标，高峰时段以保障最大通行能力、缩减排队长度、避免拥堵为目标。

（3）有条件的路口、路段可实施"借道通行"控制。

3.4.5 路口控制策略

路口是城市交通信号控制的基本单元，也是最多样最复杂的交通管理单元，因此制定路口的交通信号控制方案是交通管理与控制的基础。

若不考虑路段、区域等协调控制，单点路口的控制目标一般是：平峰低峰时段，保障车流通畅，使停车延误达到最小；高峰时段，保证最大通行能力，使路口整体效率达到最高。

路口控制策略要保障单点路口运行情况最优化并结合区域协调控制原则，科学、合理设置路口相位，多时段划分配时以匹配交通流。根据路口交通特征，优化设计路口控制参数。在交通信号控制方案设计实施中，需遵循以下几项基本原则（以下具体数据仅供参考，应根据城市的实际情况而定）。

1. 行人安全原则

行人最短过街时间一般应使行人可以 1 m/s 的速度过街，最大过街速度不超过 1.2 m/s；行人灯绿闪时间应使行人可以 1.2 m/s 的速度过街；行人等待时间一般不超过 120 s，最长不超过 150 s。

2. 机动车效率原则

机动车连续放行时间不得少于 15 s，不得超过 75 s；机动车等待时间一般不超过 180 s，最长不超过 200 s。

3. 周期大小原则

最小绿灯时间应满足机动车最小绿灯时间及行人最短过街时间要求，信号周期长度一般不超过 180 s，最长不超过 200 s。

4. 冲突避让原则

右转渠化车道机动车灯采用黄闪控制情况下，行人灯不允许亮绿灯；行人较多、右转车较多情况下,不建议使用机动车信号灯(即不亮绿灯);不允许箭头方向指示信号灯与机动车、行人冲突。

5. 时段划分原则

控制时段至少划分为高峰、平峰和夜间低峰 3 种时段类型。

6. 相位设计原则

(1)安全原则:相位设计应尽可能减少交通流之间的冲突,非冲突的交通流可在同一相位中放行,存在冲突的交通流应在不同的相位中放行。

(2)效率原则:相位设计主要是要提高交叉口的时间和空间资源的利用率。过多的相位数会导致损失时间的增加,从而降低交叉口的通行能力和交通效率。过少的相位数会因冲突而降低效率。

(3)均衡原则:相位设计需要兼顾各流向车流之间的饱和度均衡,应根据各流向车流的不同合理分配路权。应保证相位内各流向车流之间的流量比相差不大。

(4)连续性原则:一个流向交通流在一个周期中至少能获得一次连续的绿灯时间;一个进口的所有流向交通流要在连续的相位中放行完毕;如几股不同流向车流共用同一车道,相位必须为同步放行。例如直行左转共用车道,需同步放行。

路口控制的场景非常多,以下列举几种常见的路口交通场景的控制策略。

1. 一般单点路口控制策略

1)路口问题

绿灯利用率低,停车等待时间长,相位设计不合理等。

2)控制目标

减少绿灯空放,效率最高、延误最小、停车/行人等待时间最短。

3)控制策略

(1)细化控制时段,根据全天流量变化划分早次高峰、早高峰、早平峰、午平峰、午高峰、晚平峰、晚次高峰、晚高峰、夜平峰、夜低峰等多个时段,实现固定周期多时段配时管理。

(2)相位相序上,通过灵活运用搭接小相位、重复放行、对称放行、单口轮放等实现单点控制效益最大化。

(3)有条件的路口可实施自适应控制或感应控制。

2. 过饱和路口控制策略

1)路口问题

路口各进口流量处于饱和或过饱和状态。

2)控制目标

保障基本通行,不发生溢出、锁死。

3)控制策略

当路口所有方向流量均高度饱和时,进行有所侧重的放行,拆分高峰时段,高峰前半段在保证其他流向不回溢的情况下优先放行出城流向,后半段重点放行其他流向,寻求一个平衡点,必要时牺牲某一两个进口的通行效率,从而保障主要交通流进口的通行效率。

3. 流量不均衡路口控制策略

1) 路口问题

流向延误不均衡,某些流向排队长、延误大,某些流向存在空放。

2) 控制目标

主流向的通行能力最大化,避免流量小方向空放、行人过街等待时间过长。

3) 控制策略

确定流量不均衡的时段,根据流量流向不均衡情况灵活采用"双向直行+直行和左转+双向左转""直左+双向直行+对向直左"的搭接放行方式,流量小的方向可采用禁限流向等方法。

4. 溢出常发路口控制策略

1) 路口问题

某一个到两个进口车流排队长度超过路段长度,回溢至上游路口,导致路段"锁死"而产生拥堵。

2) 控制目标

缓解溢流,避免锁死。

3) 控制策略

(1) 利用单口轮放或搭接小相位的方式,降低上游路口汇入方向的绿信比或增加流出方向的绿信比。

(2) 时段上设置次高峰时段,在高峰来临前优先主要交通流方向通行,避免车辆积压。

(3) 单个路口不能有效缓解溢流时,可上下游双向或单向协调控制,减少停车次数,实现不停车通过,缓解排队溢流。

(4) 制定手动控制预案,车流无法疏散时启用人工手动控制。

5. 节假日常发拥堵路口控制策略

1) 路口问题

路口原信号控制方案不能适应节假日车流的变化规律,出现停车次数过多、排队等待时间过长等拥堵现象。

2) 控制目标

节假日期间不发生严重拥堵,非节假日保障交通顺畅。

3) 控制策略

(1) 提前制定节假日交通信号控制预案,单独划分周五晚高峰、周末、节假日等时段,周五晚高峰时段开始时间提前;周末早高峰不明显,晚高峰延长;节假日划分出城、进城高峰时段。

(2) 节假日路口流量增加,应相应地延长信号周期,调整主要交通流的绿信比;如进出城区、景区、商圈等存在潮汐车流现象时,可大幅度延长离开拥堵区域方向绿灯时间,适当减小进入拥堵区域方向绿信比;主交通流方向可设置单向绿波协调控制或截流控制。

3.5 特殊控制场景

随着交通信号控制的发展,控制策略也更加细化,出现了很多针对某种特定的场景专门制定的控制策略。以下列举一些典型的特殊控制场景及其控制策略。

3.5.1 可变车道控制

1. 使用场景

使用场景如图 3-13 和图 3-14 所示。

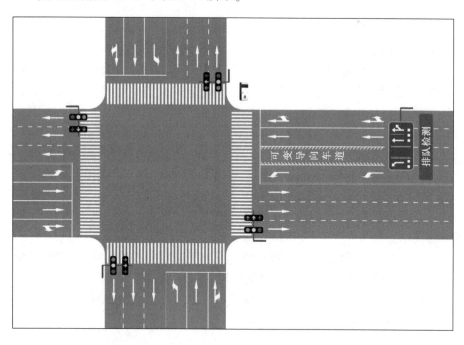

图 3-13 可变车道控制

当一个方向上不同流向的车流在不同时段有较大变化,固定车道无法满足各流向车流变化需求时,可将车道设置为可变车道,根据各流向的车流情况改变可变车道的属性。

2. 控制策略

(1) 在距离停车线 50~100 m 处设置可变车道显示屏,提示当前车道属性。

(2) 在路口设置可变车道专用信号灯,根据当前车道属性,显示对应的方向。

(3) 在无车辆检测设备时,根据时段设置可变车道属性,在不同时段可变车道的属性不同。

图 3-14 可变车道指示牌
注:中间车道指示牌为可变车道显示屏。

(4)在安装了车辆检测设备时,根据检测的各流向车流量、饱和度、排队长度等数据,实时调整可变车道属性。

3.5.2 潮汐车道控制

1. 使用场景

使用场景如图 3-15 和图 3-16 所示。

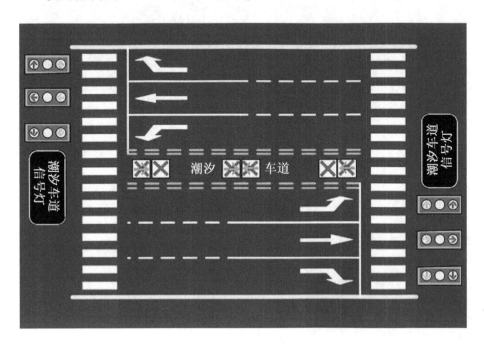

图 3-15 潮汐车道控制

某段时间内,道路双向交通流量相差较大,其中一个方向拥堵,而另一个方向车辆较少,车道利用率较低。将车辆较少方向的车道设置为潮汐车道,根据双向车流情况改变车道通行方向。

2. 控制策略

(1)在潮汐车道起止点安装双面车道指示灯,施划相应的车道标线,安装引导设施,在潮汐车道起止点前安装信息显示屏。

图 3-16 潮汐车道指示牌

(2)根据道路双向不同时段的车流量大小,设置潮汐车道的运行时段。

(3)在时段切换时需要预留足够的时间来进行潮汐车道内的车辆清空,清空时,不允许车辆进入潮汐车道,只允许潮汐车道内的车辆驶出。

(4)可在潮汐车道两端道路安装检测设备,检测两个方向的车流量,根据各方向车流量的大小调整潮汐车道的方向。

3.5.3 分车道控制

1. 使用场景

使用场景如图 3-17 和图 3-18 所示。

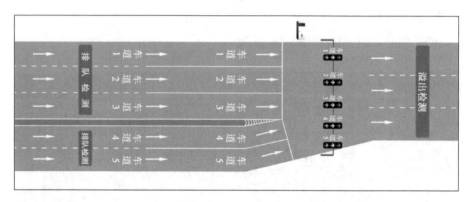

图 3-17 分车道控制

图 3-18 分车道控制信号灯

多条道路汇聚为一条道路，入口车道总数大于出口车道总数，出口易饱和，易产生车辆交织，易出现交通事故，该场景通常为匝道汇入口。通过分车道放行来均衡各入口放行的车流量和排队长度。

2. 控制策略

（1）入口道路分车道安装信号灯，安装车道信息标志。

（2）针对交织区混乱的交通秩序，使用信号灯控制，把车流阻拦在交织区以外，先规范交织区的通行秩序。

（3）根据下游出口的"容量"大小（车道数）来确定上游各个入口的放行方式。

（4）合理分配上游各个入口的放行量（绿灯时间），达到均衡疏导下游交通流的目的。

（5）在出口安装检测设备，检测出口拥堵情况，当出口缓行或者拥堵时，调整放行方案，缩短各车道放行时间。

（6）在安装了排队检测设备的情况下，根据各车道排队情况，控制各车道放行绿信比，达到管控目的。

3.5.4 共享转换车道控制

1. 使用场景

使用场景如图 3-19 和图 3-20 所示。

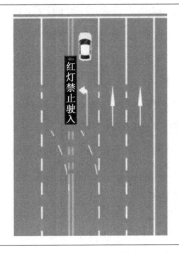

图 3-19 共享转换车道控制

共享转换车道也叫作借道左转,适用于某方向左转车流量较大的路口,在现有的交通渠化下,路口通行能力有限,无法满足当前交通需求的情况。通过设置借道左转,在出口空闲时,左转车辆可进入对向车道,相当于在左转绿灯放行时增加了左转车道数,提高了路口通行效率,但牺牲了部分安全性。

2. 控制策略

(1)在共享转换车道入口处安装信号灯,用于指示是否可以进入共享转换车道,同时增加显示屏对是否允许进入共享转换车道进行提示。

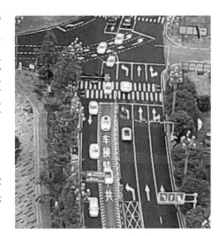

图 3-20 共享转换车道控制道路

(2)配置路口放行方案,让左转车辆在与对向车辆不冲突的情况下可以提前进入共享转换车道排队。

(3)左转放行时,共享转换车道上的车辆随左转车道的车辆一起放行,同时共享转换车道提前禁止车辆进入,确保路口左转绿灯时间内能将共享转换车道上的所有车辆放行。

(4)在有条件的情况下,可以在共享转换车道上增加车辆检测设备,来确保共享转换车道的安全性。在满足预设条件,左转车辆准备进入共享转换车道时,如果还有车辆未驶离共享转换车道,则延后车辆进入共享转换车道的时间,直到车辆清空,或者本周期不允许车辆进入共享转换车道;在左转放行快结束时,如果共享转换车道上的车辆还未完全驶离,则延长左转放行时间,直到车辆驶离共享转换车道或者达到左转放行最大绿灯时间。

3.5.5 公交优先控制

1. 使用场景

使用场景如图 3-21 所示。

图 3-21 公交优先控制

公交车、有轨电车等车辆到达路口时,需要优先安排通行,让此类特殊车辆不停车、少停车通过路口。

2. 控制策略

在距离路口一定距离处安装车辆检测设备,检测公交车等特殊车辆,当有特殊车辆接近路口时,信号机根据车辆的位置以及当前的红绿灯状态来进行公交优先控制,优先控制方式分为绝对优先和相对优先。

(1)绝对优先是检测到车辆接近路口时,路口强制切换相位,让优先车辆不停车通过路口。绝对优先对路口非优先方向的车辆影响较大,对于车流量较大的路口,容易造成其他方向的拥堵。

(2)相对优先是检测到车辆接近路口时,通过延长优先相位绿灯、缩短优先相位红灯、插入优先相位等方式,让优先车辆不停车或者少等待通过路口。相对优先能够尽可能地减少优先控制对其他方向车辆的影响。

3.5.6 应急管控

1. 使用场景

在一些大型活动或者节假日时,会出现大量人流、车流在某个区域聚集的情况,容易出现一些突发事件,需要采取如限流、禁止通行、引流等措施,对突发情况进行快速响应、快速处理。

2. 控制策略

对管控区域内的路口设置有针对性的应急管控预案,将预案分级,用于应对不同的情况。根据现场实际情况,分级实施应急管控预案。特殊情况时,一键实施应急管控预案,方便快捷地对区域内多个路口实施管控,提高管控响应速度。同时,可关联管控区域和周边的显示屏、诱导屏等设备,对管控区域的交通进行提示或诱导分流。

3.5.7 全息信号控制

1. 使用场景

全息信号控制是近年新兴起的一种基于使用场景的信号控制方式。使用场景一般是在路侧安装有雷达、视频、雷视一体机等检测设备的道路。

2. 控制策略

随着雷达、视频、雷视一体机等检测设备的快速发展,检测精度不断提高,设备能够全面地检测路口及周边道路的车流、人流情况,可以将路口及周边的全要素发送到信号机及信号控制系统上,信号机及信号控制系统可以根据新型检测数据(如车辆轨迹、空间占有率、平均速度、排队长度、行人数量等)制定新的控制策略,对路口或区域进行更精细的控制。

3.5.8 "互联网+"信号控制

1. 使用场景

"互联网+"信号控制也是近年新兴起的一种控制方式。应用场景一般是由互联网数据支撑的道路。

2. 控制策略

传统的检测设备如雷达、视频、雷视一体机等检测范围有限,无法对道路进行全覆盖。而互联网地图企业拥有大量的连续交通数据,能够分析得到车辆延误、停车次数、车辆OD等传统检测较难得到的数据,但是采样率较低,有一定的滞后性,在实际控制应用中更多用于区域性的慢调节,以及多时段配时的优化。传统检测数据与互联网交通数据具有较强的互补性,将传统的检测数据与互联网交通数据结合起来,制定实时的路口、道路、区域的控制策略,可进一步发挥"互联网+"信号控制的效果。

3.5.9 车路协同信号控制

1. 使用场景

车路协同信号控制是随着近年车联网发展而兴起的一种信号控制方式。使用场景一般是具有车联网系统交互数据的道路。

2. 控制策略

信号控制系统与车联网系统交互数据,利用实时车辆信息、车辆轨迹等进行信号控制,同时信号机向车辆发送信号灯状态及其他交通信息。目前车联网发展刚刚起步,联网车辆比例太小,车路协同信号控制也处于应用的初级阶段,主要应用于车辆优先控制、绿波速度引导等,如图3-22所示。

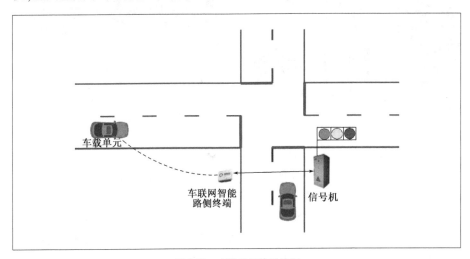

图3-22 车路协同信号控制

3.5.10 请求式行人过街控制

1. 使用场景

使用场景如图 3-23 和图 3-24 所示。

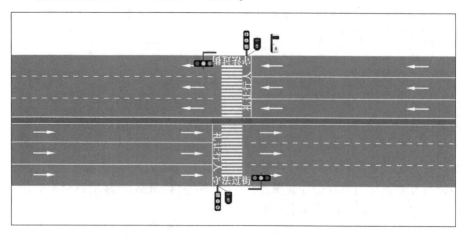

图 3-23 请求式行人过街控制

图 3-24 请求式行人过街控制路口

请求式行人过街控制按设置位置可分为请求式路段行人过街控制和请求式路口行人过街控制。请求式路段行人过街控制一般适用于行人过街需求较小或者波动较大的地方，如学校门口路段、滨江路段等。请求式路口行人过街控制通常适用于夜间，夜间车流量和人流量很小，此时为了减少车辆延误，会尽可能地缩短路口放行周期。当道路较宽时，为保证行人安全通过，必须要有足够长的放行绿灯时间，这会使得周期加长，车行绿灯空放较多，增加路口车辆的延误。

2. 控制策略

请求方式可分为人工请求和智能检测请求。人工请求通常使用行人过街按钮,需要行人按过街按钮来请求过街;智能检测请求通过在行人等待区域安装行人检测设备,如摄像机、雷达、红外线等,检测等待区域内是否有行人,如果有行人,则触发过街请求。只有触发请求之后,才放行行人,并可设置两次行人放行的最小时间间隔。

设置请求式行人过街控制,可在无行人等待时,缩短路口周期,提高路口夜间通行效率,减少车辆延误。

3.5.11 环形交叉口控制

1. 使用场景

使用场景如图3-25所示。

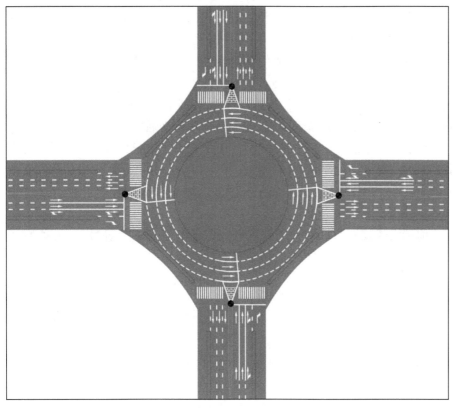

图3-25　环形交叉口控制

对于车流量较大的环形交叉口(俗称"转盘"),要在路口设置红绿灯进行控制。"转盘"有别于常规路口,需要在"转盘"中间以及各进口设置停车线和红绿灯。

2. 控制策略

设置相应的"转盘"控制方案,让车辆在"转盘"中有序通行,避免出现"转盘瘫痪"的情况。

3.5.12　多混合场景控制

一个路口可能同时存在多种场景，这就需要对多种场景数据进行融合处理，并进行多场景混合控制，以达到更优的控制效果。如：当一个路口存在可变车道时，需要根据检测数据智能变换可变车道属性，同时路口各方向需要根据检测数据进行自适应控制，这就需要进行可变车道＋自适应混合控制。

3.6　控制技术及场景发展

目前，我国交通信号控制正在由定时控制向智能化控制发展，由单点控制向线路、区域协调控制发展。

随着检测手段逐渐多样化，当前主流的雷达、视频、雷视一体检测器，以及互联网大数据，提供了丰富的检测数据类型，如流量、时间占有率、空间占有率、排队长度、平均速度、车辆轨迹、车头时距、车间时距等，在新型数据驱动下，信号控制策略也越来越智能化、精细化，产生了很多基于特定场景的控制方式和控制策略。今后，控制场景会越来越多、越来越细化。同时，随着越来越多的互联网企业加入交通信号控制行业，可利用互联网大数据的优势，建立各种"城市大脑"，这些"城市大脑"也将被应用到交通信号控制中。

当前的交通信号控制主要是被动、滞后的控制，在已经发生了某种事件或者现象的情况下进行控制干预。随着信号控制技术的发展，交通信号控制会逐渐由被动、滞后的控制变为主动、预测的控制，提前进行控制干预，减少不希望的事件或者现象发生。

前端实体检测数据与云端互联网大数据有很高的互补性，将两类数据相互补充可以挖掘深层次的道路交通流运行特征，实现准确的道路交通流短期预测和信号控制效益评估分析，这是今后交通信号控制的一个突破方向。

快速发展的车联网及未来无人自动驾驶等技术的应用将促进传统道路交通检测技术进行一场大变革，提供更丰富的交通数据，发掘和应用这些数据的价值将成为提高道路交通信号控制水平的重要技术手段。

当前不同信号控制系统功能参差不齐，且不同系统之间鲜有互通，对于区域或者整个城市而言，无法进行统一调控。信控统一平台可解决当前用户使用不同信号控制系统时的痛点，是未来交通信号控制系统的发展方向。

开源信号控制系统可让信号机和信号控制系统标准统一化，打破原有的信号控制系统壁垒，实现信号控制的统一互通，是未来交通信号控制系统的发展方向。

本章思考题

1. 在了解了相关基础概念和控制方法策略后,我们该如何有针对性地解决道路交通拥堵问题?
2. 如何在控制策略上进行创新?
3. 交通信号控制的新技术新方法该如何适应不同场景?

现代交通信号控制系统

第4章　现代交通信号控制系统硬件

4.1 交通信号控制机

《道路交通信号控制系统术语》(GB/T 31418—2015)将交通信号控制机定义为能够改变道路交通信号顺序、调节配时并能控制道路交通信号灯运行的装置。

交通信号控制机是城市交通信号控制系统的核心组成部分,是交通信号控制系统中位于交叉口现场的底层执行单元,其核心功能是实现交叉口交通信号控制,兼有交通信息采集、通信、交叉口监控等功能。

我国现行交通信号控制机标准为 2016 年发布的《道路交通信号控制机》(GB 25280—2016)。

4.1.1 现代交通信号控制机的一般组成

交通信号控制机一般指用于控制交通信号灯运行的安装在机柜中的全部电子机械,包括机柜。随着技术的发展,交通信号控制机已经从纯粹的机械控制机发展成以微处理器为核心的现代交通信号控制机。现代交通信号控制机分为软件与硬件两部分,交通信号控制机的功能主要由软件来决定,硬件主要实现物理防护与执行代码指令功能。

虽然基于不同的设计理念和规范要求,现代交通信号控制机的物理组成形式多种多样,但基本的交通信号控制机功能单元划分仍然具有普适性。根据实现功能的不同,通常将交通信号控制机划分成以下功能单元。

1. 主控单元

主控单元是安置在交通信号控制机机柜内,具备典型的嵌入式计算机特性,实现核心交通信号控制逻辑、指令下发、必要的数据运算、通信协议解析的功能单元,NEMA-TS2(美国国家电气制造商协会制定的一种交通信号控制机标准)信号控制机及国产某开源信号控制机主控单元如图 4-1、图 4-2 所示。

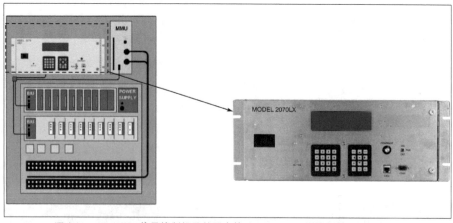

图 4-1　NEMA-TS2 信号控制机及其配套的 MODEL 2070 型控制器(主控单元)

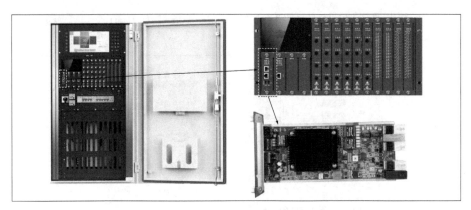

图 4-2 国产某开源信号控制机及其配套的主控板(主控单元)

通常由主控单元实现以下功能。

(1) 系统初始化自检,通常包括设备自身状态自检、参数自检;

(2) 与其他功能单元的通信,例如向灯驱动单元发送灯驱动指令并获取必要的灯组驱动电压和电流数据反馈;

(3) 实现一定的控制逻辑,例如按照时段表调度方案,根据检测器的数据进行自适应方案计算或者感应控制;

(4) 与现场设备通信,实现必要的现场控制功能,例如与手动面板通信,实现现场手动控制,或者与现场终端设备通信,改变运行方案;

(5) 与中心平台通信,实现区域联动、故障上报等功能。

主控单元一般采用设计年代所能提供的,具备高可靠性且能够提供足够运算能力、接口扩展能力的嵌入式计算机平台。例如设计于 20 世纪 90 年代由飞利浦(Philips)公司生产的 PSC Ⅱ 信号控制机采用的是 10 MHz 主频的 80188 处理器,扩展了 32 KB 的 RAM 和 64 KB 的 ROM,远距离通信方面采用的是波特率为 300 的调制调解器(modem),这类能力有限的处理平台只能处理相对简单的业务逻辑;而目前新设计的信号控制机大多数采用 ARM 架构的嵌入式芯片,主频普遍超过 200 MHz,内存、文件系统普遍以 MB 甚至 GB 度量。例如国产某开源信号控制机主控单元为车规级 ARM Cortex A9 1GHz 主频处理器,内存 1 GB,文件系统 8 GB,通信方面提供了多个千兆以太网接口。

2. 灯驱动单元

灯驱动单元是安置在交通信号控制机机柜内,实现根据主控单元指令来驱动灯组,使其输出为对应状态的功能单元。灯驱动单元一般同时具备灯电压和灯电流或者灯功率检测功能,以便配合故障检测逻辑,实现绿冲突、红绿同亮、红灯全灭等关键故障的判断。NEMA-TS2 信号控制机及国产某开源信号控制机灯驱动单元如图 4-3、图 4-4 所示。

根据交通信号灯的一般应用场景,灯驱动单元通常把红、黄、绿三个灯色通道设计为一个灯组,单台交通信号控制机能够扩展的灯组数量是信号控制机设计的一个重要指标。例如泰科(Tyco)公司的 Eclipse 交通信号控制机单块灯驱动单元可支持 8 个灯组,每台交通信号控制机最多扩展 4 块灯驱动单元,这样该信号控制机最大扩展能力为 32 个灯组。国产某开源信号控制机单块灯驱动单元可支持 4 个灯组,单个逻辑箱可扩展 10 块灯驱动单元,同时允许最多4个逻辑箱级联,这样非级联状态下最大扩展能力为40个灯组,级联状态下最大扩展能力为160个灯组。

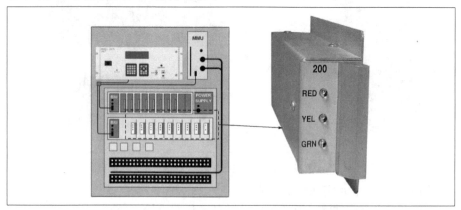

图 4-3　NEMA-TS2 信号控制机及其配套的灯驱动单元

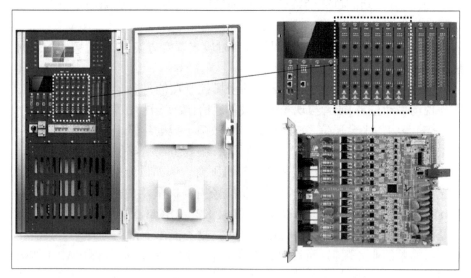

图 4-4　国产某开源信号控制机及其配套的灯控板(灯驱动单元)

对于灯组扩展能力不足的信号控制机,工程施工时通常会采取同相位灯组直接并灯的方式,但这不利于后期灵活调整相位构成,并且往往较难准确检测并灯的灯组中单个灯的故障。

灯驱动单元的输出电压、输出电流或者输出功率检测功能是信号控制机最重要的故障判别手段。例如绿冲突、红绿同亮的判断依据是灯组中对应通道的输出电压,当发生冲突通道的绿灯对应的灯驱动单元都检测出存在有效电压输出时,即判断为发生绿冲突,同理当同一灯组的红灯、绿灯对应的灯驱动单元都检测出存在有效电压输出时,判断为发生红绿同亮;红灯全灭故障的判断依据是灯组中对应通道的输出电流或者输出功率,当红灯对应的灯驱动单元检测出存在有效输出电压,而灯电流检测判断没有电流或者灯功率检测判断没有功率输出,则可以判断为发生红灯全灭故障。

灯电压检测通常做法是将灯输出端的电压反馈信号输出至 AD 采样程序,由程序判断采样结果是否达到门限阈值。

目前常见的灯电流检测手段是电流互感器方式或者电阻采样方式。电流互感器方式的优点是电路简单，缺点是无法检测直流的灯具输出电流。电阻采样方式能够同时满足交流和直流灯具的检测，但是对于交流灯具而言，需要在检测电路参考地设置交流火线，对电路设计水平要求较高。（可将灯驱动单元抽象理解成一个开关，按照电气安全规范，开关必须串接在交流火线输入端，以保证开关断开时灯具处在零线电位，电阻采样方式不能像电流互感器一样实现直接电气隔离，因此，其配套逻辑电路必须以交流火线作为参考地，而一般人员可接触到的电路都要求参考地为大地，因此，必须妥善处理电流采样电路和一般数字电路的高压隔离问题。）

由于目前部分信号灯灯具为实现灯输出亮度不受电源电压波动影响而采用内置开关电源的设计，因此其对外阻抗特性表现为偏容性，简单地测量电压和电流并不能准确反映灯组的实际输出功率。为解决这一问题，产生了灯功率检测，灯功率检测需要高频次采样电压电流，对处理能力要求较高，设计难度较大。

3. 黄闪控制单元

黄闪控制单元是安置在交通信号控制机机柜内，独立于灯驱动单元，当信号控制机主控单元因故障或者维护等原因无法正常工作时，实现控制信号控制机输出为黄闪状态的功能单元，也称黄闪器。

黄闪器是交通信号控制机的安全底线，通常和故障检测单元以及必要的电气单元配合，一旦发现影响系统安全的关键故障，立即解除主控单元的控制权限并将信号控制机灯组输出权限交给黄闪器，保持路口黄闪，其切换原理示意图如图4-5所示，一般由主继电器和黄闪继电器配合实现。

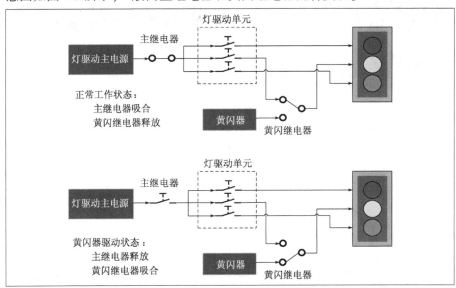

图4-5　典型的信号灯控制权限在灯驱动单元和黄闪器间切换原理

当灯组正常由灯驱动单元控制时，主继电器吸合，黄闪继电器释放。此时灯驱动单元的驱动电路部分接收灯驱动主电源提供的电能，并根据需要驱动灯组红黄绿输出，黄灯此时通过黄闪继电器与灯驱动单元连接，直接受灯驱动单元控制。

当需要切换黄闪器控制的硬件黄闪状态时,主继电器释放,黄闪继电器吸合。此时灯驱动单元的驱动电路部分没有电源输入,无法对外输出,黄灯此时通过黄闪继电器与黄闪器连接,直接受黄闪器控制。图 4-6、图 4-7 展示了两种信号控制机的独立硬件黄闪器。

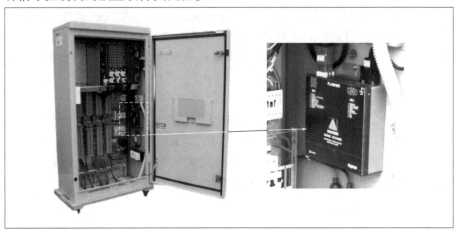

图 4-6　Eclipse 信号控制机及其独立硬件黄闪器

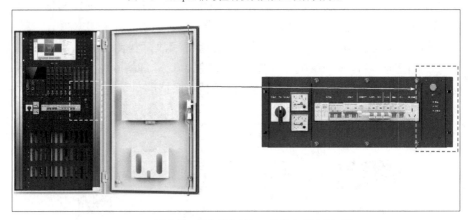

图 4-7　国产某开源信号控制机及其独立硬件黄闪器

实际系统设计时,通常有两种黄闪控制方法,黄闪器完全独立模式和黄闪器半独立模式。黄闪器完全独立模式如图 4-8 所示,黄闪器半独立模式如图 4-9 所示。

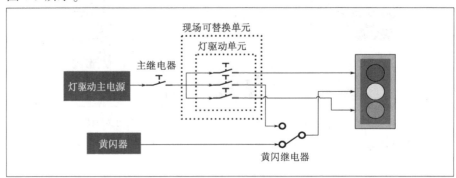

图 4-8　黄闪器完全独立模式

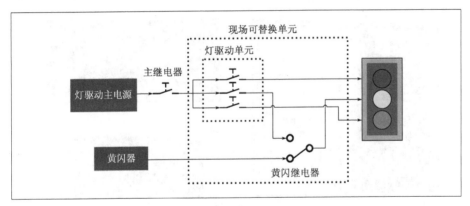

图 4-9 黄闪器半独立模式

采用完全独立模式设计的黄闪器,通常黄闪器以独立模块的方式部署,不和其他功能单元合并,现场可替换单元不包括黄闪继电器。通过机柜内主继电器、黄闪继电器以及配套电气线路的配合,实现灯组驱动在正常系统控制和黄闪器控制之间的切换。这类做法的优点是系统维护阶段(例如替换逻辑箱时),路口可保持黄闪不灭灯,缺点是电气线路依靠硬连线,耗费成本较高。

采用半独立模式设计的黄闪器,通常黄闪器是逻辑箱中的一块相对独立板卡或者和逻辑箱中其他功能板卡合并设计,黄闪继电器集成在灯驱动单元板卡上,现场可替换单元包含黄闪继电器。这类做法的优点是将电气线路连接转移到 PCB 上,降低了机柜内需要人工布置的电气线路的复杂度,成本低,整机比较简洁,缺点是系统维护阶段(例如替换逻辑箱时)路口只能处于灭灯状态。

两种控制方法一般根据系统设计需求选择,通常追求经济性的多采用半独立黄闪模式,追求安全性、可维护性的采用严格意义的独立黄闪模式。

4. 故障检测单元

故障检测单元是安置在交通信号控制机机柜内,具备信号控制机核心故障检测功能,或者具备核心故障判断功能并且可以和其他功能单元协同实现信号控制机核心故障检测功能的单元模块。NEMA-TS2 信号控制机及国产某开源信号控制机的故障检测单元如图 4-10、图 4-11 所示。

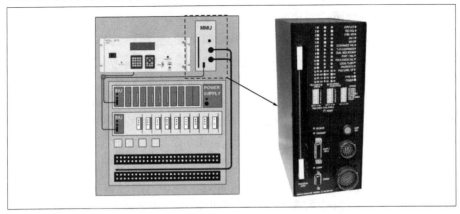

图 4-10 NEMA-TS2 信号控制机及其配套的故障检测单元

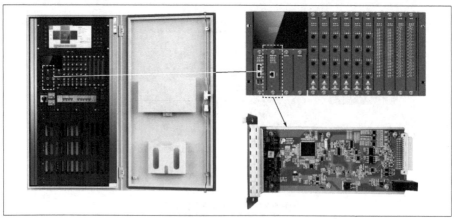

图 4-11　国产某开源信号控制机及其配套的故障检测单元
注：故障检测单元兼顾备份控制单元。

通常故障检测单元必须检测的故障有以下几种。
(1) 绿冲突故障；
(2) 信号组所有红灯均熄灭；
(3) 信号灯组红灯、绿灯同时点亮；
(4) 影响道路交通安全的其他严重故障。
可选择检测的故障有以下几种。
(1) 黄灯、绿灯故障；
(2) 通信故障；
(3) 检测器故障；
(4) 相位切换保护时间故障；
(5) 影响信号控制机正常运行的其他故障。
故障检测单元的设计方式通常有以下几种。
(1) 直接集成在主控单元，以软件模块的方式体现；
(2) 与系统中某些板卡合并，相对主控单元独立；
(3) 完全独立的故障检测单元。

方式(1)是目前低端信号控制机的通常做法，故障检测是主控单元的一个软件功能，这样减少了额外的硬件成本，经济性较好，但是理论上一旦主控单元程序失效，则故障检测功能也失效，安全隐患较大。

方式(2)使故障检测功能和主控单元相对独立，故障检测单元可以是一个独立的嵌入式计算机系统或者是一个需要主控单元在启动阶段设定检测规则的低代码化的部件。相对方式(1)，安全性大大提高。

方式(3)使故障检测功能完全独立，不和其他功能板卡合并，故障检测单元通常具备独立的参数配置模块或者以通信方式获取检测规则。这类故障检测单元能够检测的故障类型通常较完善，整体系统安全性高。

5. 备份控制单元

备份控制单元是当主控单元失效或者处在维护升级过程中时，具备接管系统控制功能，至少保持系统运行在定周期模式下，不进入黄闪状态的单元模块。备份控制单元可以是独立模块，也可以集成在故障检测单元或其他合理的系统部件中。

备份控制功能一般是由具备智能处理器的板卡实现的。传统的信号控制机一般只有主控单元具备具有足够智能处理能力的处理器,很少设计备份控制功能。但随着智能处理器小型化、集成化,很多功能板卡本身就具备不错的智能处理能力,目前备份控制单元已实际应用于部分信号控制机产品中。通常表现形式是在主板故障或者因为维护升级而功能暂时失效状态下,由系统中的某个具备智能处理器的单元接管系统,并且能够在主控单元恢复正常后平滑过渡到主控单元控制系统的正常状态。设计良好的备份控制单元应当保证控制系统期间对于核心故障有足够的检测能力,并能在核心故障发生时控制系统进入黄闪状态。

国产某开源信号控制机的备份控制单元与故障检测单元集成(图4-11),当主控单元正常运行时,实时学习主控单元发出的驱动指令,将学习到的一个周期的指令保存成备份控制方案。判断主控单元失效时,首先驱动所有现场已输出为绿灯的灯组进入黄闪状态并过渡到全红状态,清空路口,然后开始按照最新学习的周期方案驱动灯组运行。在此期间,核心故障检测功能依然保持有效。当主控单元恢复正常以后,备份控制单元通过通信协议与主控单元交互,确保备份控制单元完成一个完整周期后将控制权限交还给主控单元。

6. 输入输出单元

除了灯组输出以外,交通信号控制机通常具有大量的输入输出信号需求,例如行人过街按钮信号、公交优先请求信号、检测器信号、倒计时通信信号等,这类信号通常表现为简单的IO要求或者通信要求。这就要求信号控制机能够灵活地扩展IO信号以及通信接口,输入输出单元正是满足这一功能需要的部件。国产某开源信号控制机的车检板和IO扩展板如图4-12所示。

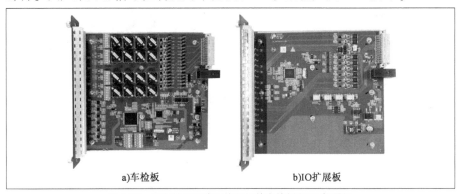

a)车检板　　　　　　b)IO扩展板

图4-12　国产某开源信号控制机的车检板和IO扩展板

7. 特征参数单元

特征参数单元是存储交通信号控制机运行所需的本地化参数,具备断电数据不丢失特性的可独立替换的单元模块。

通常信号控制机都必须保存针对具体环境的特定参数及信息,例如绿冲突规则、路口方案、计划等。这类参数及信息通常有两种手段进行存储,一种是直接存在主控板的非易失性存储器中,优点是简单易实现,但是一旦主控单

图 4-13 ATC 所采用的 DataKey

元出现故障,前面保留的参数文件很可能损坏或者丢失,需要花时间去恢复,这会导致路口信号恢复时间大大延长。另一种是将参数保存在一个可移动的独立的非易失性存储器中,一旦主控单元出现故障需要替换,直接将这个可移动的独立单元取下安装在新的设备上就可以恢复系统,这会带来相当明显的可维护性的改善。图 4-13 和图 4-14 分别展示了 ATC(北美的一个交通信号控制器标准)所采用的 DataKey(一种串行非易失存储封装产品,用于保存故障检测的核心参数)和 Eclipse 交通信号控制机所采用的特征参数存储单元。

图 4-14 Eclipse 交通信号控制机及其特征参数单元

8. 手动控制单元

手动控制单元是能够由现场人员接管信号控制权限,实施手动控制的单元模块。

通常手动控制实现方式有以下两种。

一种是在信号控制机机柜侧面设手动控制门,开启后内部有简单的开关、按钮,实现控制权限在系统控制和现场手动控制之间切换。手动控制通常包括步进控制、全红控制和黄闪控制。部分信号控制机可以提供方向控制选项。

另一种是采用遥控器控制,方便执勤人员在信号控制机周边一定范围内实施控制。

国产某开源信号控制机的手动控制面板和遥控器如图 4-15 所示。

9. 电气单元

交通信号控制机内部通常有主备用电源接口、电源滤波器、防雷装置、电源开关、电源插座、电源转换器、主继电器、黄闪继电器以及相互间的电气连接线路等,这些部件统称为电气单元。

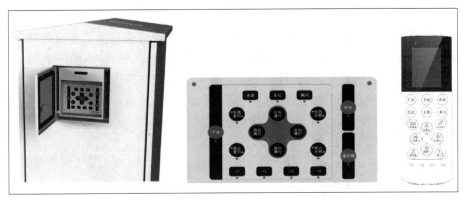

图4-15 国产某开源信号控制机的手动控制面板和遥控器

10. 机柜

信号控制机机柜能够保护信号控制机内部结构,《道路交通信号控制机》（GB 25280—2016）中第5.1.1条明确要求信号控制机机柜内、外表面及控制面板应光洁、平整,不应有凹痕、划伤、裂缝、变形等缺陷。机柜表面应有牢固的防锈、防腐蚀镀层或漆层,金属零件不应有锈蚀及其他机械损伤,各滑动或转动部件活动应灵活,紧固部件不松动,机柜的外部表面不应有可能导致伤害的尖锐的突起或拐角。

信号控制机机柜结构设计应满足：

(1) 信号控制机机柜内部空间应足够大,应有利于信号控制机的散热和安装、使用、维修；

(2) 信号控制机机柜设计应能防雨并且尽可能防止灰尘及有害物质的侵入,机柜和安装机箱的设计还要能防止顶面积水；

(3) 机柜的结构设计应使信号控制机具有足够的机械强度,能承受正常条件下可预料到的运输、安装、搬运、维护等过程中的操作,并且通过一般工具不应被轻易打开。

4.1.2 交通信号控制机的设计准则

现代交通信号控制机的硬件设计技术本身难度并不大,与消费类以及IT类硬件设计相比,通常采用的基础技术要滞后很多,但是基于对可靠性的严格要求,如何构建一个满足功能需求的同时实现高可靠性的系统架构是现代交通信号控制机的核心难点,实现这一目标需要严格贯彻设计准则。

现代交通信号控制机设计基本准则通常包括：安全性准则、可靠性准则、可维护性准则、开放性准则、经济性准则、先进性准则。

1. 安全性准则

安全性是交通信号控制机设计要保证的基础特性,现场如果发生绿冲突、红绿同亮、红灯全灭这类严重故障,轻则导致路口交通瘫痪,重则导致人身伤亡事故。如何避免意外或者人为错误导致这类影响交通安全的状况发生,是信号控制机设计的核心考量点。

信号控制机常见的安全性设计措施包括：

1)自检逻辑设计完善

信号控制机必须设计完善的自检逻辑,通常系统开机后需要完成的第一步操作就是系统自检,并且在运行期间需要定期检测变化,常见的检测项包括:

(1)系统软硬件版本匹配性;

(2)特征参数与本地的匹配性;

(3)逻辑箱板卡是否和配置相符;

(4)插头编码的正确性;

(5)系统输入电压、输入电流,各级电源的输出电压、输出电流是否符合预期。

2)贯彻有输出必有反馈原则

设计良好的系统应当全程贯彻有输出必有反馈的原则,做到信息闭环,常见的工程做法如下:

(1)向总线上输出一个指令,就应当有手段判断最终输出的指令是否正确。以飞利浦公司生产的 PSC Ⅱ 信号控制机为例,其采用并行慢速总线,向总线上输出的地址和数据都设计有反馈通道,主控单元处理器可以校验反馈的数据和输出的数据是否相符,如果不相符,则判定为总线故障;而当前新设计的信号控制机通常采用串行总线,常见的做法是使串行总线的协议里面包含反馈应答信息,主控单元可以校验发出的指令和应答的对应性。

(2)向灯驱动通道发出指令,必须通过灯电压、灯电流或者灯功率检测环节获取实际的输出状态作为反馈。

3)设置独立硬件黄闪器

作为信号控制机的安全性底线,必须能在发生影响交通安全的关键故障的情况下,包括可能发生的主控单元程序跑飞这样的极端情况下,有效切换系统控制权限并控制信号控制机输出为黄闪状态,因此,需要设置独立硬件黄闪器。

4)进行各类关键故障检测

要检测的关键故障通常包括:

(1)和灯组输出相关的绿冲突、红绿同亮、红灯全灭等;

(2)和检测器相关的故障,例如环形线圈检测器开路、短路、频率超范围、噪声过大,和视频检测器相关的图像质量下降、场景被遮挡、场景扭曲、图像抖动严重等;

(3)和外输入相关的故障,例如行人按钮死锁、行人按钮电源失效,车路协同 RSU 掉线、工作异常等。

2. 可靠性准则

系统可靠性是指系统在规定的时间内及规定的环境条件下,实现规定功能的能力,也就是系统无故障运行的概率。交通信号控制机的应用场景要求其全天候长期稳定运行,不可能允许其像消费类电子产品一样一旦发生故障就重启恢复运行,因此,其对于可靠性设计有着非常高的要求。实现产品的可靠性是一个系统工程,包括设计、生产、施工、管理等与产品相关的各个环节,但实践证明,产品的可靠性主要是设计出来的。可靠性设计的优劣对产品的固有可靠性有重大的影响。

交通信号控制机常见的可靠性设计手段包括:

1) 采用成熟的技术和架构

这类技术考量通常包括:采用设计阶段成熟的处理器、合理选择分布式架构或者集中式架构、采用可靠性强的现场总线。

(1) 采用设计阶段成熟的处理器

例如飞利浦公司生产的 PSC Ⅱ 信号控制机设计于 20 世纪 90 年代,当时个人计算机已经以 32 位的 80386 处理器为主,主频 33~40 MHz,但是信号控制机设计采用的是 10 MHz 主频的 16 位的 80188 处理器。

(2) 合理选择分布式架构或者集中式架构

这两种架构并没有好坏之分,应根据需求和当时的技术条件进行选择。对于飞利浦公司生产的 PSC Ⅱ 这样的早期信号控制机,在其设计年代部署一个处理器通常需要大量扩展 RAM、ROM 以及周边逻辑电路,系统的可靠性水平大大低于纯硬件电路,同时软件可能存在的缺陷也是个潜在风险,因此技术路线上选择了单处理器集中式架构。而当前新设计的信号控制机大多数选择了多处理器分布式架构,一方面,由于芯片集成化的发展,很多场合单芯片就是个完整系统,硬件的复杂度大大降低;另一方面,功能需求的提高导致单处理器集中式架构会不堪重负,必须依靠分布式架构来解决。

(3) 采用可靠性强的现场总线

例如飞利浦公司生产的 PSC Ⅱ 采用模拟的并行慢速总线,ATC 架构的信号控制机采用 SDLC 串行总线,国产某开源信号控制机采用 CAN2.0B 总线,这些信号控制机都采用了在其设计年代稳妥并且可靠的技术方案,没有采用同时代性能表现优越得多的个人计算机所采用的总线技术。

2) 关键环节采用低代码化甚至是纯硬件化设计

信号控制机通常针对最关键的安全检测环节采用低代码化甚至纯硬件化设计来尽可能避免可能存在的软件缺陷,降低关键环节的复杂度。例如飞利浦公司生产的 PSC Ⅱ 信号控制机的绿冲突检测设计采用的是硬件化设计,将灯组的绿灯电压检测比较器输出结果直接引入一块 RAM 的地址位,RAM 的数据输出直接驱动主继电器,通过预先配置在 RAM 中的冲突规则,实现了完全不需要处理器参与的硬件化绿冲突检测。

3) 容易出故障的环节设计冗余架构

典型的冗余设计例如:

(1) 备份控制单元实现了主控单元故障时的控制冗余;

(2) 主控单元通常也实现绿冲突、红绿同亮等关键故障检测,和故障检测单元形成功能冗余;

(3) 检测器设计中同时部署视频检测和雷达检测,形成数据冗余。

4) 逐渐降级以保证可用性

信号控制机通常会设计逐层次降级的软件策略来保证每种状态下的最大可用性,例如:

(1) 当中心系统的通信丢失时,则从区域协调控制降级到单点自适应、单点感应控制;

(2) 当检测器发生故障时,则降级到单点多时段定周期方案;

(3)当主控单元发生故障时,则降级到备份控制单元控制的定周期方案;
(4)当备份控制单元发生故障时,则降级到路口黄闪控制。

3. 可维护性准则

对于核心路口,一旦交通信号控制机失效,可以预见几分钟内就会导致大面积的交通瘫痪。所以一旦发生故障,在最短的时间内恢复运行是交通信号控制机的关键设计目标。通常的评判标准是平均故障修复时间(MTTR),目前常见的可维护性设计手段有模块化设计、自诊断功能设计、热插拔设计、快速现场替换设计等。

(1)模块化设计

将系统划分为相对独立的模块,通过替换模块的方式实现现场的快速维护是目前信号控制机可维护性设计的标准方式。

(2)自诊断功能设计

具备完善自诊断功能设计的信号控制机,能够准确定位故障源,现场维护人员只需要携带系统上报的替换件并进行更换就可以解除故障,而不是现场检查出故障原因后才去获取替换件,节省了大量的部件现场流转时间。

(3)热插拔设计

对于故障件,可以在不关闭信号控制机的情况下直接带电替换,同时对于替换的部件,系统软件能够自动检测、自动与其匹配、使其自动上线工作。对于非核心故障而言,这免去了现场关机、黄闪对交通流造成的干扰。

(4)快速现场替换设计

对于可能发生的极端故障,如果很难在短时间内判断故障源并修复,则采取直接整体替换内部功能单元的方式来快速修复,故障件带回检修而不在现场检修,这大大有利于控制现场修复时间。SCATS 认证的信号控制机大多数采用了此种设计手段。

4. 开放性准则

随着技术和需求的发展,单个企业完成整个交通信号控制业务链变得越来越不可能,采取社会化大分工的模式,让专业的人做专业的事是必然趋势。

开放性准则通常包括以下几个层面的开放。

(1)通信协议开放

这个是目前相对最容易实现的开放,美国制定了 NTCIP,这一协议被认为是交通信号协议开放的样本。我国为了统一信号控制接口制定的《道路交通信号控制机》(GB 25280—2016)中附录 A 详细制定了指令和消息格式,《交通信号控制机与上位机间的数据通信协议》(GB/T 20999—2017)对于控制机与上位系统的通信制定了更加详细的规范,《公安交通集成指挥平台通信协议 第 2 部分:交通信号控制系统》(GA/T 1049.2—2013)制定了交通信号平台的通信协议。这些协议的执行,客观上促进了统一信控平台的发展。

(2)数据开放

2019 年 11 月,由 Q-Free(总部位于挪威的一家智能交通公司)发起 Free the MIBs 运动,这项运动已有超过 25 个交通信号行业的应用单位和生产企业声明加入,比如西门子、Miovision、Encom 等 ITS 企业,以及美国俄勒冈州、犹他州和佐治亚州几个州的交通运输部,且成员还在增加。但也有一些智能交通企业对此明确表示反对。

开放信号控制机原来封闭的 MIB,已经使 Free the MIBs 成为一项"道德"运动。MIB 对于信号控制机连接灯具以及各种车检器等设备的互联互通至关重要,因为它们确定了设备以通用语言相互"对话"的软件协议。

通过位于路边机柜的信号控制机,MIB 可以实现对交通信号的管控,本质上,MIB 定义了通信规则或协议,以及数百个"对象"(本质上是程序文本),用于配置设备,使它们能够一起运行。除非这些 MIB 全部公开,否则交通部门的软件工程师将无法集成来自不同制造商的设备。

(3)硬件单元开放

北美在硬件单元开放上做得相对彻底,从 20 世纪 70 年代初就开始从事标准化的工作。早期产生了 NEMA 标准(美国国家电气制造商协会制定的一种交通信号控制机标准)和 Model170 标准(北美加州交通局和纽约州交通部开发的一种交通信号控制机控制单元标准),在此基础上最终发展成 ATC 标准,该标准在 ATC 联合委员会的指导下开发和维护,该委员会由 AASHTO、ITE 和 NEMA 的代表组成。ATC 标准针对交通信号控制机的内部单元体划分、单元体实现的功能和单元体之间的连接关系制定了标准,针对每个单元体,定义了严格的外形、物理接口、通信协议标准,确保照此生产出来的单元模块具有互换性。

国内目前在硬件单元开放方面仍然未取得有效进展。

(4)软件函数接口开放

标准化的硬件平台可以搭配不同的业务软件,并且软件的开发可以由独立软件供应商完成,由此产生了软件函数接口开放的需求。北美在此方面仍然走在世界前列。其基于 ATC 硬件环境推出的 ATC5401 API 标准成为行业内首个标准化范例。

(5)开源开放

新时代开源成为一种新兴行业思维。开源有助于聚集社会上的优势资源从而形成一个高质量的软件工程。国内在此方面的尝试是由智能交通控制开源技术联合实验室发布的 OpenATC。该系统包含的信号控制机的主控单元代码,对应的信控平台代码由 Gitee[开源中国(OSChina)推出的基于 Git 的代码托管服务]托管共享,任何人都有机会参与这个开源工程的开发。

5. 经济性准则

任何商品都不能回避的是经济性准则,正常的市场化选择是以合理的成本实现期望的功能,而不是不计成本片面追求高性能。

以国内市场为例,既有核心城市世界级难度的交通管控需求,也有农村道路简单的安全控制需求,以一种规格的设备满足所有的场景需求一定是成本效益不高的选择,这一现实情况客观上催生了国内大量的不同层级的信号控制机产品。

当然一味地追求经济性会导致大量低劣产品充斥市场,因此以国家标准规范为最低要求是当前有效的解决手段。

6. 先进性准则

交通信号控制机产品通常的寿命周期不短于 10 年,在这样一个周期里面,要想持续满足后期功能改进需求,就对系统设计阶段所采用技术的先进性、前瞻性提出了一定的要求。

通常信号控制机的技术考量是设计灵活可扩展的架构,并对核心处理器性能留有足够的性能裕量。

4.1.3 ATC 标准系列信号控制机

ATC 标准是一个由若干标准文件组成的标准族,旨在提供一个开放的架构硬件和软件平台,可以支持各种智能交通系统(ITS)应用,包括交通管理、安全和其他业务场景。

ATC 标准族包括:

(1) ATC5301,定义了 ATC 机柜标准;

(2) ATC5202,定义了 Model2070 控制器标准(最新版本标准中已取消);

(3) ATC5201,定义了 ATC Engine Board(ATC 引擎板,一种标准化的核心模块)的规格参数;

(4) ATC5401,定义了 ATC API 接口标准。

ATC 的标准化开放化实现方式如下:

每个符合标准的单元体,都有一个统一的命名规则 Model ××××(××××为 3~4 位数字代号),例如 Model2218 为串行通信接口单元(SIU),Model2202 为高密度开关/闪烁单元(HDSP/FU)。这个标准文件就是 ATC5301。

针对单体复杂度最高的逻辑控制器,单独制定相关标准,包括结构、对外接口要求、内部单元划分、各内部单元结构、接口要求等。由于目前 ATC 的控制器是从 Model2070 型演化出来的,因此,这个标准大量沿用了 Model2070 的技术特性,例如 Model2070-1 为 CPU 模块,Model2070-2 为现场 I/O 模块。这个标准文件就是 ATC5202(最新版本标准中已取消)。

但是随着技术发展,为了能够保持技术持续迭代并兼容各类信号控制器,维持各方在软件开发硬件开发方面的投入,仅仅符合 Model2070 标准仍然是不够的,因此产生了标准文件 ATC5201。该标准定义了一个信号控制器的核心逻辑单元模块 ATC Engine Board(ATC 引擎板),该模块可以很方便地在 Model2070-1 CPU 模块和 NEMA 标准控制器上互换。

但仅仅定义硬件规格只能实现单元级的互换,并不能实现软件功能和具体硬件的解耦,因为当前的嵌入式系统设计硬件仅仅是载体,大量的软件功能实现需要依赖底层操作系统、驱动、API 接口,只有明确了这部分的接口,软件才能实现和具体硬件的解耦,使得独立软件供应商可以提供通用的软件而不必具体和某家控制器供应商绑定。该标准制定了详细的 API 接口规范,对应标准文件就是 ATC5401。

1. 发展历史

北美交通信号控制设备在早期也出现了供应商繁杂,设备之间不兼容的问题。于是在 20 世纪 70 年代至 20 世纪 80 年代,北美启动了两个交通信号控制器标准,分别是美国国家电气制造商协会(NEMA)标准及由加州交通局(Caltrans)和纽约州交通运输部(NYSDOT)开发的 Model170 标准。其信号控制设备的发展历程如图 4-16 所示。

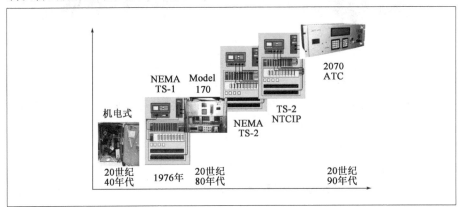

图 4-16　北美交通信号控制设备的发展历程

1) NEMA TS-1、NEMA TS-2

目前信号控制机遵循的 NEMA 标准有两种:TS-1 和 TS-2。这两种 NEMA 标准允许多个生产厂商生产信号控制机,并且允许不同厂商之间设备互换。作为信号控制机的一部分,NEMA 的信号控制机同时提供厂商支持的软件包。

NEMA TS-1 信号控制机标准于 1976 年被采用,代表了第一代信号控制设备的标准,之后被修改过多次,最新的版本是 1989 年发布的。

NEMA TS-2 信号控制机标准于 1992 年被采用,主要是为了囊括 TS-1 标准所无法涵盖的运行特性。例如,NEMA TS-1 标准没有说明信号控制系统的通信、强制优先及信号优先控制,NEMA TS-2 标准则弥补了这些不足。1992 年的 NEMA TS-2 标准要求由不同厂商生产的设备具备即插即用式兼容性。图 4-17 列举了一种典型的 NEMA TS-2 标准的交通信号控制机。

为扩展 NEMA TS-2 信号控制机控制单元的应用场合,共开发了两类 NEMA TS-2 控制单元:类型 1 和类型 2。类型 1 代表一个全新的性能导向的标准,通过一个串行总线接口完成数据通信;类型 2 使用一些与 NEMA TS-1 设备通常使用的相同的连接器,以保持对 TS-1 信号控制机控制单元的前向兼容性。由 McCain(北美的一家智能交通企业)生产的类型 1 和类型 2 控制单元如图 4-18 所示。

图 4-17　一种典型的 NEMA TS-2 标准的交通信号控制机

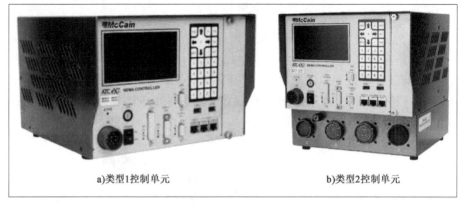

a) 类型1控制单元　　　　　　b) 类型2控制单元

图 4-18　由 McCain 生产的类型 1 和类型 2 控制单元

然而,该标准并没有实现不同制造商之间的软件可互换性。在一个制造商软件包中实现的功能在其他制造商软件包中可能不可用。前面板显示屏的规格和显示的信息也未实现标准化。

2) Model170

与 NEMA TS-1 出现时间相近,加州交通局、洛杉矶市和纽约州交通运输部以及美国联邦公路局联合为信号控制开发了一个开放式架构、多功能的微型计算机,作为 NEMA 控制单元的替代品。

NEMA 标准中指定软件需要作为控制单元的固件(Firmware,写入只读存储器的程序,这里泛指和硬件深度绑定的软件)来提供。与此不同的是,Model170 标准只规范了控制单元的硬件,软件可以从独立的软件开发商处购买,如果需要,使用者也可以自己编写软件。控制单元开放的体系架构设计确保了 Model170 标准的控制单元的一个优点,就是修改软件不影响它的硬件兼容性。由 McCain 生产的 Model170 标准的控制单元如图 4-19 所示。

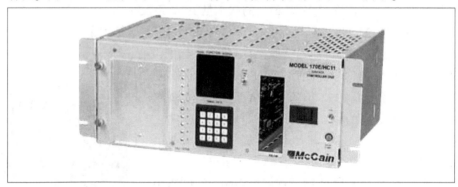

图 4-19　由 McCain 生产的 Model170 标准的控制单元

虽然 Model170 标准的架构已经取得了巨大的成功,并实现了所期望的硬件和软件的独立性,但随着技术发展也逐渐暴露出一些问题,体现在以下方面。

(1) Model170 标准的控制单元严重依赖于特定的摩托罗拉 CPU 和串行通信芯片(或合适的替代品)。不幸的是,这些芯片已经逐步被淘汰。

(2) Model170 标准的控制单元与当今的交通信号控制机的控制单元系统相比,计算性能相对较差。

（3）Model170 标准的控制单元应用软件是用汇编语言编写的,这使其很难迁移到不同的 CPU。

（4）Model170 标准的控制单元没有一个用于通信的专用 CPU,导致无法满足当今基于数据包的高速通信网络的性能要求。

3）Model2070

Model2070 标准的控制单元最初是由加州交通局和洛杉矶市开发的,以解决与上面讨论的 Model170 标准的控制单元相关的一些缺陷。Model2070 标准的控制单元使用高级编程语言替代汇编语言编写程序,如 ANSI C 或 C++。这种高级语言程序更容易编写和调试,并且能够在必要时被移植到其他硬件平台上。Model2070 标准的控制单元使用软件操作系统（根据配置不同选择 OS-9 或 Linux）来协调底层硬件区别与应用软件之间的耦合关系。操作系统的多任务调度能力可以确保多个独立的应用程序在一个处理器上同步运行,Model170 标准的控制单元就无法实现这一功能。

Model2070 标准的控制单元还实现了比 Model170 标准的控制单元更强的子组件模块化和互换性。Model2070 标准的控制单元组件模块通过规范定义,可在不同制造商生产的控制单元之间互换。对于 Model170 标准的控制单元,只有调制解调器/通信和内存模块可以在不同制造商生产的控制单元之间互换。

由 McCain 生产的 Model2070 标准的控制单元的正面和背面分别如图 4-20 和图 4-21 所示。

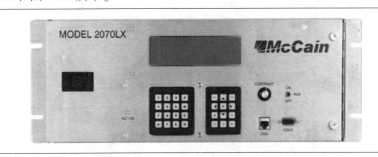

图 4-20　由 McCain 生产的 Model2070 标准的控制单元（正面）

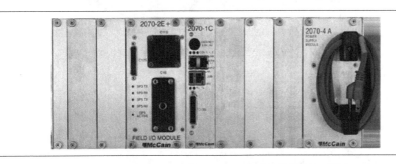

图 4-21　由 McCain 生产的 Model2070 标准的控制单元（背面）

4）由 Model2070 到 ATC

由于 Model2070 控制单元标准应用已经相当成熟,因此 ATC 联合委员会选择将 Model2070 控制单元标准纳入 ATC 标准家族。1999 年加州运输电气设备规范（TEES）中适用于 Model2070 控制单元标准的部分勘误表被推广到国家标准 ATC2070v01.05。这个标准是 ATC 联合委员会的官方标准,但现在已经过时,不推荐新的设计使用。在标准的早期版本中使用的术语"Type2070"已被术语"Model2070"取代,以与加州交通局 TEES 一致,以免与先进运输控制器(ATC)标准的术语混淆。这个标准的新官方名称现在是《2070 型控制单元标准版本 3》。它有一个"ATC5202"的文件标识符,这是由 ATC 联合委员会发布的文件和标准系列内的对应文件编号。

在 ATC 计划的早期,任何配置的 Model2070 标准的控制单元都被认为是 ATC。但随着技术发展,情况已经改变。除非 Model2070 标准的控制单元的配置符合 ATC5201 标准以及 Model2070 标准,否则它不是 ATC。

2. ATC 标准族

1) ATC5301

该标准定义了交通信号控制机的内部单元体划分、每个单元体实现的功能和单元体之间的连接关系标准。针对每个单元体,定义了严格的外形、物理接口、通信协议标准。除此以外,ATC5301 还定义了产品安全和可靠性要求、环境和测试要求等。基于以上标准定义,ATC 实现了架构的统一以及模块的互换性。

图 4-22 为 McCain 生产的两种符合 ATC5301 标准的机柜。

图 4-22 McCain 生产的两种符合 ATC5301 标准的机柜

2) ATC5202

该标准是 Model2070 标准的控制单元引入 ATC 规范的产物。

Model2070 标准通过制定详细的规范实现各制造商之间的一致性。Model2070 标准的控制单元具有多任务的操作系统、模块级的互换性和可扩展性。它的开放架构设计允许软件独立于硬件而被单独购买。图 4-23 和图 4-24 分别为一种典型 Model2070 标准的控制单元前面板、后面板的示意图。

通过增加扩展模块,Model2070 标准的控制单元可以用于北美常见的机柜系统,包括 Caltrans332 型、NEMA TS-1 型、NEMA TS-2 的 1 型和 2 型,以及 ITS 机柜。图 4-25 为 Model2070 标准的控制单元安装在 332 型以及 NEMA TS-2 的 1 型机柜系统中的示意图。

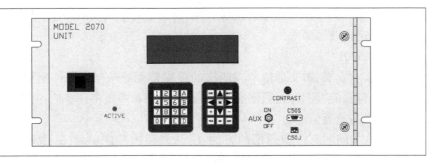

图4-23 一种典型Model2070标准的控制单元前面板示意图

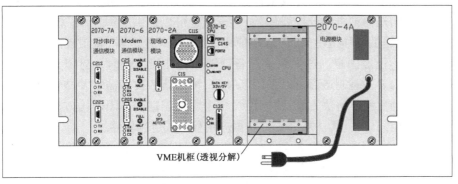

图4-24 一种典型Model2070标准的控制单元后面板示意图

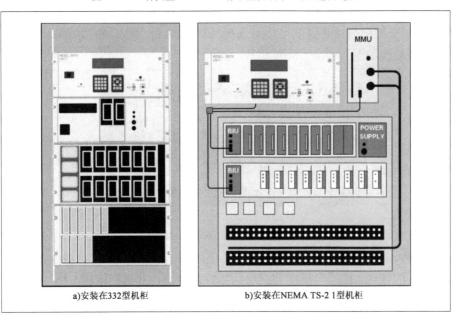

a) 安装在332型机柜 b) 安装在NEMA TS-2 1型机柜

图4-25 Model2070标准的控制单元安装在332型以及NEMA TS-2的1型机柜系统中的示意图

该标准主要包含以下内容。

(1) 整体需求，例如文档要求、包装要求、电气隔离要求等；

(2) 元器件要求，包括参数冗余度要求、相关规范、温度范围要求、线束规范、标签要求等；

(3) 机械设计要求，包括可维护性要求、电路板设计要求、质量控制要求、测试要求；

(4)针对Model2070内部的模块,详细定义了各个模块的功能、结构、主要部件标准、连接器标准等。

3)ATC5201

随着技术发展,对交通信号控制机的控制单元的基础软硬件平台提出了新的要求,包括能够同时运行多种业务软件、提高对并发多任务应用的支持能力以及增强高速通信能力。

解决这类问题有两种通用的方法:①开放架构控制单元,其中硬件被指定,第三方可以为设备开发应用软件;②封闭架构控制单元,硬件和应用软件作为一个包生产和销售。开放架构控制单元的好处之一是选择的空间较大,因为任何制造商都可以开发硬件,而第三方也可以提供应用程序。其中一个缺点是,在提供可移植性时,规范中使用的技术(即处理器、商用现成操作系统、内存等)已经固定。这导致了设备性能不足和很快过时。封闭架构控制单元的好处之一是制造商可以采用新技术,根据新的技术需求并结合自身技术条件快速更新其解决方案,而不用过多考虑兼容性。封闭架构方法的缺点是选择的空间较小,无法从第三方获得应用程序或定制软件。

ATC5201标准的开发是为了综合利用这两种架构方法的优势。该标准将交通信号控制机的控制单元技术迭代最快的核心处理单元模块化,形成一个叫作ATC Engine Board(ATC引擎板)的核心模块,为这个核心模块制定严格的对外接口标准,这样今后技术升级只需要升级替换这样一个核心模块,大大减少了资源的浪费并降低了技术迭代升级的难度。图4-26为ATC Engine Board功能模块图。

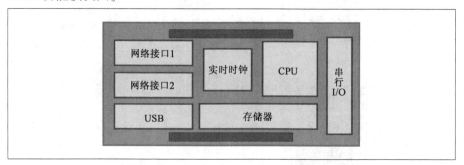

图4-26 ATC Engine Board功能模块图

虽然ATC Engine Board的接口是完全标准化固定的,但主机载板的形状和大小可以变化,以适应具体的交通信号控制器设计和机柜结构。图4-27为ATC Engine Board应用于Model2070标准的控制单元以及NEMA控制单元示意图。

通过这种方式,带来如下的收益。

(1)可以在现有的常见交通信号控制器机柜中工作。因此,用户可以持续获取符合标准的模块,在获得技术收益的同时,不需要更换所有的现场设备。

(2)核心模块声明了最低的处理能力,以便应用程序开发人员(除原始设备制造商之外)了解所有可用的资源。

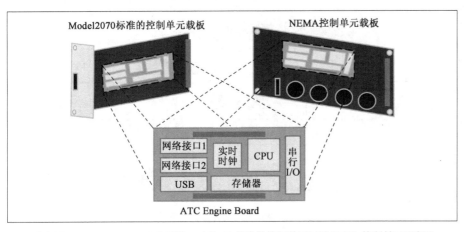

图 4-27 ATC Engine Board 应用于 Model2070 标准的控制单元以及 NEMA 控制单元示意图

(3) 提供标准化升级 ATC 单元的方法,支持未来的可持续改进,这为技术快速过时的问题提供了解决办法。

(4) 具备多任务开源操作系统。这样软件开发人员就可以编写创新的应用程序,使之在所有的 ATC 单元上并发运行。

(5) 具备灵活的 I/O 扩展能力。ATC5201 标准定义的核心模块"ATC Engine Board"具有标准化的连接器和引脚定义。它由一个中央处理器(CPU)、Linux 操作系统(O/S)、内存、外部和内部接口以及必要的其他相关硬件组成。该模块插入主机载板,由主机载板为模块提供所需电源及和输入/输出(I/O)设备的物理连接。

4) ATC5401

ATC5401 定义了一个旨在在 ATC 交通信号控制机控制单元上运行的应用程序的软件接口。它是由 ATC 应用程序编程接口(API)工作组编写的,该工作组是 ATC 联合委员会的一个技术小组委员会。

ATC5201 高级运输控制器标准定义了一个可以随着技术的发展而改进的控制器。它由一个中央处理器(CPU)、Linux 操作系统(O/S)、内存、外部和内部接口以及其他创建嵌入式传输计算平台所需的相关硬件组成。ATC5401 标准中描述的接口的目标是定义一个软件平台,当与 ATC O/S 结合时,形成一个应用程序的通用接口。通过这个接口编写的应用程序,可以在任何 ATC 控制器单元上运行,而不用考虑具体制造商。它还定义了一个软件环境,通过允许多个应用程序共享控制器的固定资源,从而使多个应用程序在单个控制器单元上可同时操作。图 4-28 为 ATC 软件分层定义示意图。

3. 设计特点

ATC 标准对整体框架、部件组成,各个部件功能、软件接口标准进行了详细的定义,形成了一个非常健全的架构体系,带来的好处是彻底打破了不同生产厂家生产的信号控制机之间封闭的现状,实现了部件级的互联互通,使得不同厂家能够分工协作,发挥各自特长,同时避免了行业垄断,形成了一个比较健全的行业生态,但也导致系统存在大量冗余设计,经济性不理想,同时新技术迭代的速度通常超过了标准发布的速度,导致部分新技术的应用受到限制。

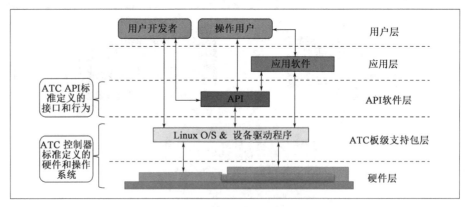

图 4-28　ATC 软件分层定义示意图

4.1.4　SCATS 配套信号控制机

1. 背景

SCATS(Sydney Coordinated Adaptive Traffic System)是悉尼协调自适应交通系统,由澳大利亚新南威尔士州道路交通局开发,从 1973 年开始应用于澳大利亚主要城市。通过多年的不断实践、发展、完善,成为目前世界上最成功、最先进的城市智能交通信号控制系统之一。SCATS 目前是唯一由使用者开发的成熟、先进的系统。

20 世纪 80 年代,SCATS 被引入中国上海,由于其优秀的控制理念和效果,逐步扩展到其他城市。

SCATS 配套信号控制机由于对可靠性和可维护性的高要求,形成一种相对独立的技术流派,具备非常鲜明的技术特色。

通过 SCATS 兼容性认证的信号控制机,历史上包括 AWA 公司生产的 Delta 系列、飞利浦公司生产的 PSC 系列,泰科公司收购了这两家公司的信号业务部门后开发了 Eclipse 系列,此外还有 ATC 公司生产的 ATSC4 系列、QTC 公司生产的 Hadron 系列。这些设备虽然使用的具体技术细节存在一定的差异,但是在总体上风格统一。图 4-29 为两种典型 SCATS 信号控制机外观。

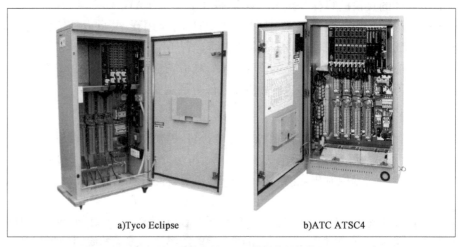

a)Tyco Eclipse　　　　　　　b)ATC ATSC4

图 4-29　两种典型 SCATS 信号控制机外观

2. 基本组成

遵循 SCATS 兼容性认证的信号控制机,一般由以下部件组成(以图 4-30 的 Tyco Eclipse 信号控制机设备为例)。

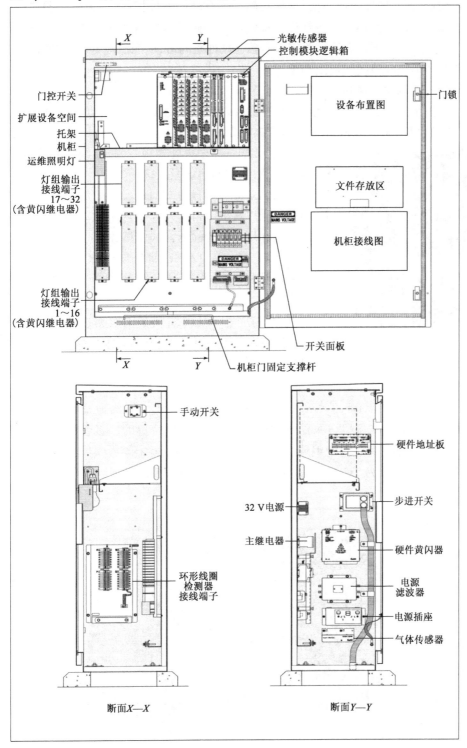

图 4-30 Tyco Eclipse 信号控制机设备布置图

以下对主要部件组合和功能做简要介绍。

1）机柜

机柜为单开门设计,其中上部为托架结构,核心控制模块逻辑箱以手拧螺栓固定,方便现场快速替换,上部右侧布置有硬件地址板;下部为电气和接线操作空间,布置有主继电器(交流接触器)、多路黄闪继电器、灯组输出接线端子、电气开关,下部右侧壁板布置有独立硬件黄闪器、电源滤波器,左侧壁板布置有环形线圈检测器接线端子。

2）控制模块逻辑箱

控制模块逻辑箱是信号控制机的核心组件,通常由以下功能模块组成(以图 4-31 的 Tyco Eclipse 信号控制机为例)。

图 4-31 Tyco Eclipse 信号控制机控制模块逻辑箱

(1) CPM——中央处理板,运行系统控制逻辑、数据运算、数据通信功能的核心模块。

(2) LCM——灯组控制板,实现灯组驱动输出,示例型号单块板卡可实现 8 个灯组驱动;同时完成灯电压和灯电流的检测,以电阻采样方式实现。

(3) PSM——电源板,将外部电源输入转化为内部需要的电源并通过逻辑箱背板提供给各个槽位。

(4) LDM——环形线圈车辆检测板,将外部环形线圈检测器输入转化为系统可使用的数字信号,单块板卡可实现 16 路线圈接入。

3）硬件地址板

硬件地址板是与信号控制机机柜绑定的一次性使用的地址编码板卡,通常由一系列二极管阵列组成,通过现场剪断对应位置的二极管,设定一个二进制的与机柜绑定的编码,用于校验信号控制机运行参数与路口的对应关系。图 4-32 为 Tyco Eclipse 信号控制机硬件地址板,图 4-33 为地址板编码示例。

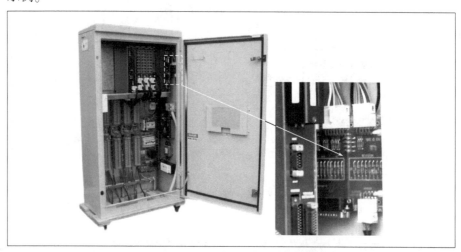

图 4-32 Tyco Eclipse 信号控制机硬件地址板

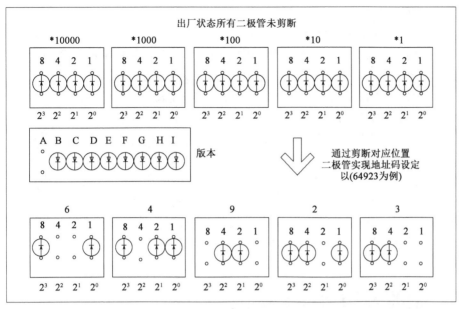

图 4-33　Tyco Eclipse 信号控制机地址板编码示例

4) 硬件黄闪器

硬件黄闪器是系统启动期间或者故障状态下实现驱动路口信号灯进入黄闪状态的功能单元,一般设计上要求使用纯硬件电路实现,避免可能的软件缺陷。

5) 主继电器及黄闪继电器

主继电器及黄闪继电器是实现灯组输出控制权限在控制模块逻辑箱和硬件黄闪器之间切换的电气线路关键组成部分。在系统启动过程中、故障状态下,主继电器及黄闪继电器组成的电气线路将切断控制模块逻辑箱的灯驱动主电源,并将灯组的黄灯切换到由硬件黄闪器驱动;正常状态下,主继电器及黄闪继电器组成的电气线路将提供控制模块逻辑箱的灯驱动主电源,并将灯组的黄灯切换到由控制模块逻辑箱驱动。

3. 设计特点

分析 SCATS 配套信号控制机的设计特点,有助于理解 IT 产品与工业产品设计思维的真正区别。SCATS 配套信号控制机系统设计将快速现场维护准则和安全性准则放在了非常高的地位。

1) 快速现场维护准则

核心路口的交通信号控制机一旦出现故障,很短的时间内就会导致路口交通瘫痪,此时运维工程师若不能快速解除故障,将面临巨大的心理压力。所以在故障发生后尽可能快速恢复系统运行就成了 SCATS 配套信号控制机设计自始至终坚决贯彻的设计准则。这就是快速现场维护准则。

假定现场控制模块逻辑箱发生异常,一般逻辑是在现场检查故障,检查出问题以后替换故障件从而恢复系统,这个过程时间长短实际是不可控的,怎样做到恢复时间可控并且尽可能短?SCATS 的解决方案是,现场逻辑箱故障是不做维修的,直接用新的设备替换,故障设备带回去检查。基于这个方案,衍生出以下具体设计要求。

(1)快速脱卸插头设计

现场逻辑箱所有对外连线都采用快速脱卸插头,不使用螺栓固定,对于逻辑箱固定这样没有快速脱卸插头可用的场合,使用手拧螺栓,这样保证了在不使用任何工具的情况下,几分钟之内就可以完成逻辑箱的整体替换。

(2)特征参数设计

通常每个路口都有自己个性化的参数设置,快速替换的逻辑箱如果还需要配置参数,同样要花不少时间,那么如何解决这个问题? SCATS 的解决方法是每台信号控制机个性化的参数必须保存在特征参数模块中,这个模块通常就是一个可插拔的非易失性存储设备。现场的操作方式是替换新的逻辑箱时,从老的逻辑箱上取下特征参数模块,直接插在新的逻辑箱上,这样就避免了重新配置的操作。图 4-34 为 Tyco Eclipse 信号控制机及其特征参数模块。

图 4-34　Tyco Eclipse 信号控制机及其特征参数模块

(3)线路走线直视原则

打开机柜门,SCATS 配套信号控制机内部布置显得比较杂乱,一眼看过去不整齐、不简洁,但这恰恰是可维护性设计的重要体现。SCATS 配套信号控制机要求内部电气线路尽可能做到开箱直视,对于考虑电气安全要求有所遮蔽的,都尽可能采用透明材料。一旦线路出问题,通常一眼就能发现。

2)安全性准则

SCATS 在设计过程中全程贯彻安全性准则。在现代电子设备设计中,很多功能由硬件和软件配合实现,而复杂系统的软件缺陷导致系统故障概率远高于纯粹硬件问题导致故障的概率,因此 SCATS 设计中贯彻了关键环节必须纯硬件化或者低代码化的原则。同时针对无法避免大量软件的环节,必须使用冗余的逻辑提高系统安全性。

(1)独立硬件黄闪器设计

黄闪控制逻辑上,采用的是纯硬件化策略,包括黄闪器本身采用纯硬件电路搭建以及电气切换采用继电器实现,避免可能的软件缺陷。图 4-35 为 Tyco Eclipse 信号控制机独立黄闪器工作示意图。

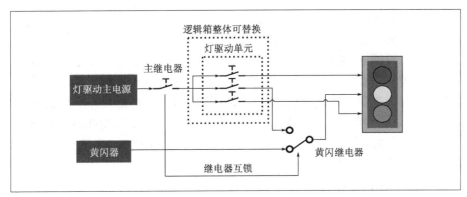

图 4-35　Tyco Eclipse 信号控制机独立黄闪器工作示意图

SCATS 配套的硬件黄闪器完全独立于控制模块逻辑箱,要求实现替换逻辑箱期间路口保持黄闪状态,不能灭灯。为达到此目的,还需要结合由主继电器和黄闪继电器组成的电气线路。主继电器的功能是提供逻辑箱灯组驱动线路的驱动电源,当主继电器不吸合时,逻辑箱灯驱动部分由于没有电源输入而无法输出灯驱动;黄闪继电器的作用是在逻辑箱和硬件黄闪器之间切换黄灯的控制权限。主继电器和黄闪继电器通过继电器互锁设计保证同步工作。流程顺序如下。

状态一:系统未上电,主继电器断开,黄闪继电器默认连接黄闪器,黄闪器未上电,系统整体灭灯;

状态二:系统上电,逻辑箱开始自检,主继电器保持断开,未向逻辑箱灯驱动部分提供电源,此时无输出信号,黄闪器上电即工作,黄闪继电器连接黄灯,使其由黄闪器驱动,此时路口黄灯黄闪;

状态三:逻辑箱自检通过,主继电器吸合,联动黄闪继电器切换黄灯为逻辑箱驱动,此时路口过渡到由逻辑箱按照设定逻辑驱动;

状态四:冲突检测电路检测到绿冲突,直接控制主继电器松脱,系统过渡到由黄闪器驱动的路口黄闪状态;

状态五:现场人员检修,整体替换逻辑箱,此时不影响硬件黄闪器与信号灯之间的电气连接,路口保持黄闪;

状态六:现场检修完成,逻辑箱上电,回到状态三。

(2)独立冲突检测单元设计

在冲突检测上,采用的是低代码化和系统冗余策略。

SCATS 要求核心故障的检测必须由独立于主控板的单独一套处理系统来完成,而不是在主控板软件上附加故障检测逻辑完成,目标就是避免主控失效导致路口关键故障检测能力彻底失效。对于关键的绿冲突检测,飞利浦公司生产的 PSC Ⅱ 信号控制机直接将灯组的绿灯电压输出检测结果连接到一块 LUT(实际一般为一块 RAM,输入数据连接到 RAM 地址线,输出数据为地址对应的 RAM 存储数据)上,通过启动期间配置的冲突表,一旦发现绿灯信号构成的地址对应的数据为冲突状态,则 LUT 直接将对应的数据输出并直接驱动主继电器释放,路口进入黄闪状态,从而避免极端情况发生。

(3）硬件地址板设计

特征参数是独立的,其是否有和其他路口的特征参数混用的可能？理论上是有这种可能的,并且一旦混用,可能会导致灯组驱动规则和现场不符,绿冲突之类的核心故障判定准则和现场不符,路口可能出现影响安全的关键故障。那么如何避免出现这种情况？SCATS要求每一个机柜都有一个独立的地址编码,不允许重复。特征参数保留了对应的地址码信息,主控板启动期间会核对从地址板获取的地址编码和特征参数模块存储的地址码是否相符,只有相符才能进入后续启动流程。

(4）插头编码设计

信号控制机替换逻辑箱的过程中要插拔十几个连接器,存在错误操作导致插头连接关系错误的可能,一旦连接错误,极有可能导致路口控制混乱,出现危险状况。硬件设计上一般的防呆设计可以依靠不同的类型接插件避免犯错,但是对于大量连接的灯驱动、车检器连线,同类的线缆肯定使用同类的接插件,如何避免错误连接？SCATS的解决方案是保证这类线缆在芯线上必须使用插头编码。

系统启动期间会检查插头编码和对应灯组通道、车检通道的对应关系的正确性,一旦不匹配则系统不进入后续启动流程。这样就避免了现场操作人员犯错导致路口混乱的可能性。

SCATS的硬件设计在交通信号控制机行业内被奉为经典,时至今日,仍然很少有新系统在设计上超越SCATS的标准,虽然由于受控制算法兼容、接口开放、价格之类的因素的影响,目前SCATS配套信号控制机整体在国内增长有限,但是大多数SCATS用户都对其安全性、可靠性、可维护性给予高度评价。

4.1.5 国产开源信号控制机

1. 背景

国内城市化的进程导致了海量的信号控制设备需求,从而催生了大量的本土化信号设备生产企业。以公安部交通管理科学研究所发布的2019年交通信号控制机过检数据为准,一共有100家企业的108个型号过检。

虽然参与的企业众多,但是企业实力参差不齐。大部分产品与国际上通行的标准差距巨大。同时当前信号控制市场具有明显的地域化特征,用户一旦选择了某个品牌,后续就很难再更换,这导致信号控制市场体现出非充分市场竞争特性,技术迭代更新缓慢。这种状况与北美20世纪70年代之前的情况非常类似。

而新技术的发展,使得交通信号控制方式处在一个大变革的临界点上。例如视频分析技术、雷达检测技术的进步,大数据、互联网数据的应用使得感知数据的丰富程度大大超过当前所使用的信控模型设计年代的数据,当时面临的情况是只能依靠线圈获取少量局部数据。信控模型算法本身存在发生根本性变化的可能。车路协同这样的潜在应用使得交通信号控制系统从单向响应系统变成双向互动系统,也会导致信号控制业务架构发生重大变革。

而目前的信号控制行业面对这样的技术变革明显力不从心,大多数企业只能在原有产品基础上小修小补,难以做出根本性的改变。

鉴于此,2020年10月25日,北京市智能交通协会作为发起人,联合国内20多家交通信号及相关产业链企业一同创立了智能交通控制开源技术联合实验室。目标就是以开源的方式打破原有的行业壁垒,促进新技术的快速落地及行业生态的健康发展。

其中,智能交通控制开源技术联合实验室发布的开源先进交通信号控制系统(OpenATC),作为开源信控系统的第一套范例样本,做出了非常有益的尝试。OpenATC包含OpenATC信号控制机、OpenATC统一信控平台以及OpenATC仿真工具集三部分。OpenATC着重知识充分共享,提供开源社区交互网站(https://www.openatc.org.cn)给行业开发者以及科研院所中的研究者进行学习与创意接力。

国产开源信号控制机在整体设计上综合了美国ATC以及SCATS的设计元素,根据国内市场需求做了适当的技术取舍,为新技术的应用搭建了良好的运行平台。更重要的是,针对开源带来的挑战,做出了有针对性的专项技术设计,是一次大胆的技术创新,经过一段时间的推广应用,充分证明了技术架构设计的合理性和前瞻性。

本节重点讲述国产开源信号控制机的硬件设计。

2. 基本组成

国产开源信号控制机的正视图和背视图分别如图4-36和图4-37所示。

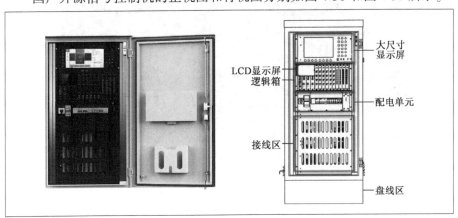

图4-36　国产开源信号控制机正视图(部分元件未标注)

国产开源交通信号控制机由以下几部分组成。

(1)室外防护机柜

考虑开放性标准化的需求,机柜整体设计风格未采用SCATS风格的单开门,而是采用了ATC风格的前后双开门,内部19英寸(1英寸≈2.54cm)标准机架模式。优点是标准化程度高,易兼容常见的19英寸上架设备,整体外观简洁,同时作业面可以前后布置,有效作业面积增加一倍,有利于在有限空间内增加灯组、检测器通道。由此导致的电气走线可视性、可达性下降的问题,则通过将电气部分集成为一个可快速替换的单体模块来解决。

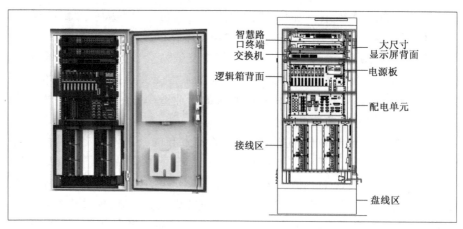

图 4-37 国产开源信号控制机背视图(部分元件未标注)

(2)逻辑箱

逻辑箱是系统核心部件,整体风格仍然延续了 SCATS 的插件箱模式,但是前后双开门一般采取后出线方式,因此逻辑箱正面只安排了少量的调试用接口,主要的对外输出接口都安排在了逻辑箱背面。图 4-38 和表 4-1 为国产开源信号控制机逻辑箱正视图及其各区域功能说明,图 4-39 和表 4-2 为国产开源信号控制机逻辑箱背视图及其各区域功能说明。

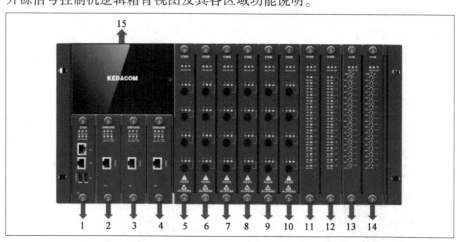

图 4-38 国产开源信号控制机逻辑箱正视图

逻辑箱正面视图各区域功能说明　　　　　　表 4-1

区域	编号	名称	说明	备注
主控区	1	主控板	道路交通信号控制策略指令下发,集成双核处理芯片,满足信号控制机控制需要	
主控区	2	故障检测板	对信号控制机进行实时检测、跟踪记录,并在一定故障条件下行使降级及接管控制指令	
主控区	3~4	预留扩展槽	预留槽位,用户可根据自身需求定制板卡	
灯控区	5~10	灯控板	灯控板接收到主控板或故障检测板指令后,控制信号灯的灯色,同时监控信号灯的灯色用于故障检测	5、7、8 可扩展为车检板使用,6、9、10 可扩展为 I/O 板使用

续上表

区域	编号	名称	说明	备注
车检区	11、12	车检板	车检板用于检测线圈状态,将检测信息传输给主控板。采集并统计各类车辆信息、交通流、占有率、排队等信息	11、12可扩展为灯控板使用
I/O区	13、14	I/O板	提供输入输出开关量,单板支持16路行人按钮或者16路I/O接口车检信息输入	13、14可扩展为灯控板使用
显示屏	15	LCD显示屏	5英寸显示屏,显示信号控制机开机状态、自检、运行状况、时间等信息	

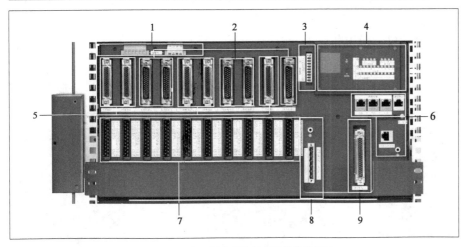

图4-39 国产开源信号控制机逻辑箱背视图

逻辑箱背面视图各区域功能说明 表4-2

编号	名称	说明
1	级联接口	信号控制机级联对应接口
2	车检接口	连接线圈车检器的接口
3	RS485接口	共4个接口,提供指示灯板、按键板、倒计时等
4	状态检测模块	对信号控制机各子板运行状态进行实时检测,并可通过显示屏幕查看运行状态
5	I/O接口	提供输入输出接口
6	网口	包括2个内部百兆网口、1个内部千兆网口、1个外部千兆网口、调试串口
7	灯控板接口	共10个接口,提供灯控输出接口
8	逻辑箱电源接口	为整个逻辑箱供电的插电接口
9	合流接口	包括地址板、照明、合路器、防雷器、黄闪信号等合流接口

为满足开源开发以及后期复杂业务开发对基本人机交互的需求,逻辑箱直接内嵌了5英寸显示屏,分辨率可达到1024像素×768像素。

板卡都支持热插拔,方便日常维护。

针对信号控制机开源带来的安全性挑战,国产开源信号控制机核心安全代码由主控板的部分代码和故障检测板的代码共同组成。主控板自身可以实现所有故障检测分析功能,故障检测板负责最基础的安全性检测,两者在故障应对上是逻辑"或"的关系,即只要有一个发现故障,都可以对系统发出相应控制指令。

故障检测板的绝对权限更高,其功能包括:绿冲突检测、红绿同亮检测、红灯全灭故障检测、核心板卡掉线检测。同时作为系统的备份控制单元,其能够自主学习主控板控制指令,以便在主控板失效时自动接管系统控制。

主控板故障检测功能全面,除了上述基本功能,还包括对灯功率异常故障、电源输入异常、非核心板卡掉线、插头编码错误、特征参数错误等的检测。

(3) 大尺寸触摸屏

为满足车路协同、传感器融合场景的调试、展示需要,大尺寸的屏幕是必不可少的。为此,国产开源信号控制机在逻辑箱上部预留了大尺寸触摸屏作为人机交互媒介。图 4-40 为国产开源信号控制机大尺寸触摸屏。

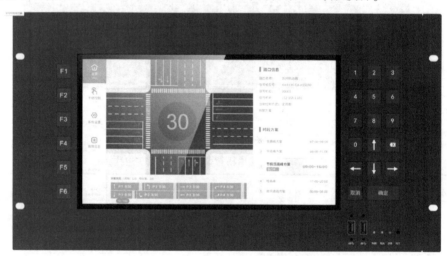

图 4-40 国产开源信号控制机大尺寸触摸屏

(4) 边缘计算设备扩展

今后信号控制机将发展成道路信息汇总的关键节点,各类边缘计算设备直接集成在信号控制机机柜内是常态。国产开源信号控制机在大尺寸触摸屏背后预留了 20 cm 以上净高的 19 英寸机架扩展空间,可以根据需要部署上架结构的边缘计算设备。

(5) 配电单元

功能类似于 SCATS 的电气部分,内部依然是硬件黄闪器、主继电器的组合,但是将整体模块化处理,使之成为一个可以快速替换的、结构上符合 19 英寸标准结构的单元模块,在设计上未遵循 SCATS 要求的线路走线直视原则,以整体可快速替换为原则解决维护问题。图 4-41 为国产开源信号控制机配电单元,表 4-3 对配电单元各部件功能进行了说明。

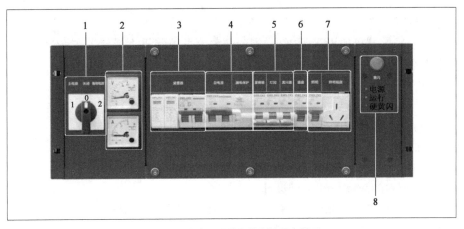

图 4-41 国产开源信号控制机配电单元

配电单元各部件功能说明 表 4-3

编号	名称	说明
1	供电开关	采用旋钮开关,0 代表关闭电源,1 代表主电源,2 代表备用电源
2	电流、电压表	实时显示信号控制机运行时的电流、电压
3	避雷器开关与避雷器	用于信号控制机整机防雷击
4	总电源开关	带漏电保护
5	核心件开关	包括逻辑箱供电开关、灯控板供电开关、独立黄闪器供电开关
6	插座开关	后面板 3 个供电插座和 4 个外设电源接口共用的开关
7	照明开关	机柜内的照明灯供电开关与照明插座
8	独立黄闪器	硬黄闪按钮,黄闪器电源指示灯、运行指示灯和执行硬黄闪指示灯

(6) 硬件地址板

硬件地址板的功能等同于 SCATS 的硬件地址板。

(7) 手动操作面板

国产开源信号控制机手动操作面板如图 4-42 所示,共集成了 18 个功能按键,可以实现相对复杂的控制功能。

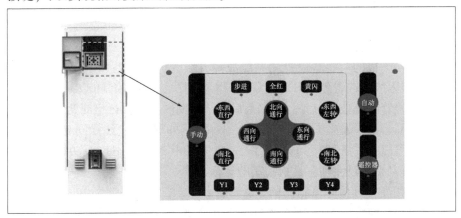

图 4-42 国产开源信号控制机手动操作面板

3. 设计特点

在信号控制机的设计元素上，国产开源信号控制机大量借鉴了 SCATS 的技术方案，包括：

(1) 特征参数、硬件地址板设计。

(2) 插头编码设计。

(3) 独立硬件黄闪器以及配套的主继电器、黄闪继电器设计。

同时也引入了部分 ATC 的设计元素，包括：

(1) 标准化模块化机柜设计。

(2) 独立的故障检测单元设计。

OpenATC 没有采取 SCATS 的基于 LUT 的硬件绿冲突检测设计，而是采用类似 ATC MMU 的独立故障检测单元，主要原因是考虑到开源以后开源代码的修改人员技术理解能力不一，如果故障检测逻辑依靠开源代码部分实现，则安全隐患较大。独立的故障检测单元目前采取闭源策略，目的就是保证安全性代码稳定可靠。

针对开源以及新技术的应用要求，引入以下设计元素：

1) 全面开放控制代码

OpenATC 信号控制机的主板代码通过网上开源工程共享，基于安全性的考虑，目前信号控制机的开源分为三个等级。

(1) 基础开源等级

面向所有有意参与开源信号代码开发的客户；

开源范围为主控板业务代码，不包含核心安全性代码及底层协议交互部分；

可实现自定义外设接入、平台协议对接、控制算法个性化定制。

(2) 增强开源等级

面向具备一定底层开发能力的伙伴；

开源范围为部分总线交互协议，板卡设计规范；

可实现扩展槽位定制板卡的自行开发。

(3) 完全开源等级

面向具备高等级开发能力的战略伙伴；

开源范围原则上不设置界限；

可以直接深度参与开源信号团队的开发工作。

2) 冗余热备控制

故障检测板的功能从仅检测系统故障升级为同时具备系统备份控制能力，当主板因故障或者处于升级过程中等而暂时失去系统控制能力时，故障检测板具备接管系统控制权并且按照最后一个周期的方案执行定周期控制的功能，在此期间，如果发生影响安全的核心故障，例如绿冲突、红绿同亮，故障检测板仍然可以将系统切换到黄闪器控制的黄闪状态。当主控板功能恢复正常，系统可以平滑过渡到主控板控制的运行方案。

3) 大幅度提升信号控制机核心运算能力

主控板目前配置的处理器为 ARM Cortex A9 1GHz 主频的车规级处理器，今后会根据需要持续提供升级版本。相较现有常见信号控制机的处理器，其性能大大提升,有利于实现复杂的算法逻辑和复杂业务场景功能开发。

4)改善人机交互

由于开源系统的用户不可能都具备非常高的技术能力,对于现场问题的定位可能存在困难,因此,国产开源信号控制机在设计上加强了人机交互的便利性,直接在逻辑箱上集成了5英寸液晶屏幕。这块屏幕通常用于展示现场维护人员最需要了解的状态信息,包括设备软硬件版本信息、设备IP等参数配置、当前处在什么控制模式下、当前执行到方案的什么阶段,如果有故障则显示具体故障原因。

4.2 交通检测器

交通检测器是现代交通信号控制系统必不可少的一部分,交通检测器检测的数据和路网空间布局是信号控制优化的基础,同时检测器的数据决定了城市交通信号控制的适用性、可靠性和先进性。

交通检测器数据采集是交通信号控制系统的初始环节,为控制策略和控制算法提供基础数据。常见的数据采集手段有线圈、视频、雷达、车载GPS、电子标签等,采集的数据主要包括交通流量、饱和度、时间占有率、速度、行程时间等检测数据。

传统的交通信号控制系统交叉口或路段的检测,结合了路口的交通信号控制机策略,如感应控制、自适应控制或干线和区域的动态协调控制等,信号控制机接收来自检测器的请求,利用得到的数据进行数据运算得到优化的控制策略,并最终通过控制灯组状态变化达到交通优化控制目标。

在大数据时代,跨行业信息互通越来越普遍,使得新兴的交通检测手段层出不穷,交通检测器的外延大大扩展,出现了大量非传统的交通数据源,例如互联网企业所提供的导航数据、基于车辆号牌识别的卡口数据、气候气象数据等,如何使用这些数据达到更好的交通优化效果成为新兴的技术课题。

交通检测器与交通优化模型相互依赖,协调发展,互相促进。交通算法模型的数据如果脱离交通检测器的实际能力则不具备应用价值,而交通检测器随着相关行业技术革新而产生的新特性会催生新的交通优化模型。

当使用环形线圈这样的点数据采集手段的时候,发展了基于交通流量、饱和度、时间占有率、点速度的信号优化控制模型;当获取了以车辆导航数据为基础的互联网数据时,发展了基于车辆轨迹、车辆延误、停车次数、排队长度等数据的交通模型;而车路协同等应用场景的发展,使得精确获取每个交通参与者实时轨迹成为可能,这种条件下,交通模型会怎样发展、怎样搭建未来的交通体系是当前的热点研究方向。

4.2.1 检测器分类

交通检测器分类有多种方法,按照检测器是否固定和数据是否有车辆标识可划分为三种:固定式无标识数据检测器、移动式数据检测器和固定式有标识数据检测器。

（1）固定式无标识数据检测器：线圈检测器、地磁检测器、微波检测器、固定安装无身份识别能力的视频检测器等；

（2）移动式数据检测器：车载 GPS、车载视频检测器等；

（3）固定式有标识数据检测器：蓝牙、RFID 和固定安装有身份识别能力的视频检测器等。

检测器按照检测原理分类可以分为如下三种：

（1）路面嵌入型：线圈检测器、磁力计检测器、地磁检测器等；

（2）非路面嵌入型：微波检测器、红外检测器（主动型、被动型）、超声波检测器、声学检测器、视频检测器等；

（3）特殊类型：公交车辆检测器、自动车辆识别检测器、超重检测器、行人检测器、强制优先需求检测器等。

检测器类型的选择要根据实际项目的需求来决定，检测器由于原理不同，各有自己的优缺点及适用范围，在实际城市交通信号控制系统中必须根据检测目的、检测数据类型等要求来选择安装恰当的检测器。检测器类型、安装位置及信号控制机设置等方面的科学组合能够提高信号控制交叉口运行的效率和安全性。

4.2.2 典型交通检测器

1. 环形线圈车辆检测器

环形线圈车辆检测器是电涡流传感原理在车辆检测领域的具体应用。

电涡流传感器工作原理是，在一个线圈内通上一定频率的交变电流，根据安培定则（右手法则），则会在与线圈平面垂直的空间内形成交变电磁场，当有一定包络面积的金属物体通过这个交变电磁场时，会在其内部感生出电涡流，电涡流形成的电磁场会阻碍原有电磁场的变化，导致原有线圈的等效电感下降，通过测量线圈的等效电感，就可以感知金属物体的存在。

安装应用于车辆检测的环形线圈车辆检测器，一般需要在路面上切割出和车道宽度、车辆尺度匹配的一定形状的沟槽，在沟槽内按规则敷设一定匝数的线缆（通常 3~5 匝），检测区域以外的线缆需要按照馈线要求双绞以防止电磁干扰。

环形线圈基于不同的感应磁场分布需求，有矩形、菱形、8 字形等多种切割方式。大多数机动车检测器采取矩形切割方式，菱形切割方式一般用于自行车、非机动车检测，8 字形切割方式使电磁场形成闭环，有利于减少通道间干扰。为避免锐利边缘破坏线圈线绝缘，通常在拐角处切 45°斜边过渡。图 4-43 为典型环形线圈车辆检测器线圈切割方式。

由于环形线圈激发的电磁场存在一定空间范围的分布，故相邻的线圈容易产生相互间干扰，排除这个干扰的措施包括：错开工作时间，通道采用扫描方式轮询；错开工作频率，通常提供几组预设频率供现场选择；切 8 字线圈，减小电磁场耦合。实际应用中有可能混合使用以上技术手段。

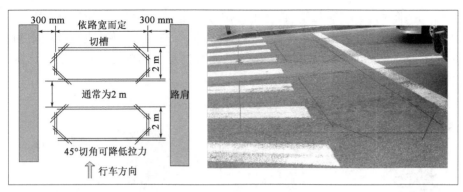

图 4-43 典型环形线圈车辆检测器线圈切割方式

单个检测线圈可有效检出交通流量、车辆是否存在、时间占有率、车头时距等信息,通过前后一定距离布设的两个线圈可实现速度、车长的测量。部分检测器可将车辆通过检测器时电感变化曲线与数据库中的预存数据进行比较,分析出车辆类型。

虽然存在施工烦琐,维护麻烦的问题,但是目前环形线圈车辆检测器仍然是工程上全天候适应能力、计数精度、时间占有率检测精度最佳的车辆检测手段,也是世界上使用量最大的车辆检测手段。

环形线圈车辆检测器的优点主要有:
(1)技术成熟、易于理解;
(2)灵活多变的技术,可满足多种实施状况的需求;
(3)提供基本的交通参数;
(4)计数精度、时间占有率信息准确度高;
(5)不受恶劣天气影响。

环形线圈车辆检测器在安装及使用过程中也存在一些不足,主要有:
(1)安装和维修时需要关闭车道,对交通流造成干扰;
(2)在质量不好的路面上安装时易于损坏;
(3)路面翻修和道路设施维修时可能需要重装检测器;
(4)检测特定的交通流时需要多个检测器,缩短道路寿命。

2. 地磁车辆检测器

地磁车辆检测器是通过测量周边地球磁场的变化来发现铁磁物体。当足够大的铁磁物体在检测器附近出现的时候会导致周围的地球磁力线发生弯曲和密度的变化,地磁车辆检测器可以感知这种微小的变化,并通过一定的判断准则来确定是否有铁磁物体在附近出现。图 4-44 为地磁车辆检测器原理图。

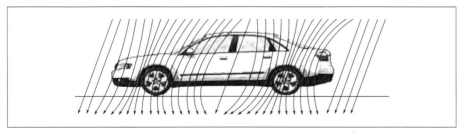

图 4-44 地磁车辆检测器原理图

一般来说,汽车、摩托车、自行车、火车、轮船等大都属于铁磁物体,因此,可以通过上述原理来检测其是否存在。通过恰当的后台软件,也可以粗略判断附近通过车辆的吨位、类型以及运动方向等信息。典型的地磁车辆检测器外观及安装形式如图4-45所示。

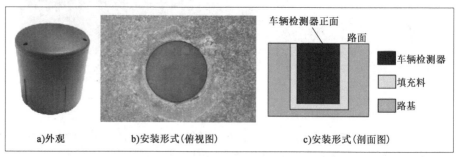

图4-45 典型的地磁车辆检测器外观及安装形式

目前常见的地磁车辆检测器为了施工简便,通常采用电池供电,因此,实际部署寿命与电路功耗控制水平和电池的实际电量供应能力相关。而当前电池受环境温度影响较大,在寒冷地区使用受到一定限制。

地磁车辆检测器对车辆信号的判断和处理仍有不足,当碰到特殊情况(比如连车跟车、高底盘车、轻型小车,或信号干扰等)时,容易产生误判。

地磁车辆检测器的主要优点有:

(1)施工简单,通常只需要钻孔;

(2)安装及翻修封闭车道时间短;

(3)可实现交通流量、时间占有率、车头时距、车种检测,两个传感器配合可实现车速测量;

(4)可应用于桥面等环形线圈车辆检测器不适合的场景;

(5)受环境影响小。

地磁车辆检测器的缺点包括:

(1)受电池寿命影响大;

(2)车道较窄时相邻车道干扰问题难以处理;

(3)灵敏度低于环形线圈车辆检测器。

3.视频交通检测器

视频交通检测器是指采用视频图像处理技术实现某项交通流参数检测或者某项交通事件检测的设备。区别于前文提到的环形线圈车辆检测器、地磁车辆检测器等点数据采集设备,视频交通检测器是一种大区域、多功能的检测器,它具有与点数据采集设备完全不同的特性和检测能力,比如对空间占有率、排队长度、交通违法事件等的检测能力。图4-46为典型视频交通检测器外观及检测效果。

随着视频分析算法、人工智能芯片技术的进步,视频分析技术的应用成本大大降低,同时大量现成的交通监控视频资源可供二次利用,使得视频交通检测器应用范围越来越广泛。

视频交通检测器的功能可以分成两大类,一类是交通流参数检测功能,另一类是交通事件检测功能。

图 4-46　典型视频交通检测器外观及检测效果

(1) 交通流参数检测功能

交通流参数检测是视频交通检测器的一个基本功能,其本质是检测车辆在某一特定检测区域内的存在,并由此测量交通流的其他参数,这些参数可以是瞬时值,也可以是根据瞬时值计算得出的统计值。交通流参数包括交通流量、速度、空间占有率、车头时距、车头间距等。

(2) 交通事件检测功能

视频交通检测器的事件检测功能包括拥堵检测、溢流检测、事故检测、逆行检测、非法变线检测、违章停车检测、闯红灯检测等。

在具体的技术实现方式上,当前视频交通检测器存在两种典型架构:

一种是视频采集与视频处理分离的模式,即由前端监控摄像机编码输出标准化的视频流,视频流通过网络传输到处理平台,处理平台经过解码后得到原始图像,以此为基础进行相应的视频图像处理运算。这类架构的优点是通用性强,视频源可以灵活选择,缺点是视频传输对网络带宽有较高要求,同时视频的编解码和传输都有一定的时间消耗,不适合对实时响应能力要求非常高的应用。

另一种是视频采集和处理完全前端化,得益于国内在监控领域的技术积累以及产业链的成熟,这类检测器发展非常迅速。直接在前端实现智能处理分析,可以带来如下好处:首先,减小了网络传输的压力,通常只回传数据即可;其次,可以实现成像的主动控制,例如主动调整图像的参数以适应顺逆光;再次,可以充分利用传感器有效分辨率,目前前端传感器分辨率普遍可以超过 400 万像素甚至达到上千万像素,并且有持续提高的趋势,而视频编码受传输以及后台能力的影响,分辨率普遍限制在 1080P 等级,高分辨率的图像有利于对小目标的检测和识别,例如从拥挤的车流分割出每个车辆实体,兼顾大场景的情况下识别个体车辆属性;最后,省略了视频的编解码和传输的时间消耗,实时响应能力大大提高。这类架构的缺点通常是:内嵌的智能处理平台技术迭代快,导致设备升级换代频次高;算法效果和设备供应商绑定深,不利于采用第三方算法;单设备相对监控摄像机成本上升明显。

需要指出的是,视频交通检测器可实现的检测功能和检测效果与其安装方式、环境条件、算法能力强相关,通常生产商所标注的技术指标都是在理想设计环境下测得的,如果偏离理想环境,检测功能、精度可能大打折扣。典型的例子如通常正向面对检测对象的摄像机比侧向面对的检测效果要好,安装高度合理的比高度过低的检测效果好,夜间环境照度好的比环境照度差的效果好,摄像机安装基础牢固的比画面长期抖动的好。

在实际使用中视频交通检测器有如下优点。

(1)系统设置灵活,安装简单,使用方便,不破坏路面。

(2)测速精度和交通量计数精度基本上能保持较高水平。

(3)检测过程可视化,可将图像连接到监控中心的监视器上,能很直观地实时显示出车速、交通流量等交通流信息,为交通监控提供大量的监测信息。

视频交通检测器存在如下缺点。

(1)检测精度的稳定性不好。长期使用后,安装支架的晃动会使摄像机位置偏移,摄像机镜头表面的积尘会使图像质量变差,这些都会导致检测精度降低,需要重新进行软件调试。

(2)在雨、雪、雾等恶劣气候条件下检测精度降低。

4. 广域毫米波交通雷达

广域毫米波交通雷达采用 MIMO 体制天线和主动扫描式阵列雷达技术,通过多个天线发射电扫描信号,将雷达波以毫秒级周期投射,实现对道路大区域、多目标的测速、测角及超视距监测,并且结合算法,实现交通目标轨迹跟踪及运行状态监测,高精度全天候数据采集,不受天气及光照影响。图4-47为典型的广域毫米波交通雷达部署示意图(浅色区域是雷达波束覆盖区域)。

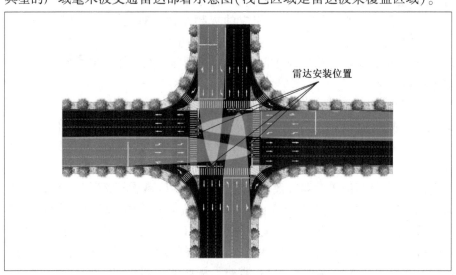

图4-47 典型的广域毫米波交通雷达部署示意图

当前主流广域毫米波交通雷达可探测前方 200 m 及以上范围的违章停车、超速、违规并线、应急车道行驶等事件,获取当前监视场景中各个车辆的位置并跟踪所有车辆行驶轨迹;还可提供速度、车流量、排队长度等信息,用户通过雷达可实时获悉路况信息,从而判断出道路交通拥堵、异常等事件。

典型的广域毫米波交通雷达技术参数如下:

(1)横向覆盖 4~10 个车道,纵向覆盖大于 250 m,实现大场景监测;

(2)可输出目标 ID、X 位置、Y 位置、X 速度值、Y 速度值、X 加速度值、

Y加速度值、车道号、雷达散射截面积(RCS)、运动状态;

(3)监测区域最多可对256个目标稳定跟踪,包括直行、左转、右转车辆目标;

(4)可统计车流量、速度、车型;

(5)根据车辆轨迹,判断车辆逆行、急停、异常变道、追尾、碰撞等交通异常事件;

(6)能够实现拥堵信息判断,统计出拥堵状态下排队车辆长度并发送拥堵信息;

(7)具有全天候工作能力,不受光线和雨、雪、雾天气影响。

广域毫米波交通雷达的主要缺点在于近距离盲区较大,只能粗略对目标属性进行分类,对静止目标难以准确探测。因此实际应用时要考虑这些不利因素并采用适当手段合理解决。例如通常选择将雷达部署在信号灯杆件上,目的就是减小近距离盲区的影响,通常需要结合视频监控获取数据来改善属性分类能力和静止目标探测能力。

5. 雷视一体机

雷达具备可检测范围广,受天气影响小,测速精度高的优点,但近距离盲区大,获取目标属性能力弱,难以探测静止目标。视频具备近距离分辨率高,获取目标属性准确,可有效检测静止物体的优点,但是远距离检测能力差,受天气影响大,测速精度差。两者在适当的应用场景下融合,利用各自的优点形成互补,在工程上是个解决问题的合理方案。图4-48为两种典型的雷视一体机。

雷视一体机实现了广域交通雷达、智能视频分析、智能补光的有机融合,能够实时获取交通流数据信息,例如道路车流量、速度、排队长度、转向比、车辆轨迹、车型分类等。同时依靠内置的深度学习算法,可实现机动车、非机动车、行人的检测,以及机动车的目标属性分析。

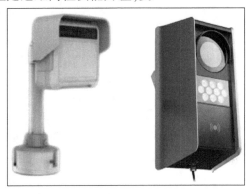

图4-48 两种典型的雷视一体机

近些年市场上涌现了不少雷视一体机产品。相对单体雷达和单体视频设备,性能、功能指标上有一定进步,但是在部署场景,视频和雷达的数据融合的具体处理算法、策略上并没有形成统一的规范,因此实际的应用效果存在很大的差异。

6. 激光雷达

激光雷达(Laser Radar)是通过发射激光束探测目标的位置、速度等特征量的雷达系统。其工作原理是向目标发射探测信号(激光束),然后将接收到的从目标反射回来的信号(目标回波)与发射信号进行比较,做适当处理后,就可获得目标的有关信息,如目标距离、方位、高度、速度、姿态、形状等参数,从而对目标进行探测、跟踪和识别。

激光雷达按扫描方式通常分为机械旋转式激光雷达、混合半固态激光雷达、纯固态激光雷达三类。

(1) 机械旋转式激光雷达

机械旋转式激光雷达的发射模块和接收模块存在宏观意义上的转动。在竖直方向上排布多个发射模块，发射模块以一定频率发射激光，通过不断旋转发射头实现动态扫描。

机械旋转式激光雷达分离的收发组件导致生产过程要人工对准光路，费时费力，可量产性差。目前部分机械旋转式激光雷达厂商走芯片化的路线，将多线激光发射模组集成到一片芯片，提高生产效率和量产性，降低成本，减少旋转部件的大小和体积。图 4-49 为 Velodyne（美国加州的一家技术公司）机械旋转式激光雷达，图 4-50 为机械旋转式激光雷达内部构成。

图 4-49　Velodyne 机械旋转式激光雷达

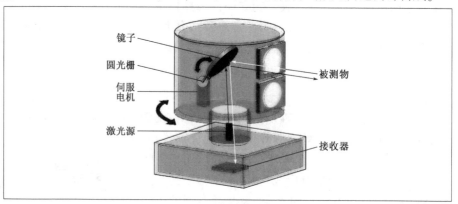

图 4-50　机械旋转式激光雷达内部构成

机械旋转式激光雷达目前是自动驾驶公司采用的主流方案，技术成熟可靠，具备 360°视场角、高分辨率等性能优势，但受工艺限制，成本高，难以量产。交通信号控制领域基于硬件长期工作稳定性的考虑一般不采用机械旋转式激光雷达。

(2) 混合半固态激光雷达

混合半固态激光雷达用"微动"器件来代替宏观机械式扫描器，在微观尺度上实现雷达发射端的激光扫描。旋转幅度和体积的减小，可有效提高系统可靠性，降低成本。

基于不同的"微动"器件实现方式，其又可分为 MEMS 微振镜激光雷达、旋转扫描镜激光雷达、楔形棱镜旋转激光雷达、二维扫描振镜激光雷达。

目前，生产 MEMS 微振镜激光雷达等混合半固态激光雷达的技术相对成熟，能兼顾成本、性能、车规等要求，混合半固态激光雷达是目前车载以及交通信号控制领域主流的激光雷达，但从长远看仍然属于过渡产品。

(3) 纯固态激光雷达

纯固态激光雷达取消了机械运动部件，有利于提高系统在振动环境下的可靠性，常见的纯固态激光雷达有 Flash 激光雷达（一种成像原理和摄像机类似的激光雷达）、光学相控阵激光雷达（OPA）、调频连续波（FMCW）激光雷达。

长远来看，激光雷达的主流趋势会转向纯固态。Flash 技术领先，但受限于元器件性能,无法实现远距离探测;OPA具有一定的技术壁垒;FMCW具有探测距离远、灵敏度高、抗干扰能力高、成本低、功耗低等特点,但技术门槛高,对系统集成和信号处理要求很高,目前尚未实现量产。

7. 基于身份信息的交通检测设备

机动车号牌自动识别技术的大量推广应用,以及ETC、RFID等身份识别技术的推广,使得这类在固定点位获取身份信息的交通检测设备的应用场合越来越多。例如国内高速公路已经实现了ETC系统的全程部署,可以准确地获取通过车辆属性,结合通过时间、定位信息,可以实现车辆在高速公路轨迹的还原。图4-51为ETC系统示意。城市道路则更多依赖机动车号牌视频自动识别技术,国内核心城市大部分已经实现了机动车卡口或者卡口式电子警察设备的高密度部署,这类设备通常除了能抓拍交通违法行为以外,还都具备号牌识别能力,并且在设计条件下具有相当高的准确率,但通常这类设备存在道路覆盖不全、运维不及时、设备完好率偏低的缺陷,实际应用时需要做大量的算法补足工作。图4-52为卡口/电子警察系统。

图4-51 ETC系统示意

图4-52 卡口/电子警察系统

基于身份信息的交通检测设备典型的功能应用是进行交通流量采集、车型分类、行程时间分析、起终点间的交通出行量（OD 数据）分析等。行程时间分析在设备覆盖密度高的范围内比导航数据具备更高的采样率。基于身份信息的 OD 数据通常拥有比基于流量推算的 OD 数据更高的准确率，并且能够精确分析个体行为。

8. 基于导航数据的交通检测

由于私家车的普及率越来越高，交通拥堵的发生越来越频繁，因此导航软件越来越普及。导航软件必须获取车辆的实时位置，这通常通过车辆安装 GPS 定位设备或者直接采用移动通信设备自带的 GPS 定位功能实现。通过导航软件连续实时收集车辆 GPS 定位信息，就形成了基于特定车辆的连续轨迹数据，而随着导航应用的普及，当整体路网中有相当比例车辆的轨迹可以实时获取的时候，这部分数据就成为相当有效的交通检测数据。

当前国内导航软件服务商都可以提供基于导航数据的衍生数据服务。这类数据经过适当的脱敏，去除个人隐私信息后可以用于交通分析。图 4-53 为典型的导航系统获取的交通数据。

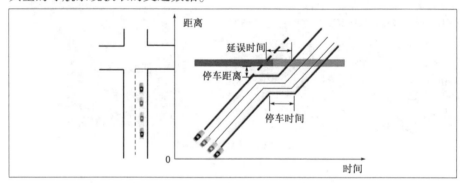

图 4-53　典型的导航系统获取的交通数据

注：停车是速度为 0 的等候状态，停车距离是红灯期间处于等待状态的车辆与停车线的距离。

这些数据通常能够提供的信息如下。

（1）轨迹数量，在一定程度上反映了交通流量的大小，但可获取轨迹的车辆占全部车辆的比例不是定值；

（2）每辆车的轨迹，包含了行驶速度、行驶时间、延误时间等信息；

（3）停车车辆的轨迹，包含停车距离和停车时间，间接反映了整体交通流量的大小。

需要指出的是，目前导航数据覆盖实际在网车辆的比例并不高，据统计一般在 3%～10% 之间，因此导航系统不能代替传统交通检测设备，但其有助于发现现有路网中的问题，为具体的优化工作指出具体行动方向。

9. 基于车路协同的交通检测

车联网是以车内网、车际网和车载移动互联网为基础，按照约定的通信协议和数据交互标准，在车与车、车辆与互联网之间，进行无线通信和信息交换，以实现智能交通管理控制、车辆智能化控制和智能动态信息服务的一体化网络，它是物联网技术在智能交通系统领域的延伸。

智能网联汽车是搭载先进的车载传感器、控制器、执行器等装置,并融合现代通信与网络技术,实现车与X(人、车、路、云端等)的智能信息交换、共享,具备复杂环境感知、智能决策、协同控制等功能,可实现"安全、高效、舒适、节能"行驶,并最终可实现系统替代人来操作的新一代汽车。

车路协同系统是基于无线通信、传感探测等技术获取车辆和道路信息,通过车车、车路通信实现信息交互和共享,从而实现车辆和路侧设施之间智能协同与协调,实现优化使用道路资源、保障交通安全、缓解拥堵目标的系统。车路协同是ITS的重要子系统,也是当前交通行业的研究热点。

车路协同使车、路、人、环境之间,能够实时动态地交互联动。例如直接在路灯杆上安装各类传感器,包括摄像头、毫米波雷达、激光雷达等,把各类传感器采集到的信息综合之后,传到车联网和每辆车上。相比单车传感器,路灯杆上的传感器更多更全,而且视野更广、不容易被遮挡,采集到的信息更全面、可读性更好。图4-54为车路协同环境下的交通数据。

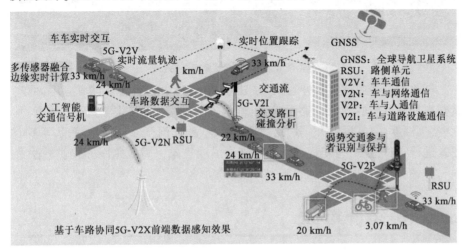

图4-54　车路协同环境下的交通数据

基于车路协同数据的实际应用研究是当前研究工作的热点,需要考虑网联汽车普及率从低到高不断发展的不同阶段过程中都能产生怎样的具体应用场景。理想的情况是一旦所有车辆、所有交通参与者都能实现网联并能够根据系统指令行动,则道路上的交通信号灯控制设备就没有存在的必要了,但这目前仅存在于想象中。实际的场景下当前网联汽车占在网车辆比例非常低,这个比例增长的过程预计还需要相当长的时间,近期的重点还是车路协同怎样和交通信号控制产生互动。

车路协同使得交通信号控制系统的业务流程从单向响应变成双向互动,V2I、V2N、V2P和V2V的合作可以提供整个公路网中车辆移动和交互的全面实时信息,这最终将导致交通信号控制方法的变革性变化。

目前基于车路协同的典型应用场景有车内信号灯、实时速度建议、盲区预警等。

10. 气候及气象监测设备

随着公路交通的发展,公路系统承载了越来越多的交通运输任务,对国民经济产生了越来越重要的影响,但恶劣的天气条件,给车辆在公路上的行驶带来了巨大的风险,不仅严重影响交通运输,而且严重地影响人们的生命财产安全。提高公路的通行能力,增强对恶劣天气条件的应变能力,保证公路运营安全、高效、畅通,已成为全社会都关注的问题。图4-55为典型的路侧气象检测设备。

图4-55 典型的路侧气象检测设备

气象检测器通过对多种气象传感器从结构到功能上进行集成应用,可连续获得交通沿线的气象和路况信息,能够对能见度、当前雨雪天气、风速、风向、空气温度、空气湿度、雨量、路面冰雪状况、路面温度、路面湿滑系数等多个要素进行实时检测,为交管部门做好交通沿线气象保障应急服务提供一手资料,为人们的出行提供及时的恶劣天气预警服务。

4.3 边缘计算体

4.3.1 背景

1. 边缘计算的概念

边缘计算,是一种分散式运算的架构。在这种架构下,将应用程序、数据资料与服务的运算,由网络中心节点移往网络逻辑上的边缘节点来处理。或者说,边缘运算将原本完全由中心节点处理的大型服务任务加以分解,切割成更小、更容易管理的部分,分散到边缘节点去处理。边缘节点更接近用户终端装置,可以加快资料的处理与传送速度,减少延迟。将某些原本由控制中心执行的应用程序、数据计算和信息服务,分散到各个路口的终端节点去处理。这样做一方面能够减少对控制中心的依赖,另一方面能够减少对通信资源的占用,再者确实有些功能只需要路口终端进行处理,不需要由控制中心甚至云平台进行处置。

2. 云计算与边缘计算的关系

云计算与边缘计算各有所长,如图4-56所示,云计算擅长全局性、非实时、长周期的大数据处理与分析,能够在业务决策支撑、智能模型训练、长周期趋势识别等领域发挥优势。边缘计算更适用于那些需要高频实时大数据的特征场景感知、智能模型预测、用户交互等领域,能更好地支撑业务的实时智能化决策与执行。

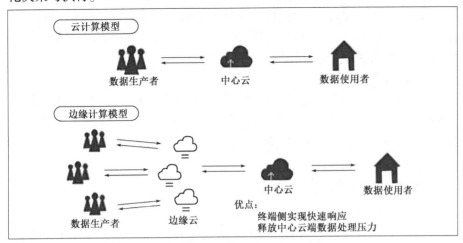

图 4-56　云计算与边缘计算对比

在传统云计算架构里,大数据中心常常面临的一个痛点就是数据维度不全,频率低。而且,往往是使用数据时才会发现数据维度不全、数据质量低。业务部门关注问题的发生过程,但无法解决数据采样缺失这一问题,导致再好的算法也无用武之地。

边缘计算作为和传统云计算融合的新物联架构组件,既能为云计算架构大数据的算法迭代提供精准有效、低成本的数据来源,也能为云计算架构大数据的物联应用提供强稳定、低时延、智能的用户体验触点。

3. 边缘计算的特点

(1) 去中心化

从边缘计算的本质和定义上来看,其就是让网络、计算、存储、应用从"中心"向边缘分发,以就近提供智能边缘服务。边缘计算可以让用户无论在任何时间、任何地点都可以自由地部署、存储、计算和控制,在百毫秒级的微细反应间隔内不依赖云端就能实现低时延的算法响应。

(2) 实时高效

数据分析的多数任务在数据完整、精度高的原始边缘数据源附近完成,可以达到较高的模型计算准确性,精准的分析及反馈可以避免多次无效的误判或错判,更好地增效。同时,各种复杂生活和社会场景下的应用对计算、网络传输、用户交互等的速度和效率要求也越来越高。以自动驾驶为例,未来自动驾驶和车路协同要求秒级甚至是毫秒级的通信时延。而面对自动驾驶方面由摄像头、雷达等众多传感器创造的大量数据,传统数据中心模式的响应、计算和传输速度显然是不够的,这时候"近端处理"的边缘计算,自然就成为满足"实时化"要求的最好选择。

(3) 安全稳定

在边缘计算出现之前,用户的大部分数据都要上传至数据中心,在上传过程中,用户的数据尤其是隐私数据,比如个体标签数据、银行账户密码、电商平台消费数据、智能摄像头数据等,存在着泄露的风险。边缘计算不需要把数据上传到数据中心,而是在边缘近端就可以处理。黑客如果想要获取全部数据,就必须攻击所有边缘端。因此,边缘计算一方面可以降低隐私数据泄露的风险,另一方面可以稳定快速响应客户,在无网络或不稳定连接的地点或时刻仍然可以给客户提供不中断、无延误的良好服务。

(4)低成本

边缘计算将大量高频的机器信号数据及时在近端处理并决策,因此在网络传输、中心运算、中心存储、回传等各个环节,都能节省大量的服务器、带宽、电量乃至物理空间,从而实现低成本化。

4.3.2 边缘计算在交通应用的典型场景

1. 视频检测驱动的交通信号优化控制

对于传统的感应控制或者自适应控制,如何获取实时的交通状态信息是首先要解决的问题。基于维护的考量,新建系统中通常很少再配套建设传统的线圈传感器,已建成系统中由于维护不到位,传统的线圈传感器在线率不理想,因此在实际场合下具备实时信号控制实施条件的传统线圈传感器占比并不高。

但是目前国内道路监控设施建设比较健全,通常路口都具备覆盖全面的监控资源,利用这部分监控资源实现实时信号优化控制成为一个很有实际应用价值的业务场景。

通常这些监控设备都是简单的网络摄像机,只有码流输出功能,并不具备智能分析功能。此时通过部署边缘计算,实现实时视频分析并直接与信号控制机产生联动控制就成为合理的解决方案。图4-57为边缘计算驱动的视频检测与信号控制实时联动。

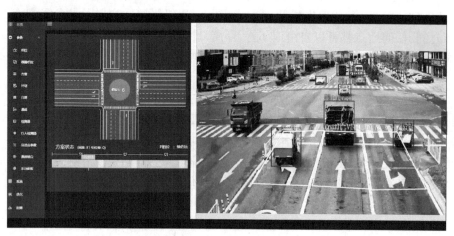

图4-57 边缘计算驱动的视频检测与信号控制实时联动

图4-57中案例是利用道路现有监控设备,通过边缘计算分析车辆实时位置,并将车辆检测信息转换成信号控制机可以使用的模拟线圈信号,信号控制

机接收到这些模拟信号以后基于自身的自适应控制算法实时控制。

2. 视频雷达融合的全息路网

以高精度数字地图为统一坐标系基础,将道路现有的微波雷达、激光雷达等传感器与视频检测获取的结构化数据融合到统一坐标系下,形成将全路网所有在网车辆、非机动车、行人位置、速度、轨迹全量获取的道路环境,叫作全息路网。图4-58为边缘计算驱动的视频雷达融合的全息路网。

图4-58　边缘计算驱动的视频雷达融合的全息路网

道路交叉口交通信息全息采集系统逻辑架构分前端感知单元、边缘计算单元和全息路网平台三部分,如图4-59所示。其中边缘计算单元的功能主要包含视频管理服务(视频存储、视频转发、视频分析)、多传感器融合,以及与交通信号控制机进行交互。边缘计算设备在单个交叉口中为数据汇集的中心,是交叉口的大脑。

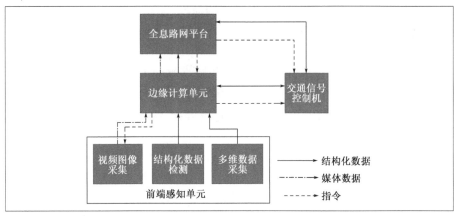

图4-59　边缘计算在全息路网中的应用

边缘计算在系统中的主要功能如下。

1) 视频管理服务

(1) 视频存储:通常监控中心没有必要将路口所有的视频码流都传送到监控中心存储,以免导致不必要的网络带宽以及中心存储资源消耗。在配置边缘计算设备并且边缘计算设备具备足够存储能力的情况下,通常会选择首先在边缘计算设备中暂存视频码流,只有当发生事件需要调阅时才将视频码流从边缘计算设备传送到监控中心。

(2) 视频转发:现有视频监控系统基本已实现网络化,视频码流的调阅都是以网络数据流的方式实现。实际技术应用时,由于涉及不同的编码规范、不同的传输协议、不同的用户调阅数量,经常不能调阅成功。此时部署流媒体转发服务是常用的解决手段。边缘计算设备通常具备不错的视频编解码能力以及强大的数据通信能力,可以承担路口所有视频监控设备的流媒体转发服务。

(3) 视频分析:边缘计算最重要的应用场合就是分析视频码流从而获取需要的结构化数据,这类结构化数据通常包括以下两类。

实时轨迹:分析对象包含目标 ID、目标类别(行人、非机动车、机动车)、目标动态属性(位置、速度、加速度)、目标静态属性(车辆号牌、车辆颜色、车辆类型等)。

交通事件:分析对象包含交通拥堵、路口溢出、违法停车、闯红灯、大车占道、实线变道、车辆自燃、车辆事故、车辆抛锚、异常停车、车辆倒车、车辆逆行、非机动车闯入、行人闯入、障碍物、非机动车驾驶人不戴头盔、特殊车辆、团雾预警、相机移动、施工区域等。

2) 多传感器融合

(1) 实时全息轨迹:输入为视频分析实时轨迹结果,雷达实时轨迹,输出整个路口范围内的实时轨迹,最高 25 Hz 输出,目标属性包含目标 ID、目标类型、目标置信度、目标经度、目标纬度、目标高程、目标航向角、目标速度、目标长度、目标宽度、目标高度、号牌号码、号牌颜色、车辆颜色、车辆类型(细化)、车辆姿态、车道所属进出口方向标号、车道编号、车道类型、车道方向、车道内车数量、与停车线距离等。

(2) 统计信息:输入为全息实时轨迹,输出统计信息包含车道 ID/车道流量、车道大车数量、车道小车数量、车道平均速度、车道车头时距、车道车头间距、空间占有率、时间占有率、平均停车次数等。

3) 交通信号控制机交互

(1) 交通信号控制方案评价:边缘计算设备通过与交通信号控制机交互获取交通信号控制状态,又基于多传感器融合获取实时全息轨迹,结合二者可以精确地评价交通信号控制方案的实际运行效果,为交通信号控制方案优化提供指导。

(2) 交通信号控制方案优化:在一些路口相对独立、不需要考虑上下游协调关系就可以优化交通信号控制方案的场合,边缘计算设备可以根据多传感器融合获取的实时全息轨迹制订最优化的交通信号控制方案并直接下发给交通控制信号机。

3. 车路协同应用

作为汽车、半导体、无线通信和交通运输等技术深度融合的新型产业形态,蜂窝车联网(C-V2X)拥有提升道路使用者体验的巨大潜能。5G、AI 与边缘计算的迅速发展也正在推动着车联网功能的进一步丰富和性能的进一步增强,其商用部署也在稳步推进之中。

C-V2X 是 5G 移动通信在垂直行业领域最重要的应用之一。如图 4-60 所示，MEC 与 C-V2X 融合的概念是将 C-V2X 业务部署在 MEC 平台上，通过无线接口[PC5(直连通信接口)或 Uu(蜂窝通信接口)]将相关服务信息提供给作为终端用户的道路使用者，也就是带有 OBU 的网联机动车辆或使用智能移动终端(如智能手机)的行人。MEC 将丰富和优化 C-V2X 所能提供的业务，例如，较低的端到端时延对于多种交通业务至关重要；而 MEC 基于用户状态能提供多种提升交通效率类的业务(如路径规划和高精地图的下发)。根据不同业务对于时延和所需算力的不同要求，支持 C-V2X 的 MEC 平台可部署于路侧或者云边缘。通过路侧 MEC 平台或云边缘 MEC 平台提供 API 接口，供运营商或者第三方开发包括信息与服务、交通效率和其他在内的边缘应用。这两种 MEC 平台还能与其他 MEC 平台以及云对接，提供更丰富的功能。MEC 与 C-V2X 的融合，充分实现"人-车-路-边-云"的相互协同，将为提升道路使用者的出行体验发挥极为重要的作用。

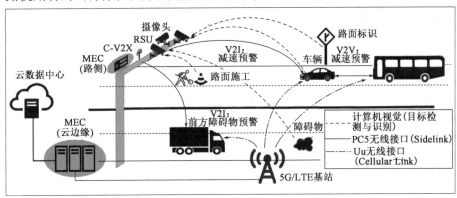

图 4-60　边缘计算在车路协同中的应用

4.3.3　典型边缘计算系统

1. PC 架构边缘计算

PC 架构边缘计算是指采用常见的个人计算机的体系架构的边缘计算设备。通常组成是采用 X86 架构(由 Intel 发展出来的一套计算机体系架构)的核心处理器，并根据需要扩展 GPU 模式的算力或者扩展专用的 NPU/VPU 算力。基于开发便捷性、性能可扩展性的考虑，PC 架构的边缘计算设备仍然占有大量的市场份额。

图 4-61 是常见的国产 PC 架构边缘计算设备。主流采用 Intel 核心处理器，算力扩展常见方案包含以下几种。

1) 使用显卡芯片扩展算力

常见的显卡芯片例如：

(1) 英伟达(NVIDIA)GPU，采用 CUDA 开发算法；

(2) Intel 集成显卡，采用 OpenVINO(Intel 基于自身现有硬件平台开发的一种可以加快高性能计算机视觉和深度学习视觉应用开发速度的工具套件)开发算法。

2）采用专用 NPU 扩展算力

常见的专用 NPU 例如：

（1）寒武纪 MLU220、MLU270、MLU370 等处理模块；

（2）Intel Movidius 计算棒。

2. 嵌入式架构边缘计算

通常嵌入式架构的边缘处理单元采用 ARM 核心处理器加 VPU（NPU）架构模式构建。图 4-62 为一种国产嵌入式架构边缘计算设备。

图 4-61　国产 PC 架构边缘计算设备

图 4-62　国产嵌入式架构边缘计算设备

图 4-63 是一种国产嵌入式架构边缘计算设备内部功能模块，其主处理器采用海思 Hi3559A 处理器，集成了双核 ARM Cortex A73 和双核 ARM Cortex A53，大小核架构和双操作系统，使得功耗和启动时间达到均衡。Hi3559A 集成了海思独有的 SVP，提供了高效且丰富的计算资源，支撑客户开发各种计算机视觉应用。同时通过 PCIE2.0 接口扩展了两个晟腾 AI 芯片，单个 AI 芯片提供 16TOPS 的 INT8 算力。

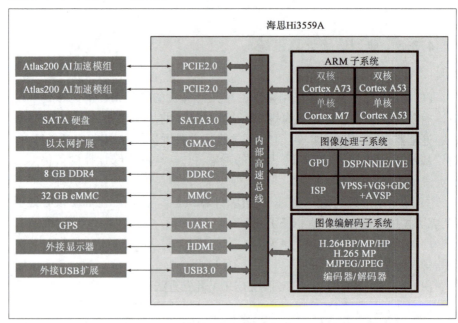

图 4-63　国产嵌入式架构边缘计算设备内部功能模块

本章思考题

1. 现代交通信号控制机一般由哪些功能单元组成？各功能单元的主要作用是什么？
2. ATC 是怎样实现设备生产厂家之间的互换性和互操作性的？
3. SCATS 交通信号控制机是怎样实现现场快速维修的？
4. 国产开源信号控制机与传统交通信号控制机在设计上有什么区别？
5. 列举五种典型的交通检测器，并说明它们各自的优缺点。
6. 边缘计算的特点是什么？列举两种典型的边缘计算应用场景。

现代交通信号控制系统

5

第5章 现代交通信号控制系统通信

通信系统又称信息传输系统,在交通信号控制系统中通信系统相当于人体的神经系统,无论是获取信息还是发布指令,都离不开通信系统,现代智能交通系统的发展很大程度上受通信传输技术发展的影响,信息传输系统的效率和质量高低也决定了交通信号控制系统能否正常运行。

通信传输方式的发展,也为交通信号控制系统带来了变革。譬如移动通信的发展大大改变了车载通信与显示的面貌。在车路协同数据传输车辆与路侧之间、车辆与车辆之间、车辆与平台系统之间、路侧与平台系统之间的传输通道,包括4G/5G蜂窝网络、光纤网络、C-V2X点对点网络、WLAN网络、有线交换网络等相关网络设施。

在通信系统中,通信协议是指为了完成通信或控制服务所必须遵循的规则和约定。通信协议定义了数据单元使用的格式,信息单元应该包含的信息与含义,连接方式,信息发送和接收的时序,从而确保网络中数据、指令顺利地传送到确定的位置。在现代交通信号控制系统中,通信协议既有信号控制机与平台的通信协议,也有信控平台与平台之间的通信协议。

本章重点介绍现代交通信号控制系统通信传输内容、通信传输方式、通信协议中控制方式的分类、通信标准四部分内容。

5.1 通信传输内容

现代交通信号控制系统中通信传输内容通常包括信息中心平台、交通检测器、交通信号控制机和交通诱导设备上传与下载的各种数据信息。

信息中心平台、交通检测器、交通信号控制机和交通诱导设备发送上传的数据信息主要包含:

(1)交通检测器数据,包括检测器检测到的交通流参数、视频图像等;

(2)设备状态信息,包括设备的工作状态与故障;

(3)信号灯状态信息,包括当前路口的信号灯色状态;

(4)交通信号控制机特征参数信息,包括信号周期、绿信比、相位、相位差等;

(5)交通诱导发布信息,包括诱导路径的建议信息;

(6)工作模式信息,包括交通信号控制机和交通诱导设备当前控制模式。

信息中心平台、交通检测器、交通信号控制机和交通诱导设备接收下载的数据信息主要包含:

(1)时间信息,用于校正交通信号控制机和交通诱导设备的时间;

(2)状态查询信息,用于及时、准确地查询交通信息采集设备、交通信号控制机和交通诱导设备的当前工作状态(包括车辆检测器的状态、交通信号控制机的工作状态、信号灯的状态、交通诱导设备信息发布状态)及故障情况;

(3)交通信号控制机配时方案信息,用于更新交通信号控制机的信号周期、绿信比、相位差等主要工作信息;

(4)交通诱导设备信息发布方案,用于更新交通诱导设备信息发布内容等主要工作信息;

(5)工作方式指令,用于设定、改变交通信号控制机和交通诱导设备的工作方式;

(6)其他人工指定命令,用于在某些特殊的交通条件下,对某些道路实现强行控制,同时要求交通信号控制设备能够及时、准确地接收并执行信息中心发出的指令。

5.2 通信传输方式

随着智能交通系统的发展,交通信息越来越多样化,车辆传感器从点型检测向连续型检测和空间型检测发展,能检测到的信息不仅有数字信息,还有图像信息。这就要求信息传输系统不仅能传输数字信息,还能传输图像信息。

传统控制系统或管理系统的信息传输要求单方向地接收与发布,随着现代智能交通系统的发展,信息传输逐渐向双向交互式发展。因此,通信系统要求能够满足数字、图像和语音的多媒体双向信息传输。

因此,现代智能交通系统的信息传输系统必须根据系统各分系统及各分系统的各不同环节的需要,信息传输对象的动、定状态,信息传输距离的不同,以及需传输信息媒体的不同,选用适用的信息传输技术。图 5-1 为现代交通系统的通信传输方式。

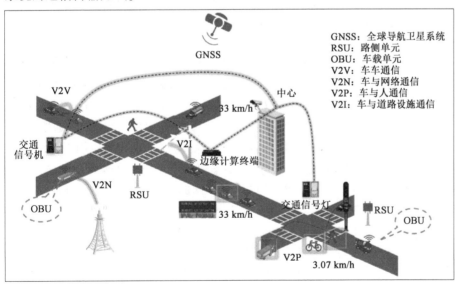

图 5-1 现代交通系统的通信传输方式

1. 有线通信

中心子系统之间与路边子系统之间的通信一般采用固定地点间的有线通信。现代交通信号控制系统选用的固定地点间的有线通信一般有以下三种。

(1)电缆通信

电缆通信可以进行近距离、小容量的语音、数字信息传输,也可为系统埋设专用通信电缆传输控制系统的指令信息。

（2）光纤通信

光纤是光导纤维的简称。光纤通信是以光导纤维为传输介质，以光波为载频的一种通信方式。光纤通信的特点是传输频带宽、通信容量大、损耗低、不受电磁干扰等。因此，其适用于长距离、大容量的信息传输。一般需要长距离传输大容量信息的系统都选用光纤通信。

（3）通过接入基础设施实现的有线通信

由于现代建设了大量基础设施，基本上不再为交通信号单独建立有线通信线路，而是就近接入基础设施。

2. 专用短程通信技术

专用短程通信（DSRC）技术是基于 IEEE 802.11p 标准开发的，DSRC 技术支持 V2V 和 V2I 场景，最早被美国、日本等国家广泛认同，发展时间较长，形成了完善的标准体系和产业布局。

DSRC 技术提供了一种高效的短距离无线通信机制。它具有传输速率高、延迟短等特点，支持点对点、点对多点的通信。利用这种通信手段将车辆与车辆、车辆与道路有机地联系在一起，为 ITS 提供了高效的无线通信服务。802.11p 标准物理层架构与 802.11a（现今使用的 Wi-Fi 技术标准）基本类似，采用正交频分复用（OFDM）等调制技术，同时搭配前向错误校正（FEC）技术等，可以增强目标高速运动下信息传递的实时性。为了能够实现车辆与道路之间的有机连接，需要在某些特定区域内实现针对高速运动目标的识别和通信，图像信息、数据信息、实时语音信息传输等功能，使用 DSRC 技术比较合适。

车联网基于分配给 ITS 车路通信的 DSRC 技术，并联合其他技术如 GSM/GPRS、3G、WLAN、GPS、BlueTooth、GIS、无线传感、RFID 等，综合构建适用于各种交通特性的车与车、车与路和人车路之间的网络通信平台。DSRC 技术以大容量、高速率、低时延的特点搭建了 ITS 系统中的通信平台，是交通管理系统的关键技术，具有广泛的应用前景和发展意义。DSRC 技术应用于 ITS 系统主要能提供及时、具体的通信信息，满足多种服务需求，如车辆导航、安全驾驶、车辆调度、紧急车辆处理等；还可以与联网的车道工控机、收费站计算机、结算中心以及管理计算机高效率互通信息等。

但是，随着车联网发展进程的不断深入，由于缺少充裕的频谱资源和足够的路边基础设施，DSRC 技术暴露出扩展性能有限、传输范围小、用户服务质量无法保证、未来技术演进路线不明确等问题，因此基于蜂窝移动通信的C-V2X解决方案应运而生。

3. C-V2X 通信技术

C-V2X 是基于蜂窝通信的车用无线通信技术，包括 3G、4G、5G 等蜂窝（Cellular）通信演进的车载无线通信技术。C-V2X 是基于 3GPP 全球统一标准的通信技术，包含 LTE-V2X 和 5G-V2X，从技术演进角度讲，LTE-V2X 支持向5G-V2X 平滑演进。目前，LTE-V2X 已逐步商用，5G-V2X 也即将付诸应用。

C-V2X 可提供两种通信接口(如图 5-2 所示),分别为 Uu 接口(蜂窝通信接口)和 PC5 接口(直连通信接口)。处于蜂窝网络覆盖范围内时,可在蜂窝网络的控制下使用 Uu 接口;无论是否有网络覆盖,均可以采用 PC5 接口进行 V2X 通信。C-V2X 将 Uu 接口和 PC5 接口相结合,彼此相互支撑,共同用于 V2X 业务传输,形成有效的冗余来保障通信可靠性。图 5-3 为 C-V2X 的通信模式。

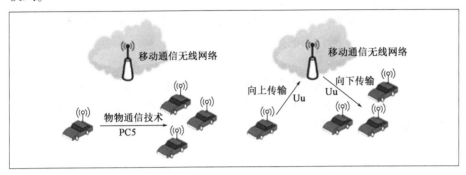

图 5-2 C-V2X 的两种通信接口

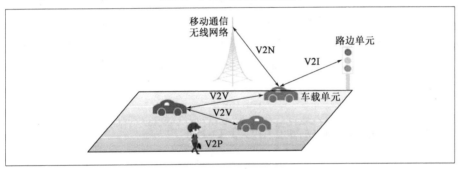

图 5-3 C-V2X 的通信模式

LTE-V2X 有以下优点:基于现有的蜂窝网,部署简单;覆盖范围广,可实现无缝覆盖;传输更可靠,半静态调度使得资源分配更合理,减少竞争冲突丢包;3GPP 持续演进,可支持未来智能交通系统业务需求;网络运营模式灵活,盈利模式多样化。未来 5G-V2X 将支持更低时延、更高可靠性、更大带宽(支持视频共享),并扩展到"点对点"双向应答式通信,实现自动驾驶所需的实时"多车协同"。但是,现阶段 LTE-V2X 的缺点也同样突出,技术成熟度较低,面向车-车主动安全与智能驾驶的服务性能还需要充分的测试验证。

按业务模式,LTE-V2X 可以分为 4 类,包括:

(1) V2N 通信,实现动态地图下载,自动驾驶相关线路规划、远程控制等应用,优先级最高;

(2) V2V 通信,实现碰撞预警,避免拥堵等安全类应用,优先级取决于技术路线,但 V2V 安全类应用不受限于网络覆盖;

(3) V2P 通信,实现车与人之间通信,主要用于行人安全保护,优先级低;

(4) V2I 通信,用于车与道路设施之间通信,提供或接收本地道路交通信息,优先级低。

C-V2X 通过将人、车、路、网、云等交通参与要素有机结合,一方面为行人等低能见度道路使用者提供更多和周围环境通信的机会,另一方面支撑车辆获得比单车感知信息更多的信息,促进车路协同应用的大规模落地。C-V2X可提供辅助手段,如利用智能路侧单元等设备有效传递远距离消息,降低传感器成本,也可实现智能路侧单元与车载单元之间的通信,整合汽车内部及外部传感器信息,与路侧系统交换数据。

4. 远程无线通信

在途出行者、车辆、远距中心系统间的信息传输都需用到远程无线通信。以下简要介绍两种广泛使用的远程无线通信。

(1) 卫星通信

卫星通信利用人造地球卫星作为中继站转发无线电信号,在两个或多个地球站之间进行通信,就是把无线电通信的转发站设在卫星上,通信两端设在地球,称地球站,地球站是卫星系统与地面公众网的接口,地面用户通过地球站出入卫星系统。

(2) 公用移动通信

公用移动通信广泛采用全球移动通信系统(GSM)。GSM 网络结构由基站系统、交换系统和操作支持系统三部分组成。基站系统由收发信设施和控制设施组成,控制设施实现发射功率控制等功能。交换系统的移动业务交换中心为移动用户和各种网络如综合业务数字网(ISDN)等用户的呼叫提供路由选择。

5.3 通信协议中控制方式的分类

随着智能交通技术的发展,交通信号控制方式也越来越灵活多样。一般来说,通信协议中对象类型定义,包含了交通信号控制的逻辑。所以,不同的通信协议表达了对交通信号控制机控制概念的不同理解,也对应了不同的控制方式。要了解交通信号控制的通信协议,我们首先要了解现代交通信号控制的方式,其大致可以分为三种方式:色步控制、阶段控制、环控制。

5.3.1 色步控制

色步控制方式对灯色控制简单明了,比较容易实现。色步形式直接定义每个信号灯的颜色,将所有信号灯颜色的组合作为一个步骤,然后给这个灯色步骤设定一个固定的运行时长。定义每个灯色步骤的运行时长后,以周期形式运行,便形成了交通信号控制的色步方式。

下面以一个实际的十字路口为例,每个方向信号灯各有 1 组左转信号灯、2 组直行信号灯和 2 组行人信号灯。

其对应的灯控关系如图 5-4 所示。

真实环境中,驱动信号灯需要灯控单元,一个灯控单元的通道对应一组或多组代表同一车流方向的信号灯,其典型的对应方式如图 5-5 所示。

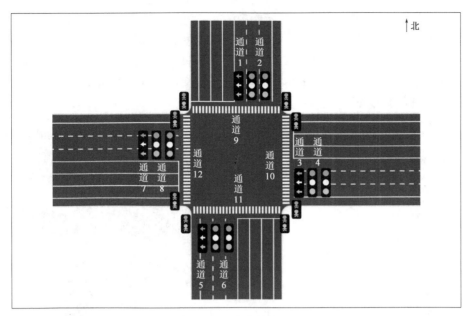

图 5-4 灯控关系

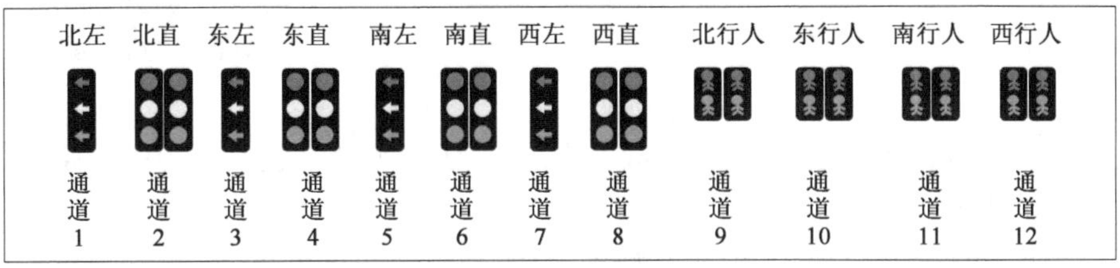

图 5-5 通道和信号灯的对应关系

每个色步需要设置所有信号灯的灯色状态和此状态的持续时间，多个色步组成一个信号灯的周期和方案。

按照标准定义，一个方向的交通通行状态，至少需要绿灯→黄灯→红灯三种信号状态的切换。

用 R 代表红灯，Y 代表黄灯，G 代表绿灯。以南北直行的交通流方向为例，若需要配置 30 s 南北直行绿灯，3 s 南北直行黄灯，2 s 路口全红，其对应色步方式的方案配置如图 5-6 所示。

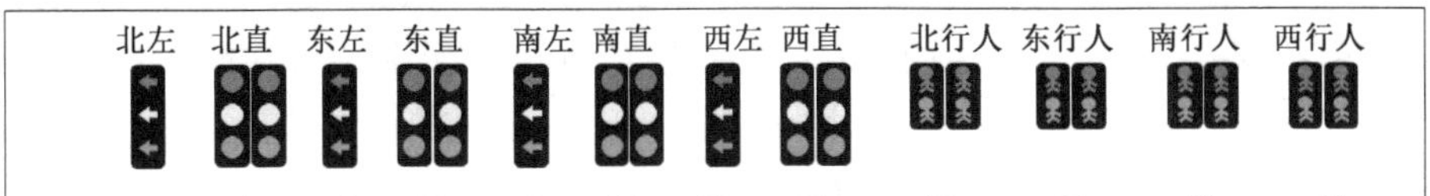

	北左 通道1	北直 通道2	东左 通道3	东直 通道4	南左 通道5	南直 通道6	西左 通道7	西直 通道8	北行人 通道9	东行人 通道10	南行人 通道11	西行人 通道12
30 s	R	G	R	R	R	G	R	R	R	G	R	G
3 s	R	Y	R	R	R	Y	R	R	R	Y	R	Y
2 s	R	R	R	R	R	R	R	R	R	R	R	R

图 5-6 某色步方式的方案配置

以此类推,配置剩余的3个交通流方向(南北左转、东西直行和东西左转的色步状态),构成一个完整的4相位交通信号控制方案。

在某些交通信号控制机、交通仿真软件或基础交通分析研究中,使用色步控制的方式进行交通信号控制。图5-7是开源交通仿真软件SUMO软件中色步方式的方案配置。

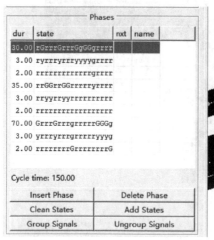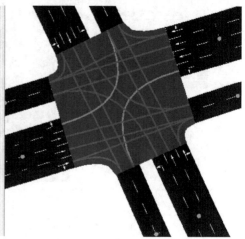

图5-7 SUMO软件中色步方式的方案配置

综上所述,色步控制灯色状态灵活,可以任意组合灯色。其控制逻辑简单,容易实现。

但色步控制的方案配置比较烦琐,每个信号灯色的转变,都需要单独配置。当需要配置的方案较多、灯色较多或需修改方案中某个灯色时,复杂度较高,容易出错。

5.3.2 阶段控制

阶段控制方式把多个同时执行的相位组成一个阶段。一个阶段中,包含了一个通行状态的切换过程,即绿灯→黄灯→红灯。一个完整的方案由多个阶段组成,每个阶段可以包含不同的相位。

《交通信号控制机与上位机间的数据通信协议》(GB/T 20999—2017)中相位阶段编号的定义是阶段的序号,相位阶段的相位表示包含在阶段中的相位,《公安交通集成指挥平台通信协议 第2部分:交通信号控制系统》(GA/T 1049.2—2013)也是以阶段控制为主要概念设计[《交通信号控制机与上位机间的数据通信协议》(GB/T 20999—2017)和《公安交通集成指挥平台通信协议 第2部分:交通信号控制系统》(GA/T 1049.2—2013)中主要的对象类型介绍详见本书附录C]。

阶段控制的方案,一般包含如下参数。

(1)方案中的阶段顺序;
(2)各阶段对应的相位;
(3)各阶段的绿灯时间;
(4)各阶段的黄灯时间;

(5)各阶段的红灯时间。

1.4 相位配置方案

下面还是以一个十字路口为例,其对应的配置关系如图 5-8 所示。

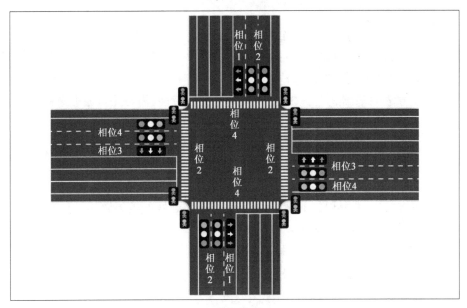

图 5-8　4 相位配置关系

图 5-8 中对应关系如下。

(1)相位 1 对应南北左转;
(2)相位 2 对应南北直行;
(3)相位 3 对应东西左转;
(4)相位 4 对应东西直行。

其对应的典型 4 相位配置方案如图 5-9 所示。

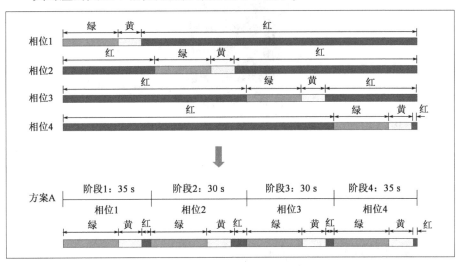

图 5-9　典型 4 相位配置方案

通过对比色步和阶段两种控制方式,可以看到阶段配置简化了方案配置,将烦琐的灯色状态设置,转变为阶段时长和顺序的配置,降低了操作复杂度和出错的概率,也简化了控制模型。

2. 复杂的阶段控制方案

考虑到早晚高峰的潮汐流量状态和平峰的离散流量状态,假设有以下三种交通状态:

(1)早高峰南边进城方向车流较多;
(2)晚高峰北边出城方向车流较多;
(3)平峰各方向车流较平均。

在原方案的基础之上,根据早晚高峰的交通特性,需对路口原方案做如下改进:

(1)早高峰时段,延长南边进城方向相位的放行时间;
(2)晚高峰时段,延长北边出城方向相位的放行时间;
(3)平峰维持原方案。

在原方案中,4个相位的配置已不能满足改进后的方案需求。故将原路口的相位对应关系改为如图 5-10 所示的 8 相位方案。

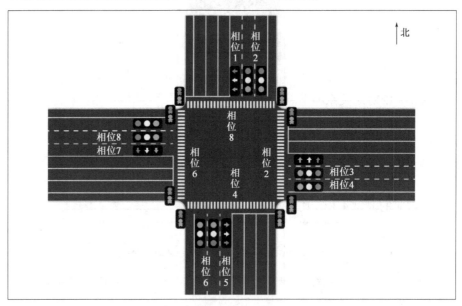

图 5-10 8 相位配置方案

图 5-10 中对应关系如下。

(1)相位 1(P1)对应北左转;
(2)相位 2(P2)对应北直行;
(3)相位 3(P3)对应东左转;
(4)相位 4(P4)对应东直行;
(5)相位 5(P5)对应南左转;
(6)相位 6(P6)对应南直行;
(7)相位 7(P7)对应西左转;
(8)相位 8(P8)对应西直行。

对应的阶段配置如下,图 5-11 为方案 A、B、C 阶段配置图。

（1）将原 4 个相位改为 8 个相位；
（2）早高峰南边进城方向车流较多，增加阶段 5；对应相位 1 和相位 2 的南边车流全放行；
（3）晚高峰北边出城方向车流较多，增加阶段 6；对应相位 5 和相位 6 的北边车流全放行。

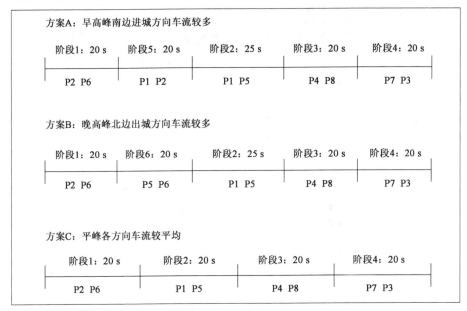

图 5-11　阶段配置图

此时，如果执行早高峰方案时，临时发现北边出城方向车流较大，由于早高峰方案中不包含北边出城方向车流全放行的阶段 6，故无法延长北边车流放行的时间。需要在方案中增加对应阶段，并增加对应优化逻辑。

另外，如果再考虑路口的东西方向直行和左转车流不均衡情况下，需要按实际交通需求，进行东方向或西方向相位的自由组合放行，则需要另外配置对应车流方向的阶段。

对于自适应算法来说，由于阶段方式可以将同一个相位拆分在多个连续或不连续阶段中，所以相位优化算法逻辑会比较复杂，实现起来也比较麻烦。

5.3.3　环控制

环控制的概念是，将多个按顺序执行的相位组成一个环和周期。多个可以并发执行的相位，可以组成多个环，保证所有环的周期相同，并且所有环同时启动和同时结束。

NTCIP 标准中，环表示相位在放行过程中所处的位置，相序是每个环中各相位的放行序列（NTCIP 标准中主要对象类型介绍详见本书附录 D）。

将上述 4 阶段 8 相位的方案，转换为双环 8 相位的方案，如图 5-12 所示。

环控制的优点：在不冲突的情况下，环中的相位可以任意调整相位放行时间的长短。因此，环控制方案中的相位，可以根据对应的实时交通状态动态地进行优化。

例如,在双环 8 相位的方案基础上,可进行以下优化。

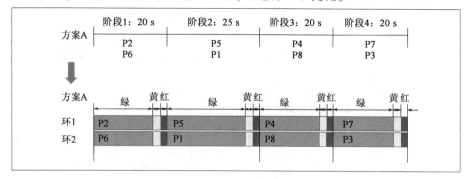

图 5-12 双环配置图

当往北和往东两个方向的车流量增大,需要延长相位 1、相位 2 的放行时间和相位 4、相位 3 的放行时间,则上述方案 A 优化如图 5-13 所示。

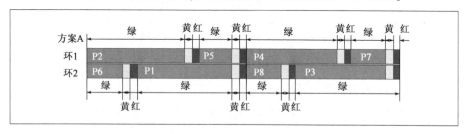

图 5-13 方案优化配置图(当往北和往东的车流增大)

当往南和往西两个方向的车流量增大,需要延长相位 5、相位 6 的放行时间和相位 7、相位 8 的放行时间,则方案 A 优化如图 5-14 所示。

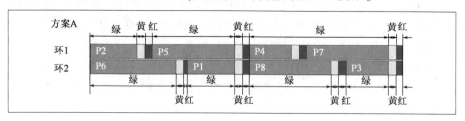

图 5-14 方案优化配置图(当往南和往西的车流增大)

综上,环控制的方式下,相位时长的控制较为灵活和自由。相位在可以并发的情况下,能独立地增大或减小绿信比。针对交通状态随机变化较大的路口,环控制的方式可以达到较好的自适应效果。图 5-15 展示了开源信号控制机 OpenATC 中环控制方案的界面。

环控制的缺点:

由于环控制并发机制的限制,一个环同时只能有一个相位执行,无法像阶段控制那样任意组合放行的相位的数量,所以其相位数量组合的灵活性不及阶段控制。

另外,由于环控制中有较多专业名词,例如多环、并发、屏障等,其理解和应用要求用户储备有一定的交通工程知识。因此,普通用户可能无法理解环的概念,导致配置方案不直观,配置容易出错,从而影响实际控制效果。

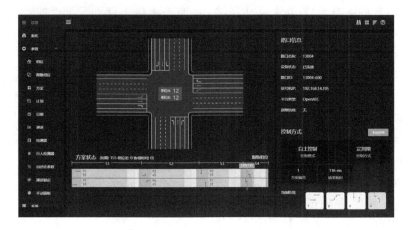

图 5-15　开源交通信号控制机 OpenATC 中环控制方案的界面

5.4　通信标准

5.4.1　OSI 模型

开放系统互联参考模型(Open System Interconnection Reference Model, OSI),即我们通常所说的网络互联的七层框架,它是国际标准化组织(ISO)于 1984 年发布的,又称为 ISO/IEC7498 或 X.200 建议。值得注意的是,OSI 模型并没有提供一个可以实现的方法,它不是一个标准而只是一个制定标准时使用的概念性的框架,更不是一个网络协议。

如图 5-16 所示,OSI 模型分为七层,其名字和功能分别如下:

(1)物理层(Physical Layer):主要功能为定义了网络的物理结构、传输的电磁标准、比特流的编码及网络的时间原则,如分时复用及分频复用,决定了网络连接类型[端到端(End-to-End)或多端连接]及物理拓扑结构。说得通俗一些,这一层主要负责实际的信号传输。

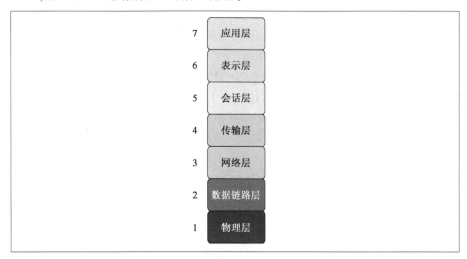

图 5-16　OSI 模型

(2)数据链路层(Data Link Layer):在两个主机上建立数据链路连接,向物理层传输数据信号,并对信号进行处理使之无差错并能合理地传输。

(3)网络层(Network Layer):主要负责路由,选择合适的路径,进行阻塞控制等。网络层决定数据的路径选择和转寄,将网络表头(Networks Header,NH)加至数据包,以形成分组。网络表头包含了网络数据。例如:互联网协议(IP)等。

(4)传输层(Transfer Layer):最关键的一层,向用户提供可靠的端到端服务,它屏蔽了下层的数据通信细节,让用户及应用程序不需要考虑实际的通信方法。传输层把传输表头(Transfer Header,TH)加上数据形成数据包。传输表头包含了所使用的协议等发送信息。例如:传输控制协议(TCP)等。

(5)会话层(Session Layer):主要负责两个会话进程之间的通信,在数据传输中设置和维护计算机网络中两台计算机之间的通信连接,即两个会话层实体之间的信息交换,管理数据的交换。

(6)表示层(Presentation Layer):处理通信信号的表示方法,进行不同的格式之间的翻译,并负责数据的加密与解密,数据的压缩与恢复,把数据转换为能与接收者的系统格式兼容并适合传输的格式。

(7)应用层(Application Layer):提供为应用软件而设的接口,以设置与另一应用软件之间的通信。例如:HTTP、HTTPS、FTP、TELNET、SSH、SMTP、POP3等。

5.4.2　NTCIP标准

1. NTCIP概述

NTCIP(National Transportation Communications for ITS Protocol,国家智能运输系统通信协议)是美国针对智能交通系统(ITS)的电子设备间传输数据和消息所制定的通信标准,其主要目标是确保交通信号控制与ITS组成单元彼此之间的"互操作性"与"互换性"。

所谓"互操作性",是指NTCIP通信网络中允许来自不同供应商的系统组件彼此通信,相互使用对方提供的服务,并作为一个整体系统协同工作。所谓"互换性",是指软硬件设备具有多个供货商,系统不会受限于单一供货商以免导致软硬件设备置换时出现与系统联机方面的困难。

NTCIP实质上是标准的集合,其针对整个智能运输系统领域,具有很高的规范性与严整性。

借由统一的标准,NTCIP扫除了不同部门在协调上的障碍,并允许同一通信线路上存在不同的设备种类和不同制造商生产的产品。NTCIP主要的效益如下:

(1)避免设备过早淘汰

有了统一的标准,大多数的供货商都会在当前或者是未来的商品中提供对NTCIP的支持。只要运营部门在采购设备时选择NTCIP兼容的产品,就能够确保设备具备长期的可用性和兼容性,避免设备过早淘汰,延长设备的使用期限。

(2)提供更多的供货商供选择

若使用单位决定其系统采用 NTCIP 架构,就可以向不同的供货商购买 NTCIP 兼容的产品,如现场设备、软件等。交通单位可以在不同供货商中进行选择,也可避免单一供货商的垄断。

(3)允许分阶段采购和部署

NTCIP 允许使用单位在多个财务周期内分阶段采购设备和中心系统,并且可以向一家或多家供应商采购。采用 NTCIP 标准意味着可以在几年内集成多个部署阶段,初始部署建立的 ITS 通信基础设施,可在未来部署阶段加以利用,从而提高 ITS 项目的效益。

(4)允许跨单位的协调

NTCIP 允许在不同运营部门间进行信息交换,使使用单位在获取授权的情况下能够监测其他使用单位系统中的情况,并在需要时对事件和现场条件的其他变化实施协调响应。同时在相互授权的情形下,一个使用单位可以对另一个使用单位操作的现场设备进行监控并向其发出基本命令。各运营部门间能够共享信息,并且进行跨部门的控制,实现路网协调控制。

(5)提供单一的通信网络

NTCIP 使得管理系统能够在相同的信息通道内与不同种类的设备间进行数据传输。例如通过系统计算机上的软件来控制交叉路口边的动态信息标志(DMS)以显示恰当的信息。

2. NTCIP 所支持的系统及设备种类

NTCIP 定义了一系列通用的通信协议以及专用于交通的数据字典和信息集来支持大多数运输管理用途的计算机系统和外场设备。NTCIP 的应用一般分为两大类:中心到外场(C2F)及中心到中心(C2C)的应用。前者通常包含路侧设施或者是各运营部门所拥有的车辆与管理中心的计算机之间的信息传输。而后者则主要是管理中心的计算机或各个子系统之间的数据传输,这些计算机可处于同一房间内,也可以位于相邻机构运营的不同管理中心内或跨国的管理中心内。

不论是 C2C 或是 C2F 的应用,NTCIP 都支持诸如公共运输、紧急管理、出行者信息及交通规划系统上所需用到的系统与设备。

NTCIP 两大类应用下,可应用的系统设备及使用场景至少包含:

(1)C2F

动态信息标志、交通信号控制器、现场主控器(闭环系统)、数据采集和监控设备、车载感应器及控制器、环境检测器、匝道计量仪、车辆检测器、闭路电视摄像机、视频开关、公路照明控制系统。

(2)C2C

交通管理(高速公路/街道、城市/乡村)、运输管理(公共汽车/铁路/其他)、紧急事故管理、停车管理、出行者信息、商用车辆营运规划及上述各项的组合。

3. NTCIP 的架构

图 5-17 所示的 NTCIP 架构采用分层或模块化的通信标准方法，类似于互联网和 ISO 采用的分层方法。为了区别互联网和 ISO 所定出的 Layer，NTCIP 以 Level 来分层，图 5-18 显示了 NTCIP 中信息层、应用层、传输层、子网络层和实体层与 OSI 模型中各层间的大致对应关系。

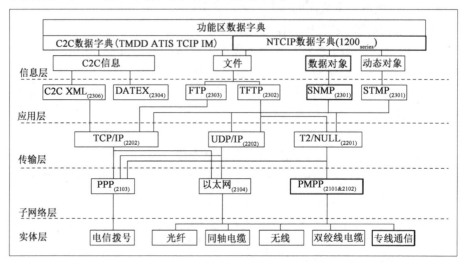

图 5-17　NTCIP 架构

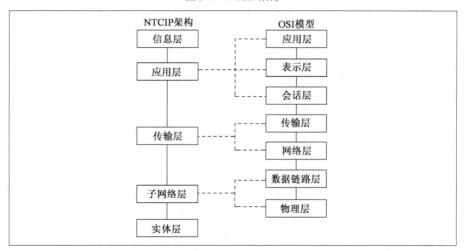

图 5-18　NTCIP 架构与 OSI 模型各层的对应关系

(1) 信息层 (Information Level)：本层主要提供应用程序处理的数据元素、对象、信息等的传输标准，例如 TCIP。

(2) 应用层：本层主要提供信息包的结构及会话管理的标准，例如 SNMP、STMP、DATEX、CORBA、FTP 等，类似于 OSI 中应用层、表示层、会话层。

(3) 传输层：本层主要提供信息打包、分割、组合及路由等方面的标准，诸如 TCP、UDP、IP 等，类似于 OSI 中的传输层和网络层。

(4) 子网络层 (Sub-network Level)：本层提供实体接口的标准，例如调制解调器、网卡、CSU/DSU 等，以及封包传送，如 HDLC、PMPP、PPP、以太网、ATM 等，类似于 OSI 中数据链路层和物理层。

(5) 实体层(Plant Level)：本层包含了使用 NTCIP 通信标准的通信基础设施，例如铜导线、同轴电缆、光纤、无线通信等。

纵观上述通信分层分级结构，由于 ITS 涉及在许多不同领域、不同功能的实体之间传送的标准对象、信息等，例如交通、运输、出行者信息、紧急管理，故信息层标准与现存工业标准之间有着较大的差异。除了信息层具有交通运输产业的独有特性外，其他各层的标准及功能都与现有计算机工业标准几乎相同。

对于子网络层及传输层而言，这些部分可使用既有电信及计算机产业中已经发展成熟的标准。除了在应用层自行制定了 STMP，及在子网络层自行制定了 PMPP 之外，NTCIP 并不打算在这个领域发展新的标准，只是选择 ITS 中要采用的那些已经发展成熟的标准以及选择这些标准与其他标准配合。应用层在 NTCIP 这几层中特别重要。虽然该层已存在某些标准，且这些标准亦能满足部分 NTCIP 的需求，但考虑到 ITS 的特别需要，该层在现存标准的基础上继续延伸或是发展出全新的通信协议(如 STMP)。这些 ITS 的特殊通信需求包括以下内容。

(1) 连续的、自动化的、安全且实时的大量数据信息在各单元间的网络传输。

(2) 在路侧的嵌入式处理器及车上设备之间传送连续、大量的实时数据，这部分信息须共享低速的通信信道并要求有很短的延滞时间。

由于不同层之间可以采用不同的业界现有通信标准或专为 ITS 的特别需求而开发出来的全新标准，因此 NTCIP 所提供的一系列通信协议可以满足大多数的 ITS 需求。

4. NTCIP 架构的使用

在不同层之间，可以采用不同的标准来传送信息，而且这些标准之间都是兼容的。一条信息在 NTCIP 架构中的每层至多使用一个标准来传输。利用一连串标准来递送信息的称为标准栈(Stack of Standards)，或是通信协议栈(Protocol Stack)。不同的设备在交换信息时，有可能存在部分信息采用某一组标准来传输，其他信息则采用另一组标准来传输的情况。

下面以一个简单的 NTCIP 中心到外场的标准栈的例子来说明。当用户想要部署基于 NTCIP 的系统时，可以选择想要部署的协议。一个栈可以视为全部 NTCIP 标准架构中的子集，在不同的层中传递信息。有些栈在某些层中会包括两个以上的标准，这代表了通信协议能够使用其中的任意一个标准。图 5-19 显示了中心将信息通过 SNMP、PMPP、专线通信传递给外场设备的架构方案。

如图 5-19 所示，大多数的底层标准都是现存于通信界且行之多年的标准，NTCIP 并不打算针对底层标准来发展。每一个 NTCIP 通信协议栈都涉及上层 NTCIP 特定的标准与下层既有的标准。

5. NTCIP 标准集简介

由 NTCIP 标准家族定义的协议和标准文件的完整内容和当前列表可以在 www.ntcip.org 上找到。下文就目前已发布的标准做简单说明。

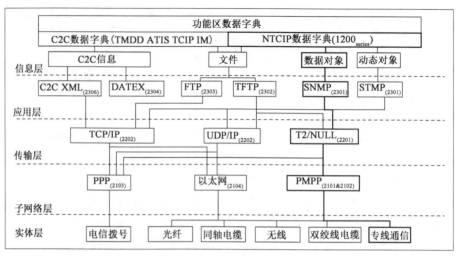

图 5-19 一个简单的 NTCIP 架构方案

(1) NTCIP 1100 系列

NTCIP 1100 系列标准是可被任何其他 NTCIP 标准引用的协议以及基础标准。这些标准没有显示在 NTCIP 架构图中,当前发布的相关标准包括:

NTCIP 1102,Octet Encoding Rules (OER) Base Protocol(八位编码规则基础协议);

NTCIP 1103,Transportation Management Protocols(运输管理协议);

NTCIP 1104,Center-to-Center Naming Convention Specification(中心与中心通信对象命名规范)。

(2) NTCIP 1200 系列

NTCIP 1200 系列标准对应信息层,该系列标准定义了管理中心与现场设备或其他中心之间的信息内容。与交通信号控制机最直接相关的就是 NTCIP 1201 与 NTCIP 1202。当前发布的相关标准包括:

NTCIP 1201,Global Object (GO) Definitions(全局对象定义);

NTCIP 1202,Object Definitions for Actuated Signal Controllers (ASC) Interface(自适应交通信号控制机接口对象定义);

NTCIP 1203,Object Definitions for Dynamic Message Signs (DMS)(动态信息标志对象定义);

NTCIP 1204,Environmental Sensor Station (ESS) Interface Protocol(环境传感器站接口协议);

NTCIP 1205,Object Definitions for Closed Circuit Television (CCTV) Camera Control(闭路电视控制对象定义);

NTCIP 1206,Object Definitions for Data Collection and Monitoring (DCM) Devices(数据采集与监控系统对象定义);

NTCIP 1207,Object Definitions for Ramp Meter Control (RMC) Units(匝道控制对象定义);

NTCIP 1208,Object Definitions for Closed Circuit Television (CCTV) Switching(闭路电视切换开关对象定义);

NTCIP 1209,Object Definitions for Transportation Sensor Systems (TSS)(运输传感系统对象定义);

NTCIP 1210,Field Master Stations (FMS)—Part 1: Object Definitions for Signal System Masters (SSM)(信号系统主站对象定义);

NTCIP 1211,Object Definitions for Signal Control and Prioritization (SCP)(信号优先控制对象定义);

NTCIP 1213,Object Definitions for Electrical and Lighting Management Systems (ELMS)(电子和照明管理系统对象定义);

NTCIP 1218,Object Definitions for Roadside Units (RSU)(路侧单元对象定义)。

(3) NTCIP 2300 系列

NTCIP 2300 系列标准对应应用层,可以分为三个领域:C2F 通信,C2C 通信,以及直接采纳的互联网应用协议。当前发布的相关标准包括:

NTCIP 2301,Simple Transportation Management Framework Application Profile (AP-STMF)(简单传输管理框架应用标准);

NTCIP 2302,Trivial File Transfer Protocol Application Profile(简单文件传输协议标准);

NTCIP 2303,File Transfer Protocol Application Profile(文件传输协议标准);

NTCIP 2304,Application Profile for DATEX-ASN (AP-DATEX)(DATEX-ASN 标准);

NTCIP 2306,Application Profile for XML Message Encoding and Transport (XML 消息编码传输标准)。

(4) NTCIP 2200 系列

NTCIP 2200 系列标准对应传输层,只要实现了 TCP/UDP IP 传输标准,则 NTCIP 的传输层实际包含了 OSI 模型的网络层。当前发布的相关标准包括:

NTCIP 2201,Transportation Transport Profile(T2/NULL 标准);

NTCIP 2202,Internet (TCP/IP and UDP/IP) Transport Profile (互联网 TCP/IP 与 UDP/IP 传输标准)。

(5) NTCIP 2100 系列

NTCIP 2100 系列标准对应子网络层,使用任何特定子网协议的设备可以与使用相同子网协议的其他设备共享相同的通信线。每个设备分配一个在该线路或通道上唯一的地址。管理系统可以通过该地址在任何时间与该设备通信。但是,当使用点对多点协议时,管理系统一次只能与线路或通道上的一个设备进行通信。当前发布的相关标准包括:

NTCIP 2101,Point to Multi-Point Protocol Using RS-232 Subnetwork Profile (使用 RS-232 的点对多点子网络协议标准);

NTCIP 2102,Point to Multi-Point Protocol Using FSK Modem Subnetwork Profile(使用 FSK 调制解调器的点对多点子网络协议标准);

NTCIP 2103,Point-to-Point Protocol over RS-232 Subnetwork Profile(使用

RS-232 的点对点子网络协议标准);

NTCIP 2104,Ethernet Subnetwork Profile(以太网子网络标准)。

(6)NTCIP 8000 系列

NTCIP 8000 系列文件包括过程、控制和信息管理政策。当前发布的相关标准包括:

NTCIP 8002 Annex B1,Content Outline for NTCIP 1200-Series Documents [for Standards Engineering Process (SEP) Content](NTCIP1200 系列文件内容大纲);

NTCIP 8003,Profile Framework(标准框架);

NTCIP 8004,Structure and Identification of Management Information (SMI,管理信息结构和标识);

NTCIP 8005,Procedures for Creating Management Information Base (MIB) Files(MIB 文件创建过程);

NTCIP 8007,Testing and Conformity Assessment Documentation within NTCIP Standards Publications(NTCIP 标准出版物中的测试和合格评定文件)。

(7)NTCIP 9000 系列

NTCIP 9000 系列文档是信息性报告。当前发布的相关标准包括:

NTCIP 9001,The NTCIP Guide(NTCIP 指南);

NTCIP 9012,Testing Guide for NTCIP Center-to-Field Communications(NTCIP C2F 通信测试指南);

NTCIP 9014,Infrastructure Standards Security Assessment (ISSA)(基础设施标准安全评估)。

6. NTCIP 协议与环控制

在当前发布版本的 NTCIP 标准中,交通信号控制机的标准控制方式为环控制,使其在面对交通流短时间内随机变化,各转向交通流分布不均衡的情况时,可以精准完成根据流向自适应控制相位时长的功能(NTCIP 标准中主要对象类型介绍详见本书附录 D)。

5.4.3 《道路交通信号控制机》(GB 25280—2016)

《道路交通信号控制机》(GB 25280—2016)是国内信号控制机生产厂商投入实际道路使用所必须遵守的基础标准,该标准规定了道路交通信号控制机的分类、技术要求、试验方法、检验规则、标志、标签和包装等,适用于道路上使用的交通信号控制机,其他场所使用的交通信号控制机可参照执行。

《道路交通信号控制机》(GB 25280—2016)对指令和消息提供规范性格式,包括:指令和消息帧结构、数据表、联机规程、指令和消息格式等。其中指令和消息格式详细定义了以下交通信号控制机与平台之间的通信的数据格式:联机、交通流信息、信号机工作状态、灯色状态、当前时间、信号灯组、相位、信号配时方案、方案调度计划、工作方式、信号机故障、信号机版本、特征参数版本、信号机识别码、远程控制、检测器。

对于开放协议标准,《道路交通信号控制机》(GB 25280—2016)采用了信号控制机与平台的通信协议,又称直连统一管控协议。开放协议规定了信号控制机与上位机间的数据通信消息结构,如联机、交通流信息、信号机工作状态、灯色状态、信号配时方案等对象消息结构(详见本书附录A)。

5.4.4 《交通信号控制机与上位机间的数据通信协议》(GB/T 20999—2017)

《交通信号控制机与上位机间的数据通信协议》(GB/T 20999—2017)标准由全国智能运输系统标准化技术委员会(SAC/TC 268)提出并归口,规定了交通信号控制机与上位机间的数据通信协议结构、物理层、数据链路层、网络层和应用层的要求,包含术语和定义。图 5-20 为该标准中的通信协议结构框图。

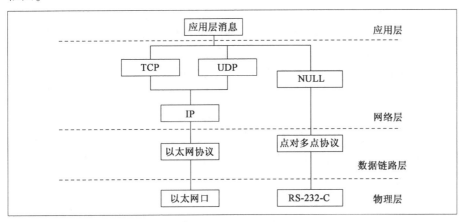

图 5-20 通信协议结构框图

1. 物理层

物理层主要由通信基础设施(铜线、同轴电缆、光纤、无线)组成,关注比特流是怎样被传输和接收的,但不关注比特流的含义和结构。

物理层接口包括 RS-232-C 数据终端设备接口和以太网口,应至少满足其中的一种物理层接口。

2. 数据链路层

数据链路层定义提供的服务,规定了协议编码(语法)、过程和使用的参数。

3. 网络层

网络层提供的协议包括 NULL 协议、TCP/IP 协议、UDP/IP 协议,具体实现应至少满足其中的一种。

4. 应用层

应用层规定通信协议规程。具体如下:
(1)通信帧结构及规范定义——通信帧结构、通信协议规范定义。
(2)对象标识号定义——标识号定义、数据类、协议扩展。

（3）数据类详细定义——设备信息、基础信息、灯组信息、相位信息、检测器信息、相位阶段信息、相位安全信息、紧急优先、方案信息、过渡约束、日计划、调度表、运行状态、交通数据、报警数据、故障数据、中心控制、命令管道。

（4）通信规程及报文处理——通信规程、查询请求报文处理、设置请求报文处理、心跳查询报文处理、其他通信规程约定。

同《道路交通信号控制机》（GB 25280—2016），《交通信号控制机与上位机间的数据通信协议》（GB/T 20999—2017）采用信号控制机与平台的通信协议，或称直连统一管控协议。通信帧结构、通信规范定义及通信规程详见本书附录B。

5.4.5 《公安交通集成指挥平台通信协议》（GA/T 1049）中相关标准

《公安交通集成指挥平台通信协议》（GA/T 1049）由公安部道路交通管理标准化技术委员会提出并归口，该协议中与交通信号控制系统相关的部分有《公安交通集成指挥平台通信协议 第1部分：总则》（GA/T 1049.1—2013）和《公安交通集成指挥平台通信协议 第2部分：交通信号控制系统》（GA/T 1049.2—2013）。

《公安交通集成指挥平台通信协议 第1部分：总则》（GA/T 1049.1—2013）规定了公安交通集成指挥平台与公安交通指挥系统内各基础应用系统数据通信的信息层通用技术要求、通信数据包结构、通信规程、通用操作与数据对象。《公安交通集成指挥平台通信协议 第2部分：交通信号控制系统》（GA/T 1049.2—2013）规定了公安交通集成指挥平台（集道路交通监测、决策、控制和服务于一体的指挥平台）与交通信号控制系统（由道路交通信号控制机、道路交通信号灯、道路交通流检测设备、通信设备、中心控制计算机及相关软件等组成，用于道路交通信号控制的系统）的信息层之间的通信协议，适用于公安交通集成指挥平台、交通信号控制系统软件的设计和开发。

公安交通集成指挥平台与交通信号控制系统为实现相互通信，其通用技术要求分为两部分（一般要求和操作要求）。

一般要求见《公安交通集成指挥平台通信协议 第1部分：总则》（GA/T 1049.1—2013）的第5.1~5.3条，对数据包的格式和数据内容应进行校验。

操作要求包含配置参数，运行信息，控制命令的请求应答，以及配置参数、运行信息的主动推送。前者解释为由公安交通集成指挥平台发出请求（REQUEST）类型数据包进行查询请求，交通信号控制系统发出响应（RESPONSE）类型或错误（ERROR）类型数据包进行应答；后者解释为配置参数、运行信息发生变化时，由交通信号控制系统向公安交通集成指挥平台发送推送（PUSH）类型数据包进行通知。

《公安交通集成指挥平台通信协议 第2部分：交通信号控制系统》（GA/T 1049.2—2013）还提供数据对象的注释与定义，列举如下：

（1）配置参数：系统参数、区域参数、子区参数、路口参数、信号机、信号灯组、检测器参数、车道参数、相位参数、阶段参数、配时方案参数；

（2）运行信息：系统状态、区域状态、路口状态、信号机故障、路口控制方式、路口周期信息、路口阶段、路口相位灯态、路口控制方案、路口交通流数据；

（3）控制命令：配置参数及运行信息通知、查询命令，锁定交通流向，解锁交通流向，路口周期、阶段、相位灯态、交通流数据上传设置。

该协议也可以称为API，是一类与业务功能相关的协议或函数，例如接收信号控制机实时灯态、下发信号控制机方案、设置信号控制机控制模式等功能接口，开发者无须理解第三方系统的内部工作机制就可以实现相应业务功能，可以更快、更直接地对功能进行开发。

据分析，通过开放国标协议接口方式实现对接，间接统一管控的风险小于直连统一管控，间接统一管控只是开放了系统功能接口，系统内部具有保护机制，不会因为上层平台下发错误的消息而造成信号灯突然灭灯或黄闪、冲突等异常情况，一旦消息下发错误，会报错并继续运行原方案；而直连统一管控则是信号控制机把自身完全开放给了上层平台，一旦开发中忽略了一些细节，例如忽略冲突通道，很可能一次偶然的错误操作就会导致信号灯出现绿冲突，且故障排查对于平台研发来说会相对困难。这也是导致直连统一管控的联调与测试时间一般较长的原因。

本章思考题

1. 现代交通信号控制系统需要依靠通信传输的内容有哪些？
2. 现代交通信号控制系统通信传输通常采用的传输方式有哪些？各传输方式的特点分别是什么？
3. 采用NTCIP协议会带来哪些好处？和交通信号控制机直接相关的是哪些协议文件？
4. 《道路交通信号控制机》（GB 25280—2016）、《交通信号控制机与上位机间的数据通信协议》（GB/T 20999—2017）、《公安交通集成指挥平台通信协议》（GA/T 1049）中哪些是信号机前端到平台的协议？哪些是信号平台和平台间的协议？
5. 现代交通信号控制方式主要分为哪几种？简述各控制方式的适用情况。

现代交通信号控制系统

第6章 现代交通信号控制系统平台

现代交通信号控制系统平台是集现代计算机、通信和控制技术于一体的区域交通信号联网控制系统，可实现对多路口交通信号的实时控制、区域协调控制、中心和本地的优化控制等。同时具备路口、干线、区域状态的实时查询与监控，前端交通信号控制机、传感器的故障定位，配时方案的实时上传与下载，操作日志的记录和管理，多用户的远程登录控制和权限管理等功能。

现代交通信号控制系统平台能够根据道路交通需求、交通状况及系统通行能力实时调整配时方案，相比于传统信号控制优化系统，不仅包括方案选择式控制系统以及感应控制系统，还采用相应的控制优化算法，对绿信比、相位差、相位长度以及相序等进行优化以使延误最小化，减少停车次数等。现代交通信号控制系统平台需要有相应的检测设备以及连接交叉口现场交通信号控制机和控制中心服务器的通信系统。

早在20世纪70年代初期，人们就开始研究未来的交通信号控制优化系统，在当时，交通信号控制工程师们认为交通流中的震荡变化可以通过开发涵盖多种交通流状况的方案选择式系统来应对。然而，全球的一些试验表明，基于交通响应模式的方案选择式系统有一些明显的不足。这些试验表明，基于交通响应模式的方案选择式系统效率其实不高。因为随着配时方案从一个模式转变到另一个模式，交通需求也可能发生变化，而新实施的控制模式可能无法适应当前的交通状况，且方案之间的转换也会给交通流带来影响。虽然提高模式转变的频率能够提高配时方案和交通流状况之间的匹配程度，但系统将花费更多的时间进行配时方案的切换。

为了解决这个问题，澳大利亚和英国的交通工程师开始探讨信号配时的自适应控制，从而形成了目前全球范围内广泛应用的两个典型城市交通信号控制系统：SCATS和SCOOT。

在现代交通信号控制系统快速发展的同时，出现了同一个城市内有多个交通信号控制系统并存的现象。造成这种局面的原因一般有两类，一类是由于历史原因，不同时期、不同建设单位采用了不同的信号控制机品牌，另一类是用户考虑竞争机制和更优的性价比而引入了不同的厂家。

由于信号控制机与平台通信采用的协议不同，因此每个信号控制机只能被同品牌的信号控制平台管控，导致难以实现交通信号集中控制。交通管理者在对全城信号控制机进行管控时，往往需要跨平台操作，管理的便利性不足，效率较低。

在此背景下，建设统一信控平台成为交通管控部门迫切的需求。统一信控平台的实现前提是多家信号控制系统开放通信接口，通过接口协议对接实现统一的管理与控制。一般有两种接入方式，方式一：多家信号控制系统中心平台之间对接，例如按行业标准《公安交通集成指挥平台通信协议》（GA/T 1049），各厂家通过开放此类API接口协议实现接入。方式二：交叉口前端信号控制机直接对接统一信号控制管控平台，例如按《交通信号控制机与上位机间的数据通信协议》（GB/T 20999—2017）、《道路交通信号控制机》（GB 25280—2016）等通信协议实现接入。

针对统一信控平台的需求,国内多家厂商开展了相关开发工作,其中由智能交通控制开源技术联合实验室主导的 OpenATC 系统平台是一个典型代表,其特性包括开放源代码,同时支持《公安交通集成指挥平台通信协议》(GA/T 1049)、《交通信号控制机与上位机间的数据通信协议》(GB/T 20999—2017)、《道路交通信号控制机》(GB 25280—2016)协议对接。

本章将重点介绍 SCATS、SCOOT、OpenATC 三种典型的现代交通信号控制系统平台。

6.1 悉尼协调自适应交通系统

悉尼协调自适应交通系统(Sydney Coordinated Adaptive Traffic System, SCATS)通常被认为是一种实时方案选择式自适应控制系统(由于 SCATS 的可编程功能强大,可以实现部分复杂控制逻辑,部分行业人士对此种归类持保留意见),由澳大利亚新南威尔士道路交通局研究开发,于 20 世纪 70 年代开始研究。SCATS 所提供的功能可以实现对交通的复杂控制,满足人们对交通的各种控制方案的要求。

6.1.1 基本原理

SCATS 采用地区级联机控制、中央级联机与脱机同时进行的控制模式,以类饱和度综合流量最大为系统目标,无实时交通模型,控制参数为绿信比、相位差和周期。

SCATS 采用了分层递阶的控制结构,其控制中心备有一台监控计算机和一台管理计算机,二者通过串行数据通信线路相连。地区级的计算机自动把各种数据传送到管理计算机。监控计算机连续地监控所有路口的信号运行和检测器的工作状况。

地区主控制器用于分析路口控制器传送来的车流数据,确定控制策略,并对本区域各路口进行实时控制,同时把收集到的所有数据传送到控制中心作为运行记录并用于脱机分析。

路口控制器主要是采集分析检测器所提供的交通数据,并将其传送到地区主控制器,同时接收地区主控制器的指令,控制本路口信号。

6.1.2 系统结构

SCATS 的控制结构为分层式三级控制,由中央监控中心、区域控制机和交通信号控制机构成,系统结构如图 6-1 所示。

(1)中央监控中心

中央监控中心除了对整个控制系统运行状况及各项设备工作状态作集中监视外,还有专门用于系统数据库管理的计算机。对各地区控制中心的各项数据以及每一台交通信号控制机的运行参数作动态储存(以不断更新的动态数据库形式)。

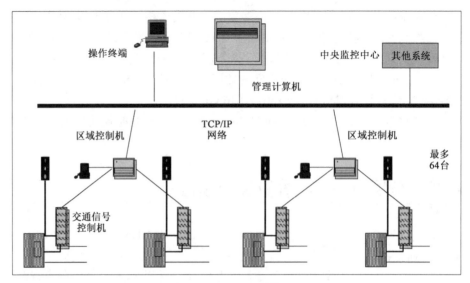

图 6-1 SCATS 结构

中央监控中心具备区域控制机的所有功能，并可以实现对多个区域控制机的联网监视控制，协调区域控制机间的运行。

(2) 区域控制机

在 SCATS 中，可根据情况安装区域控制机，每个区域控制机可控制 250 台交通信号控制机。区域控制机的主要功能是分析各交叉口控制机传送的车流数据，确定控制策略，对本地区各交叉口进行实时交通信号控制。同时，区域控制机还要将所收集的交叉口的各种数据传送到控制中心作为运行记录保留并用于脱机分析。此外，区域控制机还要检测各交叉口交通信号控制机出现的故障。

(3) 交通信号控制机

在 SCATS 中，每个交叉口都安装一台以微处理器为核心的交通信号控制机，其主要功能是：①采集交叉口各检测器提供的实时交通数据并加以初步分析整理，通过通信网络传送到区域控制机，用以调整配时方案；②接收区域控制机的指令，控制本交叉口各信号灯的灯色变换；③在实施感应控制时，根据本交叉口的交通需求，自主地控制各入口信号灯的灯色变换。

SCATS 在实行对若干子系统的整体协调控制的同时，也允许每个交叉口"各自为政"地实行车辆感应控制，前者称为"战略控制"，后者称为"战术控制"。战略控制与战术控制的有机结合，大大提高了系统本身的控制效率。SCATS 正是利用了设置在停车线附近的车辆检测装置，才能实现这样有效、灵活的控制。所以，实际上 SCATS 是一种可用感应控制对配时方案作局部调整的方案选择式系统。

6.1.3 子系统及关键参数

1. 子系统

在地区控制中心对信号控制机实行控制时，通常将每 1~10 个信号控制机组合为一个"子系统"，将若干子系统组合为一个相对独立的系统。系统之间基本上互不相干,而系统内部各子系统之间存在一定的协调关系。随着交通状况的实时变化,子系统既可以合并,也可以重新分开。三个基本控制参数(周期、绿信比和相位差)的选择,都以子系统为基本单位。

SCATS 对子系统的划分,由交通工程师根据交通流量的历史及现状数据与交通网络的环境、几何条件予以判定,所判定的子系统就作为控制系统的基本单位。在优选配时参数的过程中,SCATS 用"合并指数"来判断相邻子系统是否需要合并。在每一信号周期内,都要进行一次"合并指数"的计算,相邻两子系统各自要求的信号周期相差不超过 9 s 时,"合并指数"累计值为 +1,反之为 -1。若"合并指数"的累计值达到 4,则认为这两个子系统已达到合并的"标准"。合并后的子系统,"合并指数"累计值下降至零时,还可以自动重新分开为原先的两个子系统。子系统合并之后,新子系统的信号周期,将采用原先的两个子系统所执行的信号周期中较长的一个,而且原先的子系统的另一个随即放慢或加快其信号周期的增长速度,直到这两个系统的外部相位差方案实现为止。

2. 饱和度

SCATS 所使用的饱和度(DS)是指被车流有效利用的绿灯时间与绿灯显示时间之比。DS 和 g' 的计算分别如式(6-1)和式(6-2)所示:

$$\mathrm{DS} = \frac{g'}{g} \tag{6-1}$$

$$g' = g - (T - th) \tag{6-2}$$

式中:DS——饱和度;

g——可供车辆通行的显示绿灯时间总和,s;

g'——被车辆有效利用的绿灯时间,s;

T——绿灯期间,停车线上无车通过(即出现空当)的时间,s;

t——车流正常驶过停车线断面时,前后两辆车之间必不可少的空当时间,s;

h——必不可少的空当个数,个。

参数 g、T 及 h 可以直接由系统提供。

SCATS 认为:传统的饱和度通常与车辆尺寸和车头时距有关,对于混合交通流而言,各种不同尺寸的车辆到达检测器所在点的次序又是随机的,因此必须采用一种与车身尺寸无直接关系的参数来反映实时交通负荷情况。利用SCATS 中提出的饱和度的概念,可以在一定程度上摆脱车辆尺寸及车头时距的影响,从而客观地反映真实的交通需求。

3. 综合流量

为避免采用与车辆种类(车身长度)直接相关的参量来表示车流流量,SCATS 引入了一个虚拟的参量即综合流量来反映通过停车线的混合车流的数量。综合流量 q' 是指一次绿灯期间通过停车线的车辆折算当量,它由直接测定的饱和度 DS 及绿灯期间实际出现过的最大流率 S 来确定,见式(6-3)。

$$q' = \frac{\mathrm{DS} \cdot S}{3600} \tag{6-3}$$

式中：q'——综合流量,辆；
S——最大流率,辆/h。

6.1.4 参数优化

1. 控制参数优化机制

在所有交叉口的每一进口道上，都设置车辆检测器，检测器分设于每条车道停车线后面。根据车辆检测器所提供的实时交通数据和在停车线断面上绿灯期间的实际通过量，算法系统选择子系统内各交叉口的共用周期、各交叉口的绿信比及相位差。考虑到相邻子系统有合并的可能，也须为它们选择一个合适的相位差(即所谓子系统外部的相位差)。

作为实时方案选择系统，SCATS要求事先利用脱机计算的方式，为每个交叉口拟订4个可供选用的绿信比方案、5个内部相位差方案(指子系统内部各交叉口之间相对的相位差)以及5个外部相位差方案(指相邻子系统之间的相位差)。信号周期和绿信比的实时选择，是以子系统的整体需要为出发点，即根据子系统内的关键交叉口的需要确定共用周期。按照各相位饱和度相等或接近的原则，确定交叉口每一相位绿灯占信号周期的百分比。不言而喻，随着信号周期的调整，各相位绿灯时间也发生变化。

SCATS把信号周期、绿信比及相位差作为独立的参数分别进行优化，优化过程所使用的算法以综合流量及饱和度为主要依据。

2. 信号周期的选择

信号周期的选择以子系统为基础，即在一个子系统内，根据其中饱和度最大的交叉口来确定整个子系统应当采用的周期。SCATS在前一周期内各检测器直接测定出的DS值中取最大的一个，并据此定出下一周期内应当采用的周期。

对每一子系统范围，SCATS要求事先规定信号周期的4个限值，即信号周期最小值(C_{min})、信号周期最大值(C_{max})、能在子系统范围内取得双向车流行驶较好连续性的中等信号周期(C_s)以及略长于C_s的信号周期(C_x)。在一般情况下，信号周期的选择范围只限于C_{max}与C_s之间，只有当关键位置上的车辆检测器所检测到的车流到达量低于预定限值时，才采用小于C_s乃至小于C_{min}的信号周期。高于C_x的信号周期要根据所谓关键进口车道上的检测数据(DS值)大小来决定是否选用。这些关键车道是饱和度明显高于其他车道、需要较长绿灯放行时间而需要从信号周期的加长中得到益处的那些车道。

为了维持交叉口信号控制的连续性，信号周期的调整采取连续小步距方式，即一个新的信号周期与前一周期相比，其长度变化限制在6 s之内。

3. 绿信比方案的选择

在SCATS中，绿信比方案的选择以子系统为基本单位。事先为每一交叉口都准备了4个绿信比方案供实时选择使用，这4个方案分别针对交叉口可能出现的4种交通负荷情况，设定了各相位绿灯时间占信号周期的百分比。每一绿信比方案中，不仅规定各相位绿灯时间，同时还要规定各相位绿灯出现的先后次序,不同的绿信比方案中,信号相位的次序也可能是不相同的。也就是说,在SCATS中交叉口信号相位的次序是可变的。

绿信比方案的选择,在每一个信号周期内都要进行一次,其大致过程如下:在每一个信号周期内,都要对4种绿信比方案进行对比,若在连续3个周期内某一方案两次"中选",则该方案即被选择作为下一周期的执行方案。在一个进口道上,仅仅把DS值最高的车道作为绿信比方案选择的考虑对象。

绿信比方案的选择与信号周期的调整交错进行,二者结合起来,对各相位绿灯时间不断调整,使各相位DS值维持在大致相等的水平,就是"等饱和度"原则。

4. 相位差方案的选择

在SCATS中,内部、外部两类相位差方案都要事先确定,并储存于中央控制计算机中,每一类包含5种不同的方案。每个信号周期都要对相位差进行实时选择,其具体步骤如下。

5种方案中的第一方案,仅仅用于信号周期恰好等于$C_{\min}$的情况;第二方案,仅用于信号周期满足$C_s < C < C_s + 10$的情况;余下的3个方案,则根据实时检测到的综合流量值进行选择。在连续5个周期内4次当选的方案,即被选为付诸执行的方案。对于所有相关的进口道,都要分别计算出执行3种相位差方案(第三、第四、第五方案)时该进口道能够放行的车流量及饱和度。实质上,这与最宽通过带方法相似,SCATS是对比上述3种方案所能提供给每一条进口通道的通过带宽度,所能提供的通过带宽度越大,说明这一方案的优势越明显。

外部相位差方案,也采用与内部相位差方案相同的方法选择。

6.1.5 系统功能

1. 监视功能

SCATS的监视功能主要是对子系统及其下属的路口进行监视,或是对其运行状态的数据进行收集、存储,可供事后分析研究;有利于了解路口的运行情况,对路口运行情况进行评估,如需要,可以对路口进行修正;可查看路口当前相位的绿信比、信号周期和相位差等信息。

2. 记录日志

在SCATS中,平台操作员登录系统可查看所有的日志记录,处理对应的报警信息,操作员可通过日志查看路口信号控制机实时的运行模式。所有的事件及错误(包括故障)每天都自动记录。如需要,也可每月自动存档形成日志,主要记录以下内容。

(1)系统状态。
(2)系统事件。
(3)系统管理。

3. 采集数据

SCATS通过与路口信号控制机相连的车辆检测器实时地采集交通信息,

计算车道 DS 值,通过 DS 值及采集交通信息对交通信号控制进行实时优化。将所收集到的信息及计算优化的相关参数都形成文件储存,储存时间可选 0~999 天(选择"0"时,文件将不被保存)。

4. "绿波"设置

SCATS 可以在控制路口范围内,设置任意路口任意相位的"绿波"以提供给消防、急救、警卫等使用,确保紧急车辆具有优先通行权,同时也尽量保证其他车辆的正常通行。

5. 自动收集更改或事件

SCATS 自动收集所有的系统更改或事件,包括:
(1)硬件和数据故障;
(2)锁定控制和时间段锁定控制;
(3)数据更改。

6. 自适应控制

SCATS 可实现对交通流的自适应最佳控制。根据变化的交通状况实时提出最佳的控制方案,保证交通的畅通、快速和安全。

7. 遥控

通过以下方式可进入 SCATS,经过授权可遥控整个系统。
(1)通过调制解调器(有线或无线电话);
(2)通过路口控制器串口;
(3)通过局域网、广域网等互联网。

6.1.6　系统优缺点

SCATS 具有如下优点。

(1)检测器安装在停车线处,不需要建立交通模型,因此,其控制不是基于交通模型的。

(2)信号周期、绿信比和相位差的优化,是在预先确定的多个方案中,根据实测类饱和度进行选择,并可以在此基础上通过持续小量调整的方式来获取最佳方案。

(3)可以根据交通需求改变相序或跳过下一个相位(如果该相位没有交通请求的话),因而能及时响应每一个周期的交通请求。

(4)每个周期都可以改变周期时间。

(5)可以自动划分控制子区,具有局部车辆感应控制功能。

(6)可使用脚本编程方式实现复杂的控制逻辑。

但 SCATS 目前也存在以下缺点。

(1)多数情况下 SCATS 是一种实时方案选择式系统,因而限制了配时方案的优化过程,灵活度不够。

(2)检测器安装在停车线附近,难以监测车队的行进,因而绿时差的优选可靠性较差。

(3)方案设定的合理性受交通工程师自身的经验、能力和主观能动性的影响较大,实际应用效果与具体操作人员相关。

(4)核心控制参数 DS 值的准确测量依赖环形线圈车辆检测器或者特定视角安装的视频检测器(通常是停车线前采用挑杆方式安装视角垂直向下的视频检测器),环形线圈车辆检测器损坏率较高,特定视角安装的视频检测器通常不与监控摄像机复用(成本偏高)。其他工作原理的传感器在饱和度的准确测量方面具有一定的技术障碍。

(5)目前可以通过 SCATS 开放接口(ITS port,智能交通系统对接端口,SCATS 平台提供的对外通信接口)实现与统一信控平台的对接,实现数据共享及设备管理控制,但是由于 SCATS 内在工作机理相对复杂,基于安全性、实时性、可靠性的考虑,SCATS 不推荐由外部实现参数控制,因此统一信控平台的功能受到限制。

(6)系统可接收的数据源有限,未能从更多维度去精细化地评价交通状况,因此从现阶段的交通需求来看,其控制策略难以满足交通管理者从全局视角进行控制的需求。譬如浮动车轨迹、排队长度等数据无法在 SCATS 中被接收和处理。

6.2 英国协调自适应控制系统

SCOOT(Split Cycle Offset Optimization Technique)即"绿信比-周期-相位差优化技术",是一种对交通信号网络实行协调控制的自适应控制系统。由英国运输与道路研究试验所(TRRL,现为运输研究实验室,Transport Research Laboratory,TRL)主导,于 1973 年开始研究开发,1975 年在格拉斯哥市进行现场试验,1979 年正式投入使用。经历了多年的发展,目前全世界共有超过 200 个城市正运行着该系统。

6.2.1 基本原理

SCOOT 是在 TRANSYT(这一方法最初由英国 TRRL 于 1966 年提出)的基础上发展起来的,其模型及优化原理均与 TRANSYT 相仿。不同的是,SCOOT 是方案形成式控制系统,通过安装于各交叉口每条进口道上游的车辆检测器所采集的车辆到达信息,联机进行处理,形成控制方案,连续实时地调整绿信比、周期及相位差 3 个控制参数,使之与变化的交通状况相适应,是一种在线交通信号控制系统。

SCOOT 主要由以下部分组成:交通量检测数据的采集与分析、仿真模型、交通信号配时参数的优化及调整、信号系统的控制。

SCOOT 系统通过车辆检测器获得交通流信息,经过处理后形成周期流量图式(CFP),然后与预先存储在计算机中的静态参数如连线上车队运行时间信号相位顺序及相位时间等一起在仿真模型中进行计算。SCOOT 优化程序由此计算得到信号配时的最优组合,得到的最佳配时方案立即被送到信号控制机予以实施。

SCOOT系统是一种两级结构：上一级为中央计算机，下一级为路口信号控制机。交通量的预测及配时方案的优化是在中央计算机上完成的；信号控制、数据采集、数据处理及通信是在路口信号控制机上完成的。

6.2.2 系统架构

图6-2显示了一个典型的SCOOT系统架构，SCOOT系统可以实施集中式战略交通信号控制策略，对交通流的波动做出实时响应。集中式的系统也允许实施系统范围层面的控制策略。

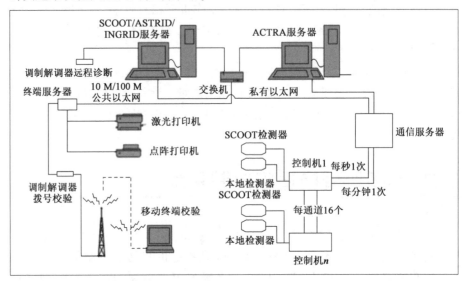

图6-2 典型的SCOOT系统架构

6.2.3 运行机制

SCOOT系统的运行遵循着"探测—优化—实施"的三阶段过程。位于路段上游的检测器将实时交通信息传输到中央计算机。中央计算机软件在接收到交通信息后，自动生成交通需求曲线，并利用内部交通模型计算排队长度。然后，中央计算机内部的三个优化器将逐步改变预先确定的信号配时，以帮助交通流更好地通过路网。

1. 交通流量检测

SCOOT的性能很大程度上依赖从检测器获取的交通流数据。SCOOT需要在每个路段上预先确定的位置安装大量的检测器。为了给予中央计算机足够的时间处理交通数据，通常将这些检测器安装在路段上游。检测器不仅可以测量交通流量，当发生实际排队长度大于检测器到交叉口距离的情况时，系统便会收到拥塞警告。

2. 交通概况生成

来自检测器的信息被输入SCOOT模型中，该模型模拟了从检测器到停车线的交通量进展。当车辆通过检测器时，SCOOT接收信息并将数据转换为其内部单位,并使用这些单位为每条街道构建"交通流量-信号周期"图。图6-3上部为SCOOT生成的交通需求曲线,纵坐标表示交通流量,横坐标表示信号周期。该图确定了一个周期内每个时间段的交通流量,为接下来预测排队长度打下基础。

3. 排队长度预测

在生成一个周期的交通需求曲线后,将波动的流量引入交通模型,便可通过"流量-时间"图中车辆到达方程和车辆疏散方程预估出车辆排队长度。图6-3所示一个周期中车队的总延误时间,根据车辆到达方程和车辆疏散方程的纵坐标差可以预测出任意时间点的排队长度。

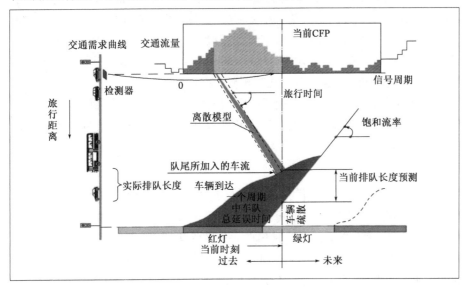

图6-3 SCOOT系统优化模型

4. 交通行为评价

在预测出排队长度之后,系统算法可以通过计算路段饱和度和性能指标(PI)自动分析车辆实时交通行为模式。前者是指平均流量与通过交叉口的最大流量之比,后者则是车辆延误和停车的加权平均值,用来衡量交通流的效率。SCOOT通过以下公式计算PI:

$$\text{PI} = G_W \times \sum_z (W_{i,z} Q_{i,z} g_i g_z) + G_H \times \sum_z (H_{i,z} Q_{i,z} g_i g_z) \tag{6-4}$$

式中:G_W、G_H——分别为延误、停车的权重;

g_i、g_z——分别为路段i、车辆z的车种的权重;

$W_{i,z}$——车辆z在路段i上的平均延误,s;

$H_{i,z}$——车辆z在路段i上的平均停车次数,次;

$Q_{i,z}$——车辆z在路段i上的交通流量,辆。

饱和度和PI对于接下来的优化有非常重要的影响,饱和度影响信号周期优化,PI影响相位差优化。

6.2.4 优化算法

SCOOT内部嵌有三个优化器:绿信比优化器、相位差优化器、信号周期优化器。SCOOT 的优化过程是一种可以频繁地、小幅度地调整信号配时,逐步适应最新的交通状况的协调优化方法,即通过逐步改变预先确定的信号配时方案来优化信号配时。三个优化器根据独特算法连续调整信号参数,以适应 SCOOT 控制区域中的所有交叉口,最大限度地缩短交叉口浪费的绿灯时间,并通过与相邻的交叉口协调来减少停车和延误。

1. 绿信比优化

绿信比优化器在每个阶段变化之前的最佳时间点运行。SCOOT 系统全盘考虑提前决策、延迟决策以及阶段不变的效果,以及这些对路段饱和度的影响。饱和度通常被定义为"平均流量与能够通过停车线的最大流量的比值";而在 SCOOT 系统中,被定义为"需求流量与最大可能消散车流的比值"。绿信比优化器的目的是最小化连接节点的路段的最大饱和度。如果饱和度大于目标值(通常为 0.9)的平均时间超过 5min,系统将延长周期时长,赋予关键节点更大的通行能力,这将有效地缩短延误时间。

如果路段出现拥堵,系统就会调用绿信比优化器。当系统制订方案时,会利用之前拥堵时间的信号周期以及饱和度数据。优化方案会让拥堵路段获得更长绿灯时间。

2. 相位差优化

每个信号周期,相位差优化器利用车流图示预测特定节点所有上下游路段的停车次数和延误时间。这可以有效地确定该节点全局最佳相位差,即将节点的"当前时刻"调整到最佳时刻点。如图 6-4 所示,系统通盘考虑周期性的检测器上的车流图示,停车线前的到达、消散图示以及线圈到停车线的行程时间。如果红灯变绿灯的时间提前几秒,则图示中红灯末尾时段开始排队的几辆车完全不用排队等待。

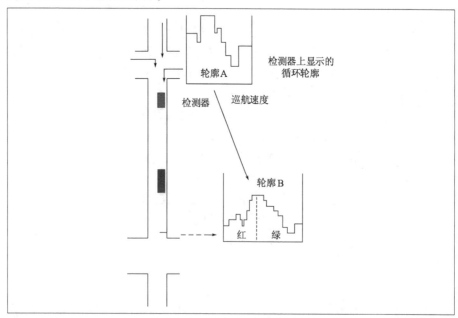

图 6-4 车流图示相位差示意图

相位差优化器对节点相邻的每个路段进行预测,并进行汇总。最优相位差则是基于节点的停车次数和延误时间计算获得。

3. 周期时长优化

周期时长优化器主要作用于子区的各个节点,可以对子区多个节点进行优化。通常情况下,每个子区周期时长优化器每 5 min 运行一次(后期的系统可以根据需求调整这一参数);但交通流出现明显的上升或是下降时,SCOOT 会调整周期时长优化器为每 5 min 运行两次。此时,周期时长优化器可以计算出该子区每个节点的所有相邻节点的饱和度。当任意一个节点饱和度达到理想饱和度水平(用户可以自行配置,一般设置为 0.9)时,最小实用周期将延长一个固定小步长;如果所有的节点饱和度均低于理想饱和度水平,最小实用周期将缩短一个固定小步长。周期时长优化器将考虑所有关键节点最小实用周期的最大值以及子区运行的最大周期时长,这些均作为"试验周期时长"。

另外,在交通负荷较小的节点,周期时长优化器将对该节点采取"双周期"的控制策略。这样的设置可以有效地缩短节点的延误时间。

6.2.5 系统功能

1. 数据采集与分析

SCOOT 主要使用环形线圈检测器实时地采集交通数据。为避免漏测和复测,线圈采用 2 m×2 m 方环形。在路边不允许停车的情况下,线圈可埋在车道中间。所有车道都要埋设检测器,一个检测器检测一条或两条车道,两条车道合用一个检测器时,检测器可跨分道线设在两条车道中间。

SCOOT 检测器可采集的交通数据有以下几类:①交通量;②占用时间及时间占有率;③拥挤程度,用受阻车队的占用率衡量。SCOOT 检测器每 0.25 s 自动采集一次各检测器的感应信号,用于分析处理。

2. 系统运行状态监视

对交通网络上可能出现的交通拥挤和阻塞情况,SCOOT 系统有专门的监视和应对措施。它不仅可以随时监视系统各组成部分的工作状态,对故障自动报警,而且可以随时向操作人员提供每一个交叉口正在执行的信号配时方案的细节、每一周期的车辆排队情况(包括排队队尾的实际位置)以及车流到达等信息,也可以在输出终端设备上自动显示这些信息。

3. 绿波控制

SCOOT 系统不断采集受控路网的交通数据,根据交通需求的变化对整个路网中所有相关路口和路段人行横道的信号灯配时进行频繁的、小步长的优化调整,并通过控制信号灯,整合车流的运行,力求在大量车辆到达路口时给予绿灯,从而减少整个受控区域的交通延误,提高路网的通行能力。

4. 在线仿真

每个独立的设备或整个系统都可以切换至仿真方式,以测试和分析设备、系统数据库配置参数变化时会产生的影响。

6.2.6 系统优缺点

SCOOT 系统是方案形成式控制系统的典型代表,是一种实时自适应交通信号控制系统。SCOOT 系统是通过连续检测道路网络中交叉口所有进口道交通需求来优化每个交叉口的配时方案,使交叉口的延误和停车次数最少的动态、实时、在线信号控制系统。概括来讲,SCOOT 系统具有 5 个优点。

(1)实用性强,几乎不受城市交通出行方式、出行起讫点分布、土地使用情况、季节性和临时性交通变化以及天气和气候变化的影响。

(2)对配时参数的优化采用连续微量调整的方式,稳定性强。

(3)个别交通车辆检测器提供的错误反馈信息几乎不影响 SCOOT 系统对配时方案参数的优化,而且该系统对这类错误信息有自动鉴别和淘汰功能。

(4)该系统每秒钟都在进行对路网上各交叉口信号配时方案的检验和调整,所以能对路网上交通状况的任何一种变化趋势做出迅速的反应。

(5)SCOOT 系统能提供各种反映路网交通状况的信息,为制定综合管理决策创造了有利的条件。

SCOOT 系统也存在一些缺点,具体如下:

(1)交通模型的确定需要大量的路网几何尺寸和交通流数据。

(2)相位不能自动增减,相序不能自动改变。在 SCOOT MC3(Managing Congestion,Communications and Control,管理拥塞、通信和控制)版中,有时为了极端的公交优先可能跳过无公交的相位。

(3)独立的控制子区的划分不能自动进行,需要人工确定。

(4)当检测器的损坏率达到 15% 以上时,SCOOT 系统的自适应控制的益处就会消失。

(5)饱和流率的校核不能自动化,现场安装调试较为烦琐。

(6)初次安装需要现场实测众多数据用以系统校核,如路段走行时间、最大车队消散时间、饱和占有率等。

6.3 开源统一信控平台

6.3.1 平台概述

OpenATC(Open Advanced Traffic Signal Control System)即开源先进的交通信号控制系统,是由智能交通控制开源技术联合实验室主导开发的一整套交通信号控制开源解决方案。

OpenATC 除了提供前文提到的 OpenATC 开源信号控制机,也提供开源交通信号控制平台。该平台是一个典型的开放源代码的统一信控平台,源代码加入 Gitee 开源社区项目公开托管（https://gitee.com/openatc）。

OpenATC 信控平台通过将前端联网信号控制机接入进行统一管理，对信号控制机实时状态进行监测，并支持用户根据实时交通状况对信号控制机进行人为干预、下发配时方案来保证路口安全，可实现信号控制、业务管理、优化控制、配时评价等系统功能，采用开放性、标准化通信协议，项目代码完全符合开源协议 Mulan PSL v2（木兰宽松许可证）要求，支持不同信控设备协议扩展和信控算法扩展。OpenATC 信控平台主页如图 6-5 所示。

图 6-5　OpenATC 信控平台主页

6.3.2　平台功能

OpenATC 信控平台支持路口实时监视、设备管理、日志管理、用户管理、远程干预控制、时间表控制以及各类场景的信号优化（绿波协调、勤务路线、瓶颈控制等），如图 6-6 所示。

图 6-6　OpenATC 信控平台功能

1. 实时监视

OpenATC 信控平台通过通信服务中间件对各种不同类型信号控制机进行统一管理，并通过标准协议接口的客户端程序实现对信号控制机的状态监视和控制，实现功能强大的信号控制机监视功能。OpenATC 信控平台实时监视界面如图 6-7 所示。

图 6-7　OpenATC 信控平台实时监视界面

（1）信控平台能够通过 GIS 地图或列表方式监视控制区域范围内全部信号控制机的状态显示，对信号控制机的在线、离线、故障等状态进行实时展示。

（2）信控平台能够监视路口的设备状态、控制模式、运行方案等交通态势，可以查看各个路口的动态信息（如交通流量、占有率和道路饱和度等交通参数），根据获取的交通数据判定路口拥堵程度。

（3）当信号控制机出现错误时会产生报警回报，这时在信控平台界面会显示信号控制机的报警状态，并保存信号控制机的报警日志。

2. 路口管理

通过标准接口协议，将信号控制机设备统一添加到 OpenATC 信控平台进行统一存储，方便用户和系统管理者进行查找，从而完成对路口信号控制机的方案和参数控制，达到疏导路面交通的目的。

路口信号控制机添加到 OpenATC 信控平台后，系统管理者和用户可以利用 OpenATC 信控平台，通过 GIS 地图或路口列表进行路口选择，对路口信号控制机控制模式（自主控制、平台控制、配置软件控制等）、控制方式（黄闪、全红、关灯、感应、自适应等）以及故障状态进行实时管理与检测，可直接对信号控制机进行步进控制、相位（阶段）锁定、实时方案下发和方案信息配置等操作，并且可查看路口对应的历史流量数据、相位数据和方案数据等信息。OpenATC 信控平台路口管理界面如图 6-8 所示。

3. 绿波协调

OpenATC 信控平台的绿波协调功能可以配置绿波路线、生成绿波方案、实时展示绿波带运行态势图，实现提升干线道路的通行效率和提供一路绿灯的行驶体验。

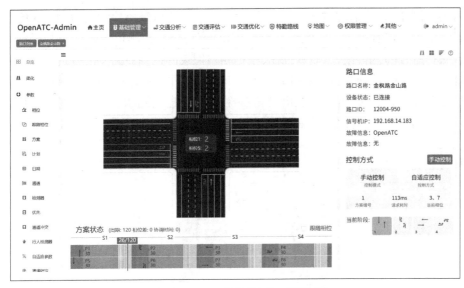

图 6-8　OpenATC 信控平台路口管理界面

绿波协调的配时方案通常用时距图来表示,图 6-9 展示了一条协调路线组对应的实时时距图,该图使用图形化的方式表示了运动中的车辆连续通过多个信号控制交叉口构成的系统,输入要素主要包括各个交叉口位置、周期、绿信比和相位差等。在通常的应用中,纵坐标表示信号配时,横坐标表示交叉口间距。时距图的数据主要包括绿波带宽、估算的车辆延误、停车次数及排队长度等。

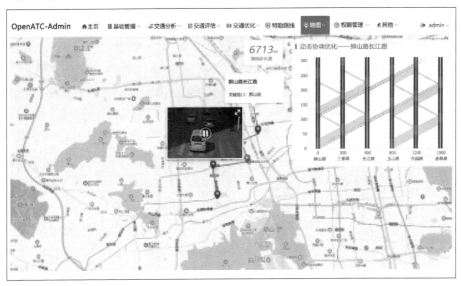

图 6-9　OpenATC 信控平台绿波协调界面

4. 瓶颈控制

瓶颈控制主要是应用 OpenATC 信控平台报警信息中的溢流报警来判断路段交通状况,车辆排队溢流至上游路口即触发瓶颈控制,可以有效缓解城区内高峰时段的拥堵状况和处置非常态下的突发交通事件带来的异常状况。

信号控制机预先设定瓶颈控制开启和结束的阈值,通过路口埋设的排队溢出检测器(检测器埋设如图6-10所示)检测,当排队溢出检测器检测到关键车道的时间占有率大于瓶颈控制开启预设值时,信号控制机向平台上报溢流报警信息,此时平台启用瓶颈控制,根据路口埋设的检测器提供的各进口道流量信息,选择合适的瓶颈控制信号方案,减少进入拥堵路段的车流;当路口处于瓶颈控制状态时,若排队溢出检测器检测到关键车道的时间占有率小于瓶颈控制结束预设值,此时结束瓶颈控制,开始执行对应时间段的原配时方案,恢复正常的运行方式。图6-11展示了OpenATC信控平台瓶颈控制界面,可配置相关的检测器参数,包括相位、控制类型和相位时长等。

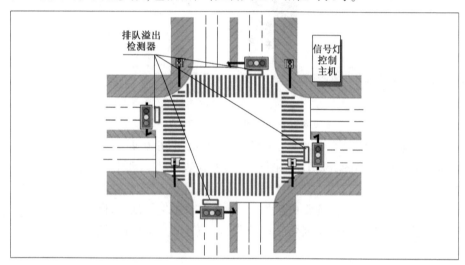

图6-10　路口埋设排队溢出检测器示意图

图6-11　OpenATC信控平台瓶颈控制界面

5. 勤务路线

OpenATC信控平台中勤务路线的主要功能是利用信号控制机设备对指定勤务路线进行路线管理,根据实时信号监控图像反馈信息,通过人工控制特勤路线,为执行警卫任务的车队和其他勤务车辆(如消防车、紧急救护车、工程抢险车等)提供快速通行路线,有效缩短车辆到达目的地的行程时间;对已通行的路口,通过人工干预使其恢复正常运行,能够减少受勤务任务波及的车辆数及减轻影响程度。OpenATC信控平台勤务路线界面如图6-12所示。

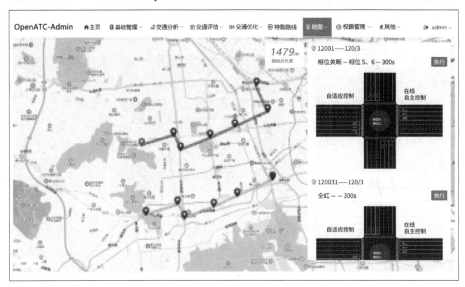

图6-12 OpenATC信控平台勤务路线界面

6.3.3 系统优缺点

OpenATC信控平台具备以下优点。

(1)完全开放源代码,采用Mulan PSL v2,商业友好。

(2)完全BS架构的体系设计,部署方便,维护工作简便。

(3)基于GIS地图的图形化界面,用户交互体验良好,符合国内用户的使用习惯。

(4)提供《公安交通集成挥平台通信协议》(GA/T 1049)、《交通信号控制机与上位机间的数据通信协议》(GB/T 20999—2017)、《道路交通信号控制机》(GB 25280—2016)典型协议的对接实例,在此基础上可以轻松实现国内典型信号控制机的协议对接。

(5)图形化操作的绿波设置,使用方便。

(6)可与现有监控系统无缝对接,不必在信控系统与监控系统之间反复切换。

(7)可与SUMO、VISSIM这类微观仿真软件构成闭环仿真系统。

但OpenATC目前也存在以下缺点。

(1)内嵌的交通控制算法简单,需要在后续版本迭代中不断加强。

(2)受开源开放的限制,不能集成部分性能表现更好的闭源组件,部分性能与闭源项目相比存在差距。

(3)目前版本的应用场景设定较为简单,主要在常见十字路口应用。复杂道路结构,例如环岛、公交专用车道、可变车道等应用场景需要在后续版本发布中满足。

本章思考题

1. SCATS 动态子系统划分的原理是什么?
2. SCATS 饱和度数据的检测手段是什么？计算的饱和度是否有可能大于1?
3. SCATS 是否可实现对外开放？如果可以,对外开放接口是什么?
4. SCOOT 与 SCATS 相比,控制算法差异是什么？有什么优缺点?
5. 统一信控平台一般通过什么方式实现不同品牌交通信号控制机的对接?

现代交通信号控制系统

第7章 现代交通信号控制仿真与应用

7.1 交通仿真概述

交通仿真是指利用仿真技术模拟实际交通运行场景下的各种交通运动行为,描述交通运动行为随时间和空间变化特征的一种数学模型。交通仿真既可以实现对现有交通系统的模拟验证,找出现有交通系统中存在的问题,也可以对未来需要建设的交通系统进行模拟预估,实现交通工程项目建设前的评估,对交通系统进行综合优化。

根据交通仿真模型对研究对象描述程度的不同,交通仿真可以分为微观交通仿真、中观交通仿真、宏观交通仿真和交通规划仿真。

(1)微观交通仿真

微观交通仿真对交通系统的要素及行为的细节描述程度最高。其采用基于单个车辆行为的微观交通流模型,主要从车辆的行驶行为、车道组的设置及交通设施的配置等微观细节来分析交通系统的特征或者优化其性能。微观交通仿真的主要参数是每辆车的当前速度和位置,因此能够细致地反映出车辆在道路上的跟车、超车及车道变换等微观行为。微观交通仿真通常用于道路交叉口渠化设计评价、道路交叉口交通信号配时设计与优化、交通优化方案比对以及驾驶行为分析等。

(2)中观交通仿真

中观交通仿真对交通系统的要素及行为的细节描述程度较高。例如,中观交通仿真模型对交通流的描述往往是以若干辆车构成的队列为单元的,能够描述队列在路段和节点的流入流出行为,对车辆的车道变换之类的行为也可以用简单的方式进行近似描述。中观交通仿真一般以队列模型为基础。此外,中观交通仿真比较适合进行分布式并行计算。

(3)宏观交通仿真

宏观交通仿真对交通系统的要素及行为的细节描述程度较低。例如,可以通过流量、速度、密度等一些集聚性的宏观模型来描述交通流。不描述车辆的车道变换之类的细节行为。

(4)交通规划仿真

交通规划仿真基于交通规划模型,对区域内出行者的出行行为进行仿真,用以评价现状和规划的道路网络、公交线网的总体性能。

本章主要针对与交通信号控制相关程度较高以及实际应用较为广泛的交通仿真软件做介绍,并且重点介绍仿真驱动的虚拟交通环境的实际应用。

7.2 交通信号控制仿真软件简介

1. SUMO

SUMO 是由德国宇航中心(Deutsches Zentrum für Luft-und Raumfahrt,

DLR)开发的一款开源的微观交通仿真软件。SUMO 交通仿真软件可用来模拟空间连续、时间离散的车辆运动,运行场景如图 7-1 所示。

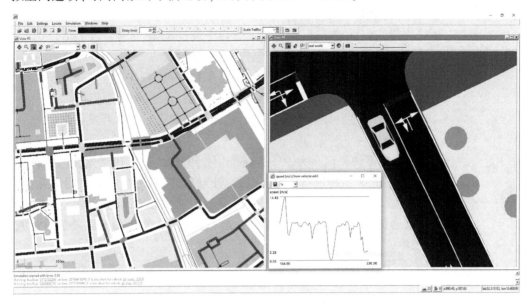

图 7-1　SUMO 交通仿真软件运行场景

其特性参见 8.3.1 小节。

2. VISSIM

VISSIM 是由德国 PTV 公司开发的一款微观交通仿真软件,是一种微观的以交通行为模型为基础的交通仿真软件。VISSIM 可进行多种交通出行方式的仿真模拟,包括机动车、非机动车、行人、轨道交通等,另外,VISSIM 还提供了良好的图形化界面,可以以 2D(2 维)或 3D(3 维)的形式进行车辆运行展示,仿真运行 3D 展示如图 7-2 所示。

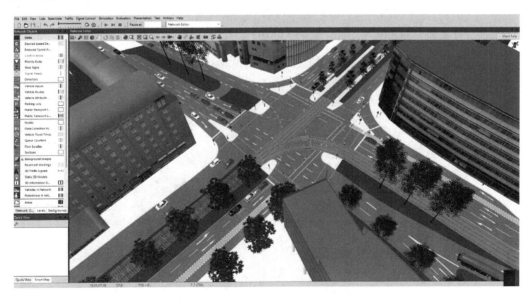

图 7-2　VISSIM 仿真运行 3D 展示

该软件具备如下特点：
(1) 车辆类型无限制；
(2) 可模拟多个不同案例；
(3) 内置情景方案功能,可管理具有多个设计选项、车辆特性的项目；
(4) 可进行结果比对并根据结果修改生成场景；
(5) 在单一仿真场景中构建行人、机动车和非机动车模型；
(6) 详细展现路网几何线型和车辆行为模型,可还原现实场景；
(7) 提供支持多种语言的 COM 接口,便于用户进行二次开发工作。

3. TESS NG

TESS 仿真系统是同济大学于 2006 年主持开发的第一代道路交通仿真系统。2015 年,TESS 系统进行了全面改版,针对软件架构、高精度路网交互、计算平台、模型体系等进行重构,TESS NG 微观交通仿真系统应运而生。TESS NG 微观交通仿真系统融合了交通工程、软件工程、系统仿真等交叉学科领域的最新技术成果。

其主要特点为：
(1) 具有完全自主知识产权；
(2) 专门针对中国驾驶者及交通流特征；
(3) 具有便捷快速的建模能力；
(4) 具有开放的外部接口模块；
(5) 提供定制化的用户服务。

4. Trafficware

Trafficware 软件包由美国 Trafficware 公司开发,其由 Synchro 交通配时优化软件和 SimTraffic 微观交通仿真软件组成。用户在进行交通仿真时,通常需要在 Synchro 中建立路网,进行交通信号方案的配置、优化,同时也能采取协调控制方案、自适应控制方案等多种控制方式,再将配置导入 SimTraffic 进行仿真,输出延误、排队长度、停车次数以及服务水平等评价指标。图 7-3 和图 7-4 分别为 Synchro 交通配时优化软件和 SimTraffic 微观交通仿真软件界面展示。

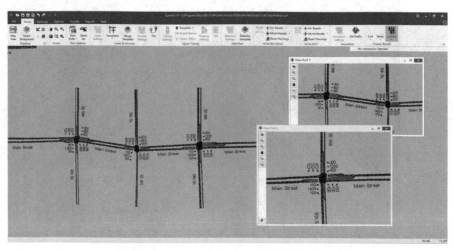

图 7-3　Synchro 交通配时优化软件界面展示

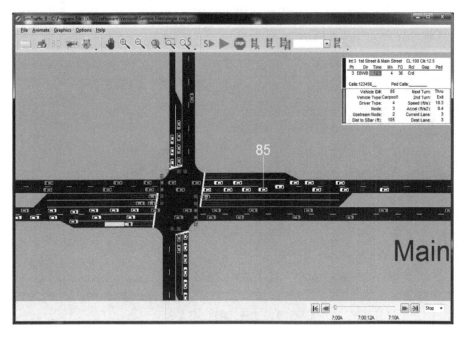

图 7-4　SimTraffic 微观交通仿真软件界面展示

5. Paramics

Paramics 是由英国 Quadstone 公司开发的一款微观交通仿真软件,其具备使用灵活、功能强大、适应性强等特点。Paramics 具备实时动态的可视化界面,提供功能强大的应用程序接口。另外,Paramics 采取并行计算技术,具备模拟大规模路网的能力,是一款能够进行大规模路网计算的微观交通仿真软件。Paramic 交通仿真软件界面如图 7-5 所示。

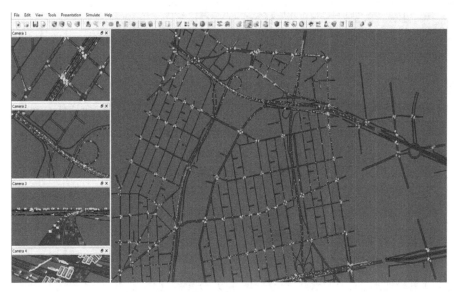

图 7-5　Paramics 交通仿真软件界面展示

6. Lisa

Lisa 是一款由德国 SCHLOTHAUER & WAUER 公司生产的功能强大、专业易用的交通控制软件,这款软件适用于交通控制的每一个环节。Lisa 交通仿真软件界面如图 7-6 所示。

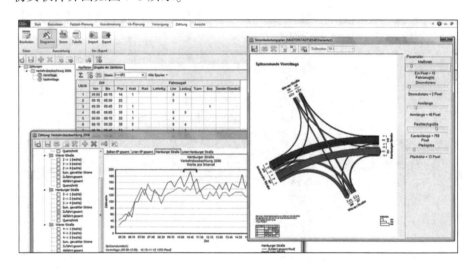

图 7-6　Lisa 交通仿真软件界面展示

Lisa 能够设计和评价各种类型的交叉口(信控和无信号交叉口)的配时及优化方案。

Lisa 能够对单个交叉口、整条道路和路网进行交通控制评价和优化。使用 Lisa,可以直接将控制器需要的所有数据上传到控制器。基本数据和控制逻辑(包括其参数)都能被发送到控制器。数据可以直接从 Lisa 上传或通过中央交通计算机发送。

7.3　仿真驱动的虚拟交通环境

仿真驱动的虚拟交通环境是一套以交通仿真软件为基础,结合不同实体或虚拟设备,协助开发人员完成交通相关产品开发、测试以及协助工程应用人员完成现场方案模拟验证的复杂应用系统。其核心是借助现代交通仿真软件构建交通仿真模型,并模拟或接入交通虚拟设备,如虚拟信号控制机、虚拟车辆检测器、虚拟雷视融合设备等,为交通行业相关软、硬件开发测试及现场方案验证提供支持。同时该系统通过模拟各种边缘检测设备,提供现实场景可以采集的各类交通数据并实时输出,为交通优化算法的设计与改进提供支持。

7.3.1　虚拟路网及车辆

在仿真驱动的虚拟交通环境中,虚拟路网及车辆由仿真软件提供。开发者可通过卫星地图、现场勘察等手段获取真实路网渠化信息,借助交通仿真软件构建仿真路网模型;通过现场勘察、手机信令、边缘采集设备等手段获取一定范围内的路网流量信息,如小区 OD、交叉口转向流量等,构建还原路网流量模型。仿真模型需进行校准以确保仿真中虚拟路网及路网流量具备较高的可信度。

7.3.2 虚拟信号控制机

虚拟信号控制机作为实体信号机的软件版本,其与实体信号控制机共用一套业务逻辑代码。通过变更驱动程序,虚拟信号控制机不再与实体硬件关联,而是与虚拟环境下的虚拟设备关联。虚拟信号控制机与实体信号控制机的关系如图 7-7 所示。

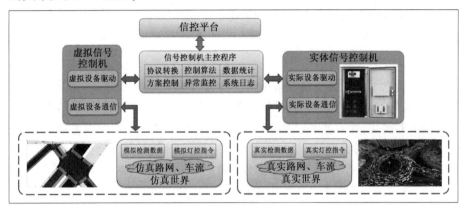

图 7-7 虚拟信号控制机与实体信号控制机的关系

虚拟信号控制机通过协议实现与交通仿真软件、交通信号控制平台以及虚拟检测设备的通信。当虚拟信号控制机内部方案灯色发生变化时,虚拟信号控制机会将新的灯色消息发送给与其通信的交通仿真软件和交通信号控制平台;同时虚拟信号控制机也可以实时接收外部消息,如仿真路口实时排队状态、交通信号控制平台实时控制命令以及虚拟检测设备实时过车消息等。另外,虚拟信号控制机在各类控制方式上具备与实体信号控制机完全相同的内部逻辑和表现形式,可以做到准确还原现实场景,因此具备轻量化优势的虚拟信号控制机常被用于各类开发环境。相较于实体信号控制机,虚拟信号控制机多用于如下开发场景:

1. 区域协调控制场景

该场景下需要启动多台信号控制机参与控制,通过配置可以实现在一个服务器 IP 下的多个端口搭建多台虚拟信号控制机,验证信号控制机协调控制功能或相关协调控制算法。虚拟信号控制机的应用可以有效降低成本,提高开发效率,应对开发环境中各类场景需求。

2. 仿真加速场景

仿真对算法或信控方案的验证往往需要多次运行,而实体信号控制机无法加速运行,测试时间较长,该场景下虚拟信号控制机提供了实体信号控制机所不具备的加速运行功能,提高开发测试效率。

3. 算法及服务开发场景

实际开发过程中需要对信号控制机软件、平台及算法进行功能测试,使用实体信号控制机时难以对大规模路网进行测试,使用虚拟信号控制机可以有效解决该问题。

7.3.3 虚拟检测设备

虚拟检测设备是虚拟交通环境中各类检测设备的统称,其本质功能是在虚拟交通环境中模拟现实场景各类检测条件下的数据输出,包括在虚拟检测器、虚拟雷视融合设备、虚拟全域覆盖检测设备等检测设备条件下的数据输出。

相较于在现实场景中布设各类检测设备,虚拟检测设备的布设具备如下优点:

1. 布设方案可比对

现实场景下不同的布设方案可提供数据有所不同,一般来说,检测手段越丰富,可采集的数据种类越多,准确率越高。如传统感应控制只需要检测器过车数据就能实现,而有些高级自适应控制需要雷视融合设备提供的路口各车道的排队长度才能实现,在应用部分区域控制算法时,需要全域覆盖检测设备提供全域车辆运行状态。虚拟交通环境中,可通过对不同检测设备的模拟,实现不同布设方案、检测条件下方案比选,提供多种方案。

2. 优化效果可预估

现实场景下设备的布设需要消耗大量人力、物力,而增加设备后的优化效果一般需要在各类检测设备布设后才能体现,无法有效预估设备布设后的优化效果。虚拟交通环境中,设备布设自由灵活,可以根据现场勘测后设计的布设方案在虚拟环境中进行布设,在现场设备布设前,通过虚拟检测设备布设验证布设方案对交通状况的改善程度,提供决策参考。

7.3.4 软硬件在回路系统

软硬件在回路系统是一套将虚拟(实体)交通信号控制机和仿真软件相结合的虚拟系统,可对各类交通信号控制算法进行验证,为交通信号控制算法的开发、测试提供有效保障,软硬件在回路架构如图7-8所示。其中实体(虚拟)交通信号控制机应具备常规交通信号控制机的基本功能,为路网中交通信号控制提供基本的控制服务,仿真软件应具备常规微观仿真的基本功能,提供实时车辆信息并为信号控制机各类智能算法提供基础交通信息。

软硬件在回路系统可实现软硬件在回路功能,即包含实体信号控制机的硬件在回路和包含虚拟信号控制机的软件在回路。两种架构形式在实际应用中有所不同,前者主要用于实体信号控制机的功能验证以及单路口控制算法功能验证,后者则多用于信控平台及多路口控制算法功能验证。

7.3.5 虚拟交通环境应用场景

1. 绿波协调控制

虚拟交通环境中可进行绿波协调控制的模拟还原。该优化场景需要使用交通仿真软件构建干线路网及车流模型,使用带有绿波协调方案配置功能的实体或虚拟信号控制机向仿真系统发送实时灯色变化消息,同时在仿真系统中构建虚拟检测器。该虚拟检测器通过模拟现实场景中的真实检测器,向实体或虚拟信号控制机发送实时过车消息。通过开源信控平台配置绿波协调方案,实现虚拟交通环境中绿波协调控制,检验绿波协调方案的控制效果。

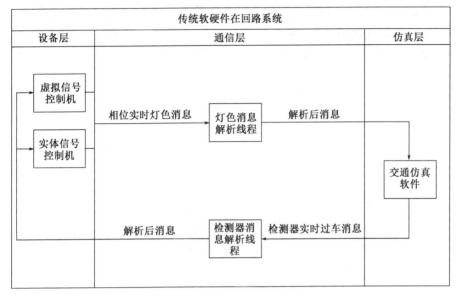

图 7-8　软硬件在回路架构

图 7-9 展示了虚拟交通环境中绿波协调控制场景,左侧画面为虚拟交通环境中绿波协调路线整体运行状况,右侧画面展示了协调路线中一个路口的车辆经过绿波协调路口的情景,该场景中的信号控制方案及相位差由虚拟信号控制机配置提供,其中公共周期由关键路口周期决定,相位差根据图解法或数解法求得。

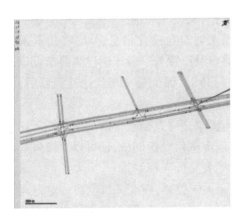 

图 7-9　绿波协调控制场景

2. 自适应控制

虚拟交通环境中可进行自适应控制的模拟还原。该优化场景需要使用微观交通仿真软件构建路口详细渠化以及车流模型,使用带有自适应控制功能的实体或虚拟信号控制机向仿真系统发送实时灯色变化消息,同时在仿真系统中构建虚拟检测器。该虚拟检测器通过模拟现实场景中的真实检测器,向实体或虚拟信号控制机发送实时过车消息。通过开源信控平台设置自适应控制模式,实现虚拟交通环境中自适应控制。

开发者可以在虚拟交通环境中利用各类实时交通数据自行开发自适应控制算法,并将算法输出的灯色变化消息直接发送给仿真系统,实现虚拟环境中的自适应控制并检验算法有效性。

图 7-10 展示了虚拟交通环境中一个标准十字交叉口的自适应控制运行场景,左侧画面为虚拟交通环境中开源信控平台界面,右侧画面为虚拟交通环境中仿真运行界面。该场景下信号控制机接收检测器消息并根据检测器数据进行自适应控制。

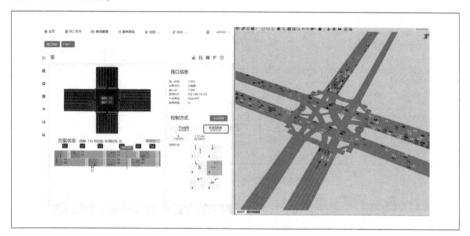

图 7-10 自适应控制运行场景

3. 公交优先控制

虚拟环境中可进行公交优先控制的模拟还原。该优化场景需要使用微观交通仿真软件构建路口详细渠化以及车流模型,使用带有公交优先控制功能的实体或虚拟信号控制机向仿真系统发送实时灯色变化消息,同时在仿真系统中构建虚拟公交专用检测器。该检测器布设位置与一般车辆检测器布设位置有所不同,需在距离路口一定距离处进行布设,保证公交车到达检测器后,信号控制机有一定的响应时间进行相位切换。

开发者可在虚拟交通环境中结合不同实时交通数据进行公交优先控制算法的开发,并将相位切换命令发送给实体或虚拟信号控制机,也可以直接将灯色消息发送给仿真系统,实现虚拟环境中的公交优先控制。

图 7-11 展示了虚拟交通环境中的公交优先控制,在交叉口上游一定距离处布设公交优先检测器,当有公交车队经过公交优先检测器,公交优先检测器会将检测信息传输给实体或虚拟信号控制机,由信号控制机内公交优先控制算法进行相位切换或相位延长操作,实现公交的优先通行。

4. 车路协同控制

虚拟环境中可进行车路协同功能的模拟还原。该优化场景需要使用微观交通仿真软件构建路网及车流模型,仿真模拟路侧 RSU 设备,将路段产生的异常拥堵信息传递给周围关联车辆,车辆根据车载算法逻辑采取相应措施。车辆经过交叉口时,仿真虚拟信号控制机设备将交叉口信号灯信息传输给车载 OBU 设备,使车辆以最佳绿波速度或策略通过交叉口。

开发者可在虚拟交通环境中进行车路协同控制算法的研究开发,模拟检测设备、车辆、交通信号控制机之间的交互联动,实现虚拟交通环境中的车路协同控制。

图 7-12 展示虚拟交通环境中的车路协同控制,东西向道路有一辆车发生故障,停在原地,南北向尚未通过弯道的车路协同车辆接收到 RSU 预警信息,在进入弯道前进行提前变道。

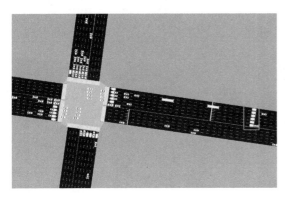

图 7-11　公交优先控制场景

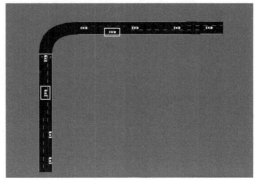

图 7-12　车路协同控制场景

本章思考题

1. 请简述交通仿真概念及作用。
2. 请简述交通仿真软件的分类及各自面向的应用场景。
3. 仿真驱动的虚拟环境由哪几部分组成?分别有什么作用?
4. 请简述仿真驱动的虚拟交通环境中绿波协调控制场景的搭建流程。

现代交通信号控制系统

第8章 开源交通信号控制系统

8.1 开源简介

8.1.1 开源概述

1. 开源的定义

开源(Open Source)一词最早于1998年2月3日由Chris Peterson提出,"Open Source"的概念出自当时著名的黑客社区Debian的社长Bruce Perens起草的自由软件指导方针[Debian Free Software Guidelines(DFSG)]。

1998年2月下旬,Eric Raymond和Bruce Perens共同创立开源计划(Open Source Initiative,OSI)。OSI承担的首要任务之一是起草开源定义(OSD),并使用开源定义创建OSI批准的许可证列表。

对确立"Open Source"定义有决定意义的时间是1998年4月7日。当时在美国加州帕罗奥图由18位"自由软件运动"领袖召开了自由软件(FreeWare)高层会议,在会议上达成了传播开源具有必要性的共识。

随着时代的变迁,开源的定义和内涵也在不断演进。目前的共识是:开源是促进信息技术创新的重要途径,是将源代码、设计文档或其他创作内容开放共享的一种技术开发和发行模式。技术领域的开源包含源代码和源数据等技术和资源的开放共享,源代码仍然是开源的主要内容。在开源模式下,通过许可证的方式,使用者在遵守许可限制的条件下,可自由获取源代码等,并可使用、复制、修改和再发布。

本质上,开源模式是一种依托互联网平台,由大规模群体智慧共同参与和协作而不断累积,实现持续创新的方法。该方法中,项目的核心开发人员与大规模的外围群体紧密合作,他们通过互联网共享资源、开展协同开发、管理代码等,由此使得项目开发的效率、应对需求变化的能力大幅提升。

2. 开源的特征

中国开源软件推进联盟归纳提出的开源特征(已被国际认可)包括:开放、创新、自由、共享、协同、绿色、民主化。开源的本质在于开放、共享、协同。

(1)开放指开放标准、开放环境、开放源码;

(2)创新是开源运动的主轴;

(3)自由指自由发布、自由传播、自由复制、自由修改、自由使用,其中自由传播是开源运动的要义;

(4)共享指共享资源;

(5)协同指协同开发、协同作业、协作生产;

(6)绿色指支持绿色可再生能源、绿色环境和零边际成本效应;

(7)民主化指在新兴协同共享中,创新和创造力的民主化正在孵化一种新的激励机制,这种机制很少基于经济回报,而更多地基于推动人类的经济生活方式进步,缩小收入差距,实现全球民主化。

为避免原创技术的流失,不能单纯限制孵化阶段开源代码的自由传播,可通过开源的商业模式、安全模块、运维举措、生态系统所构筑的屏蔽层来解决问题。

作为一种创新协作模式,开源已经不仅仅是开放源代码的软件技术开发,还包括更为广泛的开放技术领域及协同创新的理念与机制,总体包括开放科学、开源软件、开源硬件、开源文化、开源经济等。

从 20 世纪 60 年代贝尔实验室的 MULTICS 操作系统,到 UNIX 的诞生,再到今天占据大量服务器以及嵌入式系统市场份额的 Linux,开源的理念深深影响了当前 IT 系统的技术架构。

开源具有开放和共享的特征,开源创新在有效降低创新成本的同时,实现创新的高质量和高效率。开源创新最早源自开源软件的兴起,1985 年开源运动的代表人物 Richard Stallman 看到软件越来越商业化带来的弊端,发表了著名的 GNU(GNU's Not UNIX)宣言,开启了开源运动。随着开源思维的扩散,开源由最初的软件行业开放源代码扩展到开源知识、开源技术、开源架构等更为广泛的内涵,开源的精髓是开放、共享和协同,开源成就了 Apache、Linux、Android 等市场领导者和行业标准。

开源创新不仅强调创新过程的开放性,更强调创新资源、创新成果的共享性,是一种用户驱动的创新方式,是综合了个人创新与联合创新,将抽象知识与具体运用相结合并产生结果的过程。参与者不是简单地获取知识,而是在具体项目创作中运用和丰富知识,这实质上是一种情景化的学习过程。

在开放环境下,开源创新的模式是通过授权机制鼓励创新参与和协同,并推动创新成果自由传播与共享。开源创新具有两大特点:一是创新成果的高质量,二是创新活动的高效率。开源创新较传统商业创新资金投入少,可以有效降低企业生产成本,减少企业对解决方案供应商的依赖。近年来,人工智能技术迅猛发展,这得益于开源思想的深入人心,在 Tensorflow、Caffe、Chainer、CNTK、Torch 以及 MindSpore 等开源框架的助力下,开发者们减少了大量的重复劳动,推动技术研究实现更快速的突破;同时人工智能技术的开源又降低了 AI 技术的应用门槛,极大加速技术产业化推广使用,如此良性循环使得各种 AI 产品迅速走入寻常百姓家。

3. 开源的范畴

时至今日,开源已成为开源软件、开源硬件、开源生态、开源技术、开源社区、开源经济、开源商业模式、开源理念、开源文化、开源许可证、开源基金会、开源孵化器、开源数字化治理体系、开源标准等的总称。

8.1.2 开源发展简史

世界开源发展史,有三个重要节点:UNIX、GNU、Linux 的发展。

1. UNIX 简史

(1)1969 年之前,贝尔实验室和 MIT、GE 合作启动开发一个多任务、多用户的操作系统 MULTICS,为 UNICS(UNiplexed Information and Computing System)操作系统诞生创造条件。

(2)1969 年,UNIX 原型——UNICS 诞生。

(3)1973 年,Dennis Ritchie 用新发明的 C 语言将 UNICS 重写并更名为

UNIX,UNIX 正式诞生。

(4)20 世纪 70 年代,UNIX 相继推出 V1~V6 版本,向社会开放源代码。

(5)1977 年开始进入"后 UNIX"时代,UNIX 演化为闭源的 UNIX(AT & T UNIX)和开源的 BSD(BSD UNIX)。主流的开源 BSD 操作系统有 386BSD、FreeBSD、NetBSD、OpenBSD。

因此,世界开源的历史始至今 50 多年,开源事实上已经历了半个世纪的发展。

2. GNU 简史

GNU 系统是一套向上兼容 UNIX 的完全自由的操作系统。GNU 代表"GNU's Not UNIX"。

(1)1983 年 9 月 27 日,Richard Stallman 提出了 GNU 工程的初始声明,意图找回在早期计算机社区中广泛存在的合作精神,通过除掉专属软件所有者设置的障碍而使再次合作成为可能。

(2)1984 年 1 月,Richard Stallman 从 MIT 离职并开始编写 GNU 软件,同年 9 月开始 GNU Emacs 的开发工作。

(3)1985 年,Richard Stallman 发表 GNU(GNU's Not UNIX)宣言,吸收"前 UNIX"和 BSD 的开源成果,开发推出 GNU Emacs 编译器等自由软件(Free Software)。同年 10 月,自由软件基金会(FSF)正式成立。

"Free Software"中的"Free"关乎自由,而不是价格,是指可以付费或者不付费地得到 GNU 软件。一旦得到了软件,便拥有了使用它的四项特定自由:可以自由按照自己的意愿运行该软件;可以自由复制软件并将其送给朋友和同事;可以自由通过对源代码的完全控制而改进程序;可以自由发布改进的版本从而帮助社区建设。

3. Linux 简史

Linux 的诞生、发展和成长过程始终依赖着五个重要支柱:UNIX 操作系统、Minix 操作系统、GNU 开源计划、POSIX 标准和 Internet 网络。

(1)1977 年,UNIX 的重要分支——BSD 在 UC Berkeley 诞生。

(2)1984 年,Andrew S. Tanenbaum 为能继续进行学术教育研究,重新开发了一个基于"前 UNIX"和 BSD4.3 的开放源代码操作系统——Minix 操作系统,这是 Linux 的前身。

(3)1985 年,Richard Stallman 发表 GNU 宣言,FSF 成立。在这个时间前后,涌现了很多重要的软件和协议,如 GPL 协议、GCC C 编译器、GNU Emacs 编译器、Glibc、bash shell 等,为 Linux 后来的发展创造了肥沃的土壤。

(4)1991 年,芬兰本科生 Linus Torvalds 在 Minix 和 GUN 成果的基础上进行开发,并以 GNU GPL 许可方式发布了开放源代码操作系统 Linux v0.01。

(5)1992 年 1 月 5 日,Linux v0.12 release 版本的内核重新以 GNU GPL 许可方式发布。原来的许可证是禁止任何商业用途的,通过这次协议变更,发布和出售 Linux 成为可能。

(6)1993 年 6 月 17 日,Slackware Linux 由 Patrick Volkerding 发布,这是第

一个取得广泛成功的 Linux 发行版。

(7)1994 年 3 月 14 日,Linux 内核 V1.0 发布,它支持基于 i386 单处理器的计算机系统。8 月 15 日,William R. Della Croce, Jr. 申请了"Linux"商标,9 月进行了注册。

(8)1996 年 5 月 9 日,吉祥物 Tux 诞生(图 8-1)。6 月 9 日,Linux 内核 V2.0 发布,这是第一个在单系统中支持多处理器的稳定内核版本。

(9)1998 年 5 月 1 日,基于 Linux 的 Google 搜索引擎面世。

(10)1999 年 3 月 3 日,GNOME 桌面系统进入 Linux 世界。

(11)2003 年 12 月,Linux2.6 版内核发布。

(12)2007 年 11 月 5 日,Google 发布 Android,其被称为"第一个真正开放的综合移动设备平台"。

图 8-1　Linux 的吉祥物 Tux

8.1.3　开源软件与知识产权

至此,我们对开源的定义和发展史有了基本的认识,在继续深入了解之前,有必要关注开源软件与知识产权的关系。

1. 软件知识产权的主要内涵

软件知识产权是计算机软件人员对自己的研发成果依法享有的权利。目前国际上对软件知识产权保护的法律还不是很健全,大多数国家是通过著作权法来保护软件知识产权的,与硬件密切相关的软件设计原理还可以申请专利保护。

(1)软件知识产权主要包括著作权、专利权与商标权;

(2)著作权指软件的表达(如程序代码、文档等)方面的权利;

(3)专利权包括软件的技术设计,如程序设计方案、处理问题的方法、各项有关技术信息等方面的权利;

(4)商标权则是指软件的名称标志方面的权利。

软件需要有硬件平台的支撑才可以运行,而在硬件平台上运行的软件基本上是目标码(二进制格式),从而造成软件源码与二进制目标码的分离和割裂,而软件作为通用商品进行销售和分发时主要提供二进制文件,这也成为主流的软件销售和分发方式,并主要通过同软件一起发布的最终用户许可协议(EULA)对软件的使用、修改和分享及其他相关事宜做出规定。

EULA 指的是一家公司的软件与软件使用者所达成的协议,是软件应用程序作者或发布者与应用程序使用者之间的合法合同。

EULA 一般主要规定用户不可以使用盗版软件,并没有明确规定涉及用户对对应软件源代码的处置问题——除非特定情况,以二进制形式销售的软件并不提供对应软件源代码;即使偶有提供,但对用户基于该源代码复制、修改和二次发布等行为做了严格的限制或者禁止。

针对上述对软件源代码的处置方式，出现了一种开放、协同、共享的软件发展模式——通过开源软件许可证对软件源代码的复制、修改、再分发等权益，对商标权、专利权、著作权等内容进行进一步规范，这也是对软件知识产权发展的一个重要补充。

2. 开源许可证

开源许可证就是开源软件使用的许可证。包括中国在内的大陆法系国家普遍认为开源软件许可证构成合法合同；只不过这种许可合同并非协商得到，而是事先规定好的标准化格式合同。具体来讲，开源许可证是涉及著作权、专利权、商标权等一系列权利和义务的格式合同，且自动生效。

法律并没有限定许可证不能包含什么条款，这导致许可证的类型繁多，内容也非常自由。据不完全统计，广义上的开源许可证目前有超过 200 种，即便是 OSI 批准的开源软件许可证目前也多达 96 种，其中包括由中国主导编制的 Mulan PSL v2。

3. 国外主流开源许可证解读

1) GNU 通用公共许可证(GPL)

GPL 是一个许可证家族的泛称，是一类被广泛适用的自由软件许可协议条款，为使用者提供了足够的复制、分发、修改的权利，具体如下。

(1) 可自由复制；

(2) 可自由分发，提供他人下载；

(3) 可用来盈利，在分发软件过程中收费(必须在收费前向用户提供该软件的 GNU GPL)；

(4) 可自由地修改(使用了这段代码的项目也必须使用 GPL)。

GPL 当前主要有 GPL v2 和 GPL v3 两个版本。这组许可证的共同特征在于其"传染性"：任何基于 GPL 代码编写的软件都必须成为开源软件。换言之，使用了任何 GPL 代码的软件，无论 GPL 代码占比多少，都必须将完整的源代码公开，并允许他人修改、发布。

GPL v2 存在一些漏洞，例如它不能阻止一个软硬件结合的系统通过对硬件部分施加限制，间接在该硬件上运行软件的修改版本；没有包括关于专利的约定，导致实践中出现 Microsoft-Novell 专利协议这类试图将专利申请用作对付自由软件社群的武器的现象。

为解决这些问题，GPL v3 于 2007 年发布。除填补上述漏洞外，GPL v3 兼容性更好。自由软件基金会明确表示 GPL v3 与 Apache 2.0 许可证兼容。

自由软件基金会首席律师 Eben Moglen 作为基金会的主创者，主张将 GPL v2 升级为 GPL v3。唯一反对这项升级活动的是 Linux 创始人之一 Linus Torvalds。在经历开源界激烈的辩论后，双方最终妥协的结果是：一部分开源组织和企业执行升级版 GPL v3(如 Apache、Novell 等)，另一部分开源组织和企业继续执行 GPL v2(如 Linux)。

目前，使用 GPL 的重要项目包括 Linux 内核和 MySQL 等，但新兴项目一般会选用更宽松的许可证。

2) GNU 宽松通用公共许可证(LGPL)

LGPL 对产品所保留的权利比 GPL 少,适用于非开源产品的开源类库或框架,且产品可以不继承 LGPL,使用其他的开源协议。

LGPL 的特点在于,动态链接到该软件库的软件可以不执行 LGPL 或 GPL,换言之,可以不公开源代码。LGPL 的这一特性消除了 GPL 软件商用的最大障碍。尽管如此,基于该库修改而得到的软件仍然需要遵循 LGPL。

3) Mozilla Public License(MPL)

MPL 允许在其授权下的源代码与其他授权的文件进行混合,包括私有许可证。在 MPL 授权下的代码文件必须保持 MPL 授权,并且保持开源,即允许在派生项目中存在私有模块,同时保证核心文件的开源。使用 MPL 授权的软件并不受专利的限制,其可以自由使用、修改,并可自由地重新发布。带有专利代码的版本仍然可以使用、转让甚至出售。

4) MIT 许可证

MIT 许可证之名源自首倡者 MIT,又称"X 许可协议"(X Licence)或"X11 许可协议"(X11 License)。

据统计,2015 年 GitHub(一个面向开源及私有软件项目的托管平台)上高达 45% 的项目使用 MIT 许可证。近几年 MIT 许可证的市场份额有所下滑,在 2020 年其市场份额第一的位置被 Apache 2.0 取代,但仍是最受开发者欢迎的许可证之一。

MIT 的特点在于条款非常简单,是开源协议中最宽松的一个:"被许可人有权利使用、复制、修改、合并、出版发行、散布、再许可和/或贩售软件及软件的副本,及授予被供应人同等权利",其还要求被许可人保持同样的声明。

5) BSD 许可证系列

BSD 许可证是由 UC Berkeley 首倡和维护的,其版本繁多,目前常用版本包括原始的 BSD-4、BSD-3 以及简化的 BSD-2。BSD 属于宽松许可证,与 MIT 许可证接近但更加宽松,甚至跟公有领域更为接近。在简化的 BSD-2 许可证下,保留著作权声明、许可证内容及免责声明即可;只要满足许可证设定的条件,就可以自由地修改并发布代码。

BSD-3 许可证在 BSD-2 许可证的基础上增加了禁止背书条款(未经书面许可不得使用原作者之名来推广衍生作品);BSD-4 许可证进一步增加了广告条款(衍生作品的广告材料必须说明该软件由 UC Berkeley 及其贡献者开发的软件改进而来)。

6) Apache 许可证

Apache 许可证也是一种宽松许可证,其最大的特点在于 Apache 许可证许可给使用者著作权以及专利权——不同于其他只涉及著作权的许可证。作为宽松许可证,Apache 允许修改后的软件以不同的许可证发布,但是未修改的部分仍然需要保留 Apache 许可证。目前常用的版本是 2.0。

由于上述利好条件,Apache 2.0 成为相当多流行开源项目的许可证。

主要开源许可证的对比汇总见表 8-1。

表 8-1 主要开源许可证的对比

许可证名称	许可条件限制												
	商业名称	分发	修改	专利使用	私有使用	披露来源	许可和版权说明	网络使用是分布式	相同许可证	状态更新记录	责任	商标使用	保证
Apache 2.0	是	是	是	是	是		是			是	否	否	否
BSD-3 Clause Clear License	是	是	是	否	是		是				是		否
BSD-2 Clause Simplified License	是	是	是		是		是				否		否
DPL-v2.0	是	是	是		是	是	是		是	是	否		否
DPL-v3.0	是	是	是	是	是	是	是		是	是	否		否
DGPL-v2.1	是	是	是		是	是	是		是?	是	否		否
DGPL-v3.0	是	是	是	是	是	是	是		是?	是	否		否
AGPL v3.0	是	是	是	是	是	是	是	是	是	是	否		否
MIT 许可证	是	是	是		是						否		否
Mozilla Public License C2.0	是	是	是	是	是	是	是		是?		否	否	否
Eclipse Public License C2.0	是	是	是	是	是		是		是		否		否
木兰宽松许可证 v2	是	是	是	是	是		是				否	否	否
开放数据共享开放数据库许可证	是	是	是	否	是	是	是		是		否		否
Microsoft Public License	是	是	是	是	是		是				否	否	
SIL 开放字体许可证 V11	是	是	是		是				是		否		否
知识共享署名 4.30 国际(CC-4)	是	是	是	否	是		是			是	否	否	否

可以看出,除了允许商业性使用、分发和修改等常见特征外,开源许可证还有两个共同点。一是开发者不承担保证责任(瑕疵担保责任)。开源代码通常都是免费提供的,因此开发者不应为他人使用该软件造成的损失而承担责任。二是要求保留著作权标记,开源软件并不意味着放弃著作权。相反,开源许可证的强制效力,恰恰来自作者对开源软件的著作权。因此,许可证一般都要求以适当的形式保留著作权标记(包括许可证正文以及作者署名)。

4. 木兰开源许可证解读

木兰许可证由中国电子标准化研究院牵头研制,已发布版本包含木兰宽松许可证(Mulan PSL v1、Mulan PSL v2)、木兰公共许可证(Mulan PubL v1、Mulan PubL v2)等。

(1) 木兰宽松许可证(Mulan PSL)

Mulan PSL v2 于 2020 年通过 OSI 认证,是全球首个由中国主导的国际通用中英文双语许可证,与 Apache 2.0 许可证一样有良好的兼容性,最大限度鼓励专利和版权开放,并于 2021 年发布日文版。截至 2020 年底,已有万余项国内自主开源项目支持 Mulan PSL v2,得到 Linux 基金会、Apache 软件基金会、华为、阿里巴巴、开源中国、CSDN 等开源组织、公司和代码托管平台的支持应用,18000 余代码仓应用(Gitee 11000 +,GitHub 7000 +)。木兰宽松许可证与国外主流许可证的异同见表 8-2。

木兰宽松许可证与国外主流许可证的异同　　　　表 8-2

许可证名称	Mulan PSL v2	BSD-3 Clause Clear License	Apache 2.0
声明	• 分发时附带许可证,保留免责等声明	• 分发时附带许可证,保留免责等声明 • 使用时附带许可证,保留免责等声明	• 分发时附带许可证 • 分发修改版源代码时保留各种声明 • 如许可软件含有 Notice 文件,则分发修改版时应带有其中的归属声明
专利许可	• 原始许可人及其关联实体提供专利许可 • 后续贡献者及其关联实体提供专利许可	无明确专利许可	• 原始许可人提供专利许可 • 后续贡献者及其关联实体提供专利许可
对用户专利维权的限制	• 用户及其关联实体如直接对许可软件发起专利诉讼,专利许可终止 • 发起非诉讼维权(如行政维权),专利许可终止 • 通过间接方式实施上述行为,专利许可终止	无	• 原始许可人提供版权许可 • 后续贡献者及其关联实体提供版权许可
版权许可	• 原始版权人及其关联公司提供版权许可 • 后续贡献者及其关联实体提供版权许可	所有贡献者授予版权许可	• 原始许可人提供版权许可 • 后续贡献者及其关联实体提供版权许可
商标许可	无	无	无
语言	• 采用中英双语表述,中英文版权具有相同法律效力 • 如果中英文版本存在任何冲突和不一致,以中文版为准	采用英文表述	采用英文表述

(2)木兰公共许可证(Mulan PubL)

木兰公共许可证在木兰宽松许可证基础上增加了传染性,对开源软件的分发增加了限制性要求。木兰公共许可证类似 GPL,要求接收者必须开放源代码。而木兰宽松许可证的"分发限制"中仅要求保留代码中的许可证声明,不具有"传染"特质。木兰公共许可证与国外主流许可证的异同见表 8-3。

木兰公共许可证与国外主流许可证对比　　　　表 8-3

许可证名称	GPL	Mulan PubL v2
分发限制	● 分发时附带许可证,保留免责等声明 ● 分发修改版时应明显声明已修改的文件,并附有日期;如果修改后的程序在运行时和用户以命令的形式交互,须在程序运行开始时显示版权等声明 ● 分发时提供完整且便于编译的源代码 ● 如果不能遵守本许可证的条件,就要放弃分发	● 分发时附带许可证,保留免责等声明 ● 对于接收到的"贡献",必须沿用许可证做二次分发。对于"衍生作品",需要沿用该许可证,并在明显位置提供"衍生作品"对应的源代码下载地址,约束有效期均为 3 年 ● 在作品明显位置,随"衍生作品"向接收者提供一个书面要约,表明愿意提供根据"本许可证""分发"的"衍生作品"的"对应源代码"。确保接收者根据书面要约可获取"对应源代码"的时间从接到该请求之日起不得超过 3 个月,且有效期自该"衍生作品""分发"之日起不少于 3 年

木兰宽松许可证与木兰公共许可证的共同特点是:采用中英文双语表述,且具有同等法律效力;明确授予著作权和专利权,不授予商标权。而区别在于前者能与现有的其他许可证友好兼容,后者对开源软件的分发条件有限制性要求,对云计算和 SaaS 等新兴技术的分发也有条件限制。

5. 开源许可证的选用逻辑

选择开源许可证时,可以从三层阶梯的五个问题入手(图 8-2):他人修改源代码后,是否可以闭源;新增源代码是否采用同样的许可证;源代码修改后,是否需要提供说明文档;每个修改过的文件,是否都必须放置版权说明;衍生软件的广告能否用原始源代码作者名字促销。

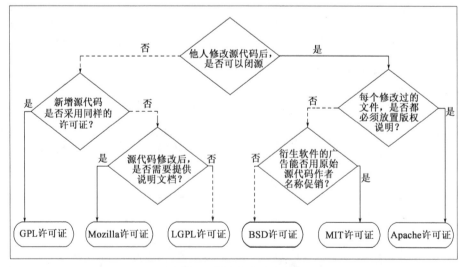

图 8-2　开源许可证选用逻辑

8.2 开源交通控制系统的需求背景

8.2.1 交通控制理论发展的需求

1. 人工智能交通控制算法发展

传统的城市交通信号灯控制方法主要有三类,即定时控制、感应控制和自适应控制,这些方法都是基于特定的交通信号控制模型来求解信号灯的控制策略。但是,交通信号控制系统是涉及人、车和路网环境等多个因素的复杂系统,具有高度的不确定性和非线性,难以建立起系统的精确模型,只能够基于种种假设来构建简化的控制模型。因此,对于复杂多变的交通场景,基于简化模型的传统方法的控制效果极其有限。

近年来,随着人工智能领域研究的不断深入,强化学习(RL)、深度学习(DL)和深度强化学习(DRL)等技术也取得了巨大进展。强化学习是一种"试错式"学习策略,核心思想是通过与环境不断交互,学习达成某个目标所需的最佳策略。深度学习能够有效学习高维数据的内在规律和表示。深度强化学习综合了深度学习的强感知能力与强化学习的强决策能力,并且,数据驱动的DRL无须对系统进行显式的建模。因此,DRL非常适用于处理难以精确建模的交通信号控制问题。深度强化学习算法主要分为三类:基于价值函数、基于策略梯度和基于行动者-评论家框架的方法,其中第一、第三类DRL算法使用广泛。

数据驱动的DRL具有自学习和在线学习的特点,因此,DRL交通信号控制能够适应实时变化的交通环境,满足在复杂交通流条件下对路网进行实时优化控制的需求。DRL信控应用中,通常一个交叉口对应一个DRL智能体,DRL交通信号控制器模型如图8-3所示。

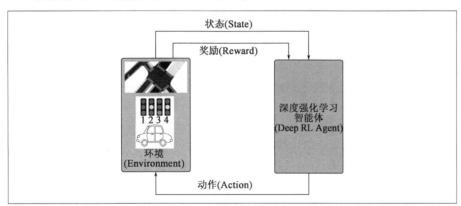

图8-3 DRL交通信号控制器模型

DRL交通信控应用中,DRL三要素即状态、动作和奖励的设计非常重要。状态,一般是车辆的速度、位置等信息,通常采用离散交通状态编码或独热编码来表示。动作序列形成配时方案,其设计比较灵活,如动作可以是选择某一个相位,或是当前相位延续时间等。奖励,一般根据优化指标来定义,如排队长度、通过时间等。

对于多交叉口交通网络的信号控制,最简单直接的方法是用一个 DRL 智能体控制所有路口。但是,随着交叉口数量增多,状态维度增加,动作空间呈指数式增长,极易导致维度爆炸,并且这种方法将每个交叉口的状态直接输入神经网络,会丢失路网的拓扑结构信息。因此,对于多交叉口的信号控制,采用多智能体强化学习(MARL)控制更为有效。

MARL 控制是当前智能控制领域研究的热点方向。对于多交叉口交通网络,MARL 控制可分为三类:完全独立的多智能体强化学习(totally independent MARL)控制、部分状态合作的多智能体强化学习(partially state cooperation MARL)控制和动作联动的多智能体强化学习(joint-action MARL)控制。完全独立的 MARL 控制,各智能体间没有协作,意味着各交叉口独立控制。部分状态合作的 MARL 控制通过智能体间的点对点通信,获得上下游路口的交通数据,并以此拓展本地智能体的交通状态感知空间。与完全独立的 MARL 控制相比,部分状态合作的 MARL 控制可更准确地响应区域内交通状态模式的变化,但是这种控制方法仅考虑了上下游路口的简单状态标志信息,多路口之间没有动作联动。动作联动的 MARL 控制适用于多交叉口交通网络控制问题,其状态和动作分别设计为动态随机环境下的联合状态和联合动作,通过反复迭代逼近最优策略。但是,如何设计多智能体联合状态-联合动作的基础数据结构、精细协调机制和有效估计值函数,是研究的热点和难点。

人工智能交通信号控制方法对现有交通信号系统的架构产生重大影响,体现在以下几个方面。

(1) 部分控制模型完全没有信号周期、绿信比和相位差的概念,而是根据当前的路网状态实时决策是继续保持当前状态还是切换,切换后的状态也不一定是常见的信号控制中的下一个阶段,而是基于价值函数计算的结果,这会导致传统交通信号控制系统的内在逻辑错乱;

(2) 人工智能算法对数据类型、数据数量的需求通常远大于传统交通信号控制系统所能提供的数据,这导致现有交通控制系统需要大量增补传统以及新技术原理的传感设备并更新支持这些数据传输的通信系统;

(3) 人工智能算法通常对数据计算能力提出非常高的要求,现有基于简单逻辑运算的平台无法满足新增算力需求,需要设备更新换代或者通过边缘计算等手段予以解决。

人工智能在交通控制上的应用具有典型的跨学科特性,传统的闭源模式的交通信号控制系统使得人工智能领域人员除了掌握技术以外还要付出大量的行业学习成本,开源生态有利于降低行业入门门槛,促进人工智能算法在交通控制领域快速落地。

2. 新概念传感技术的应用

交通信号控制算法与交通传感技术紧密相关,互相依存。交通信号控制算法必须依赖设计年代成熟可靠的交通传感器所能提供的数据。当前使用的典型交通控制系统大多数成型于 20 世纪末,当时技术环境下能够提供的成熟的传感器主要是环形线圈车辆检测器,所以交通控制模型的设计基本围绕环形线圈车辆检测器所能稳定提供的数据种类来进行,这类数据通常包括流量、占有率、饱和度、车头时距。

当前传感器技术的发展以及大数据体系的应用,使得交通传感器所能提供的数据类型大大扩展,例如视频检测技术能够有效检测流量、交通事件,毫米波雷达能够有效检测多车道流量、速度、目标轨迹,基于号牌识别的卡口设备可以有效检测车辆OD、路径,基于导航数据可以有效检测部分个体的行驶轨迹、旅行速度、旅行时间、延误时间、停车时间、停车距离。每一种传感器技术通常都有自身的独特优势,并不存在一种包含所有优点的完美无缺的传感器。因此,交通信号控制模型有必要针对所采用的传感技术做适应性调整。

但是这些传感数据与现有交通信号控制系统的结合遇到了严重阻碍,传统信号控制系统基于其原有的控制模型,仍然只能使用传统的检测数据,这些数据基本以线圈的定义为准,视频和雷达获取此类信息的精确度并不能和线圈类比,例如对于SCATS要求的饱和度参数,视频和雷达获取的相关信息都难以达到相应的精确度,而视频获取的大量精细化信息在现有信号控制系统下基本无法直接利用。

时代在进步,技术在发展,我们需要新的传感器技术体系下的信控理论,而不是停留在20世纪的信控模型。这些模型的应用需要修改交通信号控制系统的内部逻辑,传统闭源系统很难主动适应快速迭代的传感器技术以及新的控制方法,开源成为解决此问题的客观需求。

3. 车路协同背景下交通控制系统的重构

自动驾驶、智能网联是目前交通领域发展的重点,自动驾驶车辆对交通信号的反应速度、车辆编队通行对通行效率的提升、不同网联覆盖率下驾驶行为的变化都会影响传统交通信号控制模型的预设条件,同时车路协同使得交通控制系统从单向响应系统变成交通信号控制可以和车辆交流的双向互动系统,这会衍生出许多以往没有的业务场景。

但目前车路协同的主要推手仍然是车端和通信端,交通信号控制领域针对性的工作并不充分,核心原因就是这是一个典型的涉及多专业门类的复杂系统,不太可能由单一组织完成整个系统的构建。

开源系统以互联网思维方式,发挥群体智慧优势,充分调动各类专业人员,使得这种社会化技术分工协作模式成为可能。

8.2.2 交通数字孪生系统建设需求

1. 数字孪生概述

当前,以物联网、大数据、人工智能等新技术为代表的数字浪潮席卷全球,物理世界和与之对应的数字世界正形成两大体系,平行发展、相互作用。数字世界为了服务物理世界而存在,物理世界因为数字世界而变得高效有序,数字孪生技术应运而生,从制造业逐步延伸拓展至交通系统,深刻影响着交通规划、建设与发展。

数字孪生技术是建立物理实体对象的数字模型,通过实测、仿真和数据分析来实时感知、诊断、预测物理实体对象的状态,通过优化和指令来调控物理实体对象的行为,通过相关数字模型间的相互学习来进化自身,同时改进利益相关方在物理实体对象生命周期内的决策。图8-4展示了数字孪生技术框架。

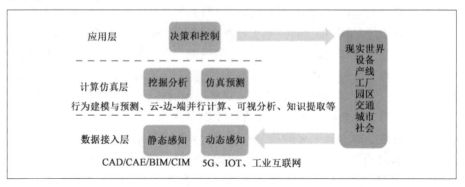

图8-4 数字孪生技术框架

第一层是数据接入层,主要指通过静态建模和动态感知来获取数据,构建一个基本的客观世界的镜像模型。感知分为两大类:第一类是静态感知,常用的是CAD/CAE/BIM/CIM技术,如对城市环境的静态部分进行建模;第二类是动态感知,这是比较关键的一点。动态感知的发展,实际得益于物联网、互联网技术的发展,诸如工业互联网、5G甚至未来6G技术的不断发展。在这些技术的支撑下,可以全面、及时地实现对客观环境的状态感知。

第二层是计算仿真层,主要包含挖掘分析和仿真预测两方面,是为数字孪生上层应用提供技术支撑的关键层次。一方面,要对静态感知和动态感知所获取数据的初级模型进行深入挖掘,建立更高层的知识模型,即发现一些规律、分布和关联,获取更高层语义的知识。另一方面,利用这些知识去做仿真演算,从而为上层应用实现作出贡献——通过对现实的把握来预测未来。

第三层是应用层,数字孪生的核心应用是决策和控制。在现实中,一系列改造现实世界的步骤可以认为是一种执行策略,或看成一种决策。通过应用数字孪生系统,可以在多个平行世界中通过推演来验证我们的策略和决策是否合理,再进一步利用各类智能优化技术,不断迭代改进策略和决策,最后通过控制系统来实施策略和决策,影响改变现实世界的Physical Twin(物理双胞胎),从而构成"感觉—决策—控制—感知"——物理与数字的孪生世界之间信息流动闭环。

2. 交通数字孪生概述

交通数字孪生系统是数字孪生概念在交通控制领域的实际应用。交通数字孪生实际上是利用数字孪生的技术手段,解决交通工程中遇到的一系列决策问题。

从本质上讲,交通数字孪生是应当有助于优化交通中的物理对象或历史和当前行为的不断发展的交通系统数字档案。交通数字孪生模型基于跨越一系列维度的大规模、累积、实时的真实交通世界的数据测量。因此,交通数字孪生必定依赖高精度的交通检测器所获取的数据。

交通数字孪生是以数字化方式创建交通系统中各类交通物理实体的虚拟实体［包括交通基础设施、交通参与者（机动车、非机动车、行人、交通环境）］，借助历史数据、实时数据以及交通算法模型等，模拟、验证、预测、控制各类交通物理实体全生命周期过程和全交通运行过程的技术手段。

因此，真正的交通数字孪生技术不仅能够准确地将现实交通世界以数字化方式进行表达，同时也能够模拟、仿真、分析、虚拟调试现实交通世界中发生的问题或未知的问题，还能够回到过去，解决问题，预测未来，减少失败，并且与真实交通系统实现交互对接，将现实世界中的交通系统效率提升到全新的高度。

图8-5展示了典型的交通数字孪生系统界面。

图8-5　交通数字孪生系统界面

交通数字孪生系统通过对路网对象的全息感知，以全局视野、精准映射、模拟仿真、虚实交互、智能干预等典型特性，加速推动城市交通控制领域应用创新发展，并将在城市运营及治理领域形成若干具备全域视角的超级应用，如交通执法和管控、城市规划的空间分析和效果仿真、城市建设项目的交互设计与模拟施工、城市常态运行监测下的城市特征画像等，并可通过城市应急方案的仿真演练使应急预案更贴近实战，洞察城市发展规律、支撑政府精准施策。

目前基于交通数字孪生系统的部分应用场景主要包括：城市路网运行状况实时分析，如拥堵状况、交通运能、交通事件等；道路规划的数字化、量化评估，精准优化城市交通方案；应用大数据和人工智能，以预案管理、风险预判、实时跟踪等功能显著提升公安执法的精准性和有效性；现有路网的车路智行和车路协同；加强城市重点目标车辆检测管理，提升城市交通安全运营管控。

交通数字孪生控制系统通过高精度数字地图建立统一的空间基准；通过前端感知系统，获取原始传感器感知数据；通过结合高精度数字地图的数据融合系统，完成实际物理空间向虚拟数字空间的映射；通过实时交通仿真系统，完成盲区推演、方案评价，并结合人工智能辅助决策，完成控制方案、控制指令的生成;通过交通信号控制、信息发布等系统,完成和实际物理空间的交互。图 8-6 展示了交通数字孪生系统的工作流程。

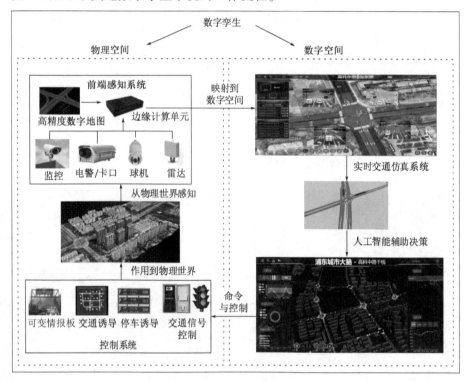

图 8-6 交通数字孪生系统工作流程

3. 交通数字孪生建设的挑战

1) 无处不在、无时不在的仿真

数字孪生技术体系的核心就是各类模型,失去了准确模型的支持,数字孪生就失去了仿真推演能力,降级为一种纯粹的可视化系统,实际应用价值大打折扣。因此,构建什么样的模型以及如何保证模型的准确性就成为系统建设中的关键问题。

传统的交通仿真一般基于预先校准的路网模型以及历史交通流数据,这使得仿真结果滞后,不具备实时应用能力。而数字孪生体系核心需求是实时在线的模型构建、模型校准、模型推演,这需要将仿真模型作为系统内部的一个内嵌模块与系统的其他组件同步协调运转。

以交通数字孪生应用于信号控制的一个典型场景为例:

(1) 当传感器发现牌号为×××的车辆进入感知范围,则立即从历史数据库中获得该车辆相关信息,分析这个时间这辆车的驾驶人有很大可能性处于上班通勤状态,由此获取了该车辆的预期 OD 以及惯用路径,通过目标出现时间判断该驾驶人存在较大的迟到风险,基于以往获取的该车辆行驶轨迹判断,此时驾驶人驾驶行为比较激进;

(2) 以此类推,可以分析得出路网中大部分车辆真实准确的模型特性;

(3) 路网中有多套交通信号控制预案,同时快速运行预案对应的多个仿真模型,在尽可能短的时间内得到对应的评估结果;

(4)通过给定的价值函数自动寻优,得到相对更好的控制方案;

(5)将控制方案通过交通平台下发执行;

(6)反复迭代上述过程,保证任何时候系统都在尽可能最优的状态下运行。

以上工作流程对于交通仿真提出了极高的要求,仿真必须作为整个交通系统中高频次大规模应用的核心组件,并且每时每刻都在与系统中其他组件进行数据交互。传统交通仿真软件难以满足其要求,开源的交通仿真组件可以通过改写,作为系统内部的一个底层工具组件发挥作用。

2)交通信号控制外延扩大

传统交通信号控制系统主要力求解决基于有限传感器数据支撑的群体效率最优化控制。而数字孪生体系下的交通信号控制系统则力求实现基于多源实时数据的支撑,在保证群体最优的前提下兼顾面向个体服务的目标。这对交通信号控制平台提出了多种挑战,例如以下两个方面。

(1)拥有多源数据综合运用的能力

交通工程师通常希望检测器能够提供直接可用的符合交通工程概念的数据。以广域毫米波交通雷达为例,通常厂商技术资料上宣传能够提供流量、速度、排队长度等信息,但实际上现阶段广域毫米波交通雷达还不能有效检测静止目标,这导致静止状态的排队长度数据可信度、准确度存在很大的问题,对于信号方案生成场合,直接利用这样的排队长度数据就存在非常大的隐患。而一旦车辆运动起来,广域毫米波交通雷达数据的可靠性就会大大提升,此时将排队长度数据应用于信控方案就相对可行。这类与传感器特性深度结合的交通控制算法需要综合交通算法工程师与传感器设计工程师的智慧,传统的闭源系统很难实现这类跨知识体系的技术融合。

(2)从面向群体效率最优转变到面向个体服务

群体效率最优通常忽略个体需求或者将个体需求简化,使得算法流程相对简单,需要使用的系统资源较少,系统的复杂度较低。而数字孪生体系的重要目标就是面向个体提供个性化的服务,这导致系统需要进行的数据运算相对传统呈几何级数增长,必须引入新型的计算模式以解决此问题,例如云计算、边缘计算。这使得传统信控业务体系必须做根本性的变革以适应新的技术架构。采用开源体系有利于将行业内成熟组件快速引入以减少不必要的重复劳动,降低创新成本。

8.2.3 统一信控平台建设需求

建立统一信控平台的目的和统一信控平台功能介绍可参见本书2.3.6节。

随着信控系统多年的发展,我国大部分城市都出现了多种交通信号控制系统并存的情况,这些交通信号控制系统来自不同的生产厂商,其系统内部的结构和通信协议、控制命令格式等都不相同。当希望对这些控制系统进行统一管理的时候,只能使用各厂商自己的操作平台。如果要求设备管理互通,还需要额外的设备协议来进行转换对接。多个信号控制系统并存,对城市交通管理而言是一个巨大的障碍。

为解决此问题,目前国内已经有企业基于统一信控平台做出了初步努力,建立了城市智能交通信号统一管控平台,将多种信号控制系统协议进行转换,对统一集成配置数据进行融合,并以《公安交通集成指挥平台通信协议 第2部分:交通信号控制系统》(GA/T 1049.2—2013)协议进行信号数据上报和信号配时管控,使信号控制系统平台可实时获取各信号系统灯态、控制模式和配置参数,并具有实时信号配时方案下发功能,实现信号系统统一平台控制。

但早期各大城市多引进国外的信号控制系统,协议相对封闭,开放对接及研发面临很大困难。而国内信号控制企业考虑系统安全、市场、保密等因素,不愿开放协议或仅部分开放,致使统一信号控制平台的建立一直面临很多困难,即使很多城市做了尝试,也只能实现一些基础功能,无法实现干线协调、区域协调等综合业务,这种条件下建立的统一信控平台的功能或许不及原有厂商的信控系统。不仅如此,这种不开放的状态,已经在很大程度上影响了智能交通的创新发展,延缓了智慧信控、车联网等新技术、新应用的落地进程。图8-7展示了2019年国内同城使用信号机品牌数量的统计结果。

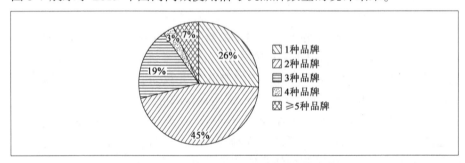

图8-7 2019年国内同城使用信号机品牌数量统计

国内统一信控平台建设目前大多数以项目形式推动,通常由一家软件企业负责,根据实际现场部署的信号机品牌和具体信号机供应商协调对接方式,包括采用的具体协议、实现的功能。但实际上在平台协议已经基本确定采用《公安交通集成指挥平台通信协议 第2部分:交通信号控制系统》(GA/T 1049.2—2013)的前提下,每家企业的信号机一般只需要对接开发一次就可以,但是目前这种项目制且闭源的模式,导致了大量的无意义的重复开发工作。研发人员的大量时间和精力被用在重复性的基础对接工作上,而不是用于实现更有价值的实际顶层功能设计。

因此,开源的统一信号控制系统的产生和发展成为一种必然,采用开源架构带来的好处如下:

(1)对接调试开发成为一次性的劳动,只要有一个代码贡献者提供了相应的项目代码,则所有使用这类信号机的项目都可以直接实现对接开发,免去了无意义的重复对接开发工作,减少了独立开发导致软件质量缺陷的可能;

(2)通过开源对接实例的验证,部分企业试图通过技术以外的渠道把控市场的理由越来越难以成立,最终将促成交通信号控制市场走向合理的价值竞争。

8.3 交通信号控制系统的典型开源工程

8.3.1 SUMO 开源交通仿真

1. 背景

微观交通仿真是再现交通流运行规律,对交通系统进行管理、控制和优化的核心工具。利用交通仿真可以对真实世界中尚未得到实施的技术进行细致的分析,对已实施的技术提出优化建议,在不干扰现有交通系统运行的前提下对多种改进方案进行比较,引导更有效的系统实施。

从研究者的角度来看,当使用一些现成的仿真软件包时,由于软件包是黑盒的状态,可能会出现一些问题。首先,人们无法查看底层模型。其次,由于软件架构不同,不同模型的特性(如仿真速度、描述现实的能力等)的比较,虽然不是不可能实现,但也很困难。此外,此类模拟工具不能通过引入个人的想法(如新型传感器、测量或模型)而自发地扩展。

为了引入一种工具来完成这些尚未得到支持的任务,由德国宇航中心研发的名为 SUMO 的开源交通仿真软件诞生了。图 8-8 为 SUMO 仿真软件典型界面效果。

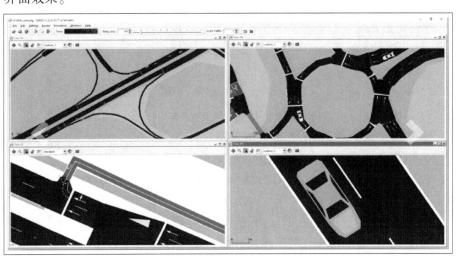

图 8-8 SUMO 仿真软件典型界面效果

2. 简介

SUMO 是一个开源、微观、多模态交通仿真模拟软件。其主要目的是给交通研究者提供一个实现和评估自己算法的工具,作为架构和模型基础来使用。同时其强大的开源接口功能,使其可以读取其他标准化的路网、信号控制数据文件,以及其他仿真系统的路网、路径等文件。

其主要特性如下:

(1)包括准备和执行交通模拟所需的所有应用程序,SUMO 不只是仿真应用的名字,也是完整软件包的名字,这个软件包包含了用于仿真的许多应用,具体见表 8-4。

SUMO 软件包包含应用及功能简介　　　表 8-4

应用名称	简要描述
SUMO	没有可视化的微观仿真；命令行应用
SUMO-GUI	具有图形用户界面的微观模拟
NETCONVERT	网络导入和导出；读取不同格式的道路网络，并将它们转换为 SUMO 格式
NETEDIT	一个图形化的网络编辑器
NETGENERATE	生成 SUMO 仿真基本网络
DUAROUTER	输入不同类型的需求描述，计算最快的路由通过网络，执行 DUA
JTRROUTER	使用结转百分比（junction turning percentages）计算路由
DFROUTER	从感应环测量（induction loop measurements）计算路线
OD2TRIPS	分解 OD 矩阵（O/D-matrices）为单个车辆轨迹（single vehicle trips）
POLYCONVERT	从不同的格式导入兴趣和多边形的点，将它们转化为一种可被 SUMO-GUI 可视化描述的格式
ACTIVITYGEN	根据模拟人口的流动意愿生成需求
MESO	使用介观队列模型（mesoscopic queue-model）的模拟，比纯粹的微观模拟执行速度提升约 100 倍
MESO-GUI	具有图形用户界面的介观模拟
Additional Tools	对于某些任务，编写一个大的应用程序是没有必要的，这些工具可以覆盖不同的问题的几种解决方案

(2) 模拟仿真。

①空间连续并且时间离散的车辆运行特性；

②不同的车辆类型；

③车道变换的多车道街道；

④不同的通行权规则、交通信号灯；

⑤提供快速的 OpenGL 标准的图形用户接口；

⑥可管理多个具有 10000 路段（街道）的网络；

⑦高仿真执行速度（在 1 GHz 主频 PC 机上，实现每秒 100000 个以上车辆的状态更新）；

⑧与其他应用程序运行时实时交互实现互操作；

⑨全网络以及分路段、分车辆、分检测器的数据输出；

⑩支持基于个人的多模式联运方式的行程仿真。

(3) 多种路网模型导入。

①可支持 VISUM、VISSIM、Shapefiles、OSM、RoboCup、MATsim、OpenDRIVE，以及自有的基于 XML 描述语言的路网模型；

②通过试探法确定缺失数据。

(4) 路径规划（Routing）。

①每个车辆具有独立的微观路径；

②动态用户分配算法（DUA）。

(5) 高度可移植性。

①只采用标准 C++ 和可移植库；

②提供针对 Windows 以及 Linux 主要发行版的软件包。

（6）通过 XML 数据交互实现高互操作性。

（7）开放源代码（采用 EPL2.0 开源许可协议）。

SUMO 相对于其他商用的交通仿真软件，具有鲜明的技术特色，在规划阶段就被设定要符合两个主要的设计目标：运行的快速性和可移植性。因此，最初的版本被开发成只能从命令行运行，没有提供图形界面，所有参数都必须手工插入（后续版本逐渐增加了图形界面，但依然相对简单）。这将通过放弃缓慢、耗时的可视化来提高执行速度。此外，软件被分成几个部分，每一个部分都有一定的目的，必须单独运行。这使得 SUMO 与其他商用的交通仿真软件相比，具有相对较差的易用性和可视化性能。

3. 获取 SUMO

用户可通过 SUMO 官方网站，根据自身系统类型选择对应的安装包进行下载，SUMO 官方网站为 https://www.eclipse.org/sumo/。

另外由于 SUMO 是一个正在开发中的开源项目，内容也在不断更新、扩展，最新资源更新在 GitHub 上，若用户已安装 Git，可尝试在命令行客户端输入以下命令获取最新版本 SUMO：

git clone --recursive https://github.com/eclipse/sumo。

4. 应用场景

自 2001 年以来，SUMO 已经被应用在一些国家和国际研究项目中，应用场景包括：交通灯的评价、路由选择和再路由、交通监控方法评价、车辆通信仿真、交通量预测等。

近年来，针对车联网的研究成为热点，SUMO 由于其良好的开源性，成为一款能够进行车联网系统仿真的有效工具，它能搭建所需的交通仿真平台。由于其开源特性，在仿真平台中，可实现多种跟车模型和换道模型，甚至可以定义跟驰模型以模拟未来车联网下驾驶人行为特性；可以设置信号灯与车辆间的无线通信功能，当车辆将要通过交叉口时，通过车辆与信号灯间的双向无线通信，驾驶人不再需要目测判断信号的变化，不仅增强了车辆通过交叉口的安全性，还提高了交叉口的通行效率。这是其他微观仿真软件所不具备的性能。

5. SUMO 的二次开发

（1）TraCI 简介

SUMO 的二次开发接口为 TraCI，用户可以通过 TraCI 中各类接口访问正在运行中的 SUMO 交通仿真，实时检索获取模拟仿真的值并改变它们的行为。

（2）TraCI 基本控制原理

TraCI 使用基于 TCP 的客户端/服务端架构来提供对 SUMO 的访问。启动 SUMO 后，客户端通过建立到指定 SUMO 端口的 TCP 来连接 SUMO。TraCI 支持多个客户端，运行时会依次执行一个客户端的所有命令，直到该客户端发出 0x02：Simulation Step 命令。为了确保执行顺序，每个客户端都应该在第一个仿真步长开始前发出 0x03:Set Order 命令。该命令为客户端分配一个编号,并且在同一个仿真步长内来自不同客户端的命令将按照该编号的顺序执行(该编号必须唯一)。当使用多个客户端连接 SUMO 时,需要知道连接客户端的数量,并且所有客户端都需要在第一个仿真步长之前连接 SUMO。图 8-9 展示了 TraCI 中建立与 SUMO 的连接的流程。

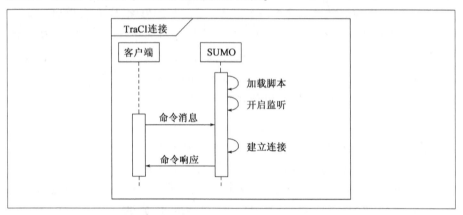

图 8-9　TraCI 中建立与 SUMO 的连接的流程

客户端应用程序向 SUMO 发送命令控制仿真运行、控制单个车辆行为或者请求获取仿真环境中其他细节信息。SUMO 根据具体命令进行响应,响应结果可以是仿真运行中某个状态值,也可以是控制命令,以改变当前仿真状态。客户端必须使用 TraCI/Control 中相关命令对 SUMO 进行控制。如果完成订阅,则返回订阅值。当所有客户端都发送 0x02:Simulation Step 命令,模拟将进入下一个循环,所有客户端都会收到订阅结果。

另外,客户端也可以使用 0x7F:Close 命令关闭连接,当客户端关闭时,模拟会结束,并释放资源。图 8-10 展示了 TraCI 中关闭与 SUMO 的连接的流程。

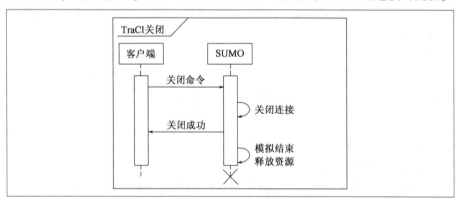

图 8-10　TraCI 中关闭与 SUMO 的连接的流程

(3)TraCI 支持语言及说明

①Python:tools/traci 允许使用 Python 与 SUMO 进行交互(tools/traci 库每天进行测试并支持所有 TraCI 命令)。

②C++:libtraci 是一个客户端库,是 SUMO 源代码树中的一部分,它与 libsumo 的接口完全兼容。

③C++:C++TraCI API 是一个客户端库,它是 SUMO 源代码树的一部分

(API 覆盖几乎完成,但此客户端不再更新,建议改用 libtraci)。

④C++:Veins 项目提供了一个用于将 SUMO 与 OMNET++ 耦合的中间件。作为基础设施的一部分,它为 TraCI API 提供了一个 C++ 客户端库(API 的完整性有点落后于 Python 客户端)。

⑤NET:TraCI.NET 是一个客户端库,具有几乎完整的 API 覆盖率。

⑥Matlab:TraCI4 Matlab 客户端作为每个 SUMO 版本的一部分包含在 <SUMO_HOME>/tools/contributed/traci4matlab 中,但并非所有 TraCI 命令都已实现。

⑦Java:libtraci 是一个客户端库,它是 SUMO 源代码树的一部分。它与 libsumo 完全 API 兼容,并且 SUMO 版本提供了预编译的 Java 绑定(通过 SWIG)。

⑧Java:TraaS 提供了一个客户端库,它是 SUMO 源代码树的一部分(API 覆盖范围很大,但此客户端不再更新,建议改用 libtraci)。

⑨其他:SWIG 支持的任何语言原则上都可以使用 libsumo 或 libtraci 提供的绑定。

(4)TraCI 接口说明

TraCI 的 API 按其功能可分为对象值检索、对象状态改变和订阅。其中对象值检索用于在运行中实时获取各类仿真对象的状态值,如实时车辆状态、人员状态、实时检测器过车数据等;对象状态改变用于在运行中实时控制改变各类仿真对象的状态值,如实时控制车辆停止、启动,实时控制交叉口信号控制灯灯色状态;订阅用于仿真运行中需要一次性获取大量数据的场景,该功能会请求一次变量值,并定期进行检索。相较于对象值检索,该方法能够避免在一次仿真步长内进行多次接口调用,影响仿真运行速度,如实时获取路网所有车辆状态值,若采用对象值检索则需要在每个仿真步中进行若干次接口调用,导致仿真运行缓慢,而采用对象变量订阅则会在一个仿真步内一次性取得所有值,再进行后续数据处理,减少单个仿真步内的接口调用次数。

(5)TraCI 基础使用实例

由于 tools/traci 的 Python 库具备持续更新且接口完备的优点,此处以 Python 作为 SUMO 二次开发语言进行 TraCI 使用实例讲解。

①在 Python 脚本中导入 TraCI。

调用 TraCI 相关接口需要保证 <SUMO_HOME>/tools 目录位于 Python 的加载路径上,通常通过如下代码来完成:

```
1. import os,sys
2. if'SUMO_HOME'in os.environ:
3.     tools = os.path.join(os.environ['SUMO_HOME'],'tools')
4.     sys.path.append(tools)
5. else:
6.     sys.exit("please declare environmentvariable'SUMO_HOME'")
```

以上操作需要设置 SUMO 环境变量,若未设置,需要以下代码声明 sumo/tools 的路径:

```
sys.path.append(os.path.join('c:',os.sep,'whatever','path','to','sumo','tools'))
```

②利用 TraCI 启动 SUMO。

定义以 sumo 或 sumo-gui 启动：

```
1. sumoBinary = "/path/to/sumo-gui"
2. sumoCmd = [sumoBinary,"-c","yourConfiguration.sumocfg"]
```

用 TraCI 启动 SUMO，开始模拟，同时可在每个仿真步间隙调用 TraCI 中其他检索或控制 API：

```
1. import traci
2. traci.start(sumoCmd)
3. step = 0
4. while step < 1000：
5.    traci.simulationStep()
6.    step += 1
7. traci.close()
```

③利用 TraCI 进行仿真值的检索。

利用 TraCI 可以在仿真运行期间实时获取仿真对象状态值，以下代码展示了在每个仿真步检索获取指定车辆坐标位置信息：

```
1. import traci
2. traci.start(sumoCmd)
3. step = 0
4. while step < 1000：
5.    traci.simulationStep()
6.    pos = traci.vehicle.getPosition(vehID)
7.    step += 1
8. traci.close()
```

④利用 TraCI 进行仿真对象状态的控制改变。

利用 TraCI 可以在仿真运行期间实时对仿真对象的状态进行修改，以下代码展示了在每个仿真步中，当路网中存在车辆时，实时设置信号灯的灯色状态：

```
1. import traci
2. traci.start(sumoCmd)
3. step = 0
4. while step < 1000：
5.    traci.simulationStep()
6.    if traci.inductionloop.getLastStepVehicleNumber("0") > 0：
7.       traci.trafficlight.setRedYellowGreenState("0","GrGr")
8.    step += 1
9. traci.close()
```

⑤利用 TraCI 订阅路网对象。

订阅功能可以理解检索变量的批量处理模式,利用 TraCI 可以实现在一次仿真步后自动检索需要的值,而不是重复询问相同的变量,以下代码展示了订阅路网车辆对象相关变量:

```
1. import traci
2. import traci.constants as tc
3.
4. traci.start(["sumo","-c","my.sumocfg"])
5. traci.vehicle.subscribe(vehID,(tc.VAR_ROAD_ID,tc.VAR_LANEPOSITION))
6. print(traci.vehicle.getSubscriptionResults(vehID))
7. for step in range(3):
8.     print("step",step)
9.     traci.simulationStep()
10.    print(traci.vehicle.getSubscriptionResults(vehID))
11.    traci.close()
```

⑥利用 TraCI 进行路网对象的上下文订阅。

上下文订阅功能的工作方式类似于订阅,但相较于订阅,上下文订阅可以实现以某个对象为中心,获取该对象周围一定范围内其他对象的数据,如以下代码展示了以某个路口为中心,订阅该路口周围一定范围内车辆速度、车辆停车等待时间:

```
1. import traci
2. import traci.constants as tc
3.
4. traci.start(["sumo","-c","my.sumocfg"])
5. traci.junction.subscribeContext(junctionID,tc.CMD_GET_VEHICLE_VARIABLE,
42,[tc.VAR_SPEED,tc.VAR_WAITING_TIME])
6. print(traci.junction.getContextSubscriptionResults(junctionID))
7. for step in range(3):
8.     print("step",step)
9.     traci.simulationStep()
10.    print(traci.junction.getContextSubscriptionResults(junctionID))
11.    traci.close()
```

8.3.2 OpenATC 开源交通信号控制系统

OpenATC 即开源先进交通信号控制系统。

1. OpenATC 开源信号机

OpenATC 开源交通信号机功能介绍参见本书 4.1.5 节。

OpenATC 开源交通信号机具体开源部分主要针对主控板源代码。

图 8-11 展示了软件视角的 OpenATC 架构。

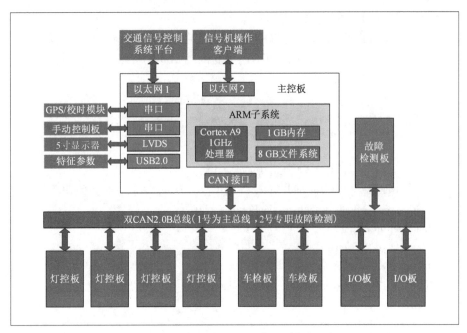

图 8-11 软件视角的 OpenATC 架构

如果把整个 OpenATC 交通信号机看作一台电脑,那么主控板在这台电脑中的作用就相当于电脑的主板加 CPU。信号机的故障检测板、灯控板、车检板、I/O 板相当于电脑的声卡、与显卡等其他板卡的差异在于总线的连接方式不同,信号机主控板通过 CAN 总线与故障检测板、灯控板、车检板等板卡进行连接。而手动控制板、GPS/校时模块类似电脑的外设,比如打印机等,主控板通过串口或者 USB 接口与这些设备进行连接。

主控板是信号机的核心部分。从时段调度、方案运行、相位的控制逻辑到灯控信息的产生,以及对接交通信号控制系统等相关功能都由主控板软件来实现。

主控板软件根据信号机特征参数的配置,通过查找时段配置的方案来调度信号机的相位运行状态,再根据通道配置信息生成灯色信息,然后通过 CAN 总线向灯控板下发灯色状态指令,再由灯控板控制路口信号灯的灯色。同时,主控板通过 CAN 总线接收车检板发送的车检信息,再对车检信息进行分析、统计,以此为基础实现感应、单点自适应等控制功能。主控板软件通过网络与交通信号平台建立连接,进行数据交互,实现系统控制功能。

了解了主控板在整个信号机体系中的作用,接下来从 OpenATC 项目组提供的主控板软件开源代码包入手,先了解源代码的构成,再进一步了解后续的开发工作。

OpenATC 主控板软件开源代码简介:

OpenATC 项目代码采用 C++语言编写,提供 Windows 及 Linux 跨平台编译支持。

OpenATC 项目提供统一的开源代码许可,主控板软件不提供单独的源代码许可。

OpenATC 项目组提供的主控板软件开源代码目录结构如图 8-12 所示,由

Doc、Execute、Source、Compiler 构成。Doc 目录存储了项目组提供的主控板软件开发所需要的各种文档,Execute 目录存储了主控板软件运行所需要的运行环境支持,Source 目录存储了主控板软件的开源代码,Compiler 目录则存放了编译信号机程序需要的编译器。

接下来重点介绍 Source 目录。Source 目录构成如图 8-13 所示。3d_part 目录保存了 OpenATC 开源主控板软件使用的一些第三方的库,Include 目录保存了项目需要包含的头文件,Lib 文件则根据编译版本的差异,分别保存在 build_arm 和 build_msvc 目录下,build_arm 目录下保存了实体信号机编译需要包含的库文件,而 build_msvc 目录则保存了 Windows 版本信号机和虚拟信号机编译需要包含的库文件。OpenATCManager 为开源代码的主目录。

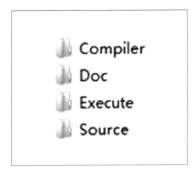

图 8-12 主控板开源代码目录结构　　　　图 8-13 Source 目录构成

信号机实际运行所需要的代码不仅仅是以上开源部分,部分闭源代码以库的形式提供。这样做的原因在于两点:

①出于信号机运行的安全性和可靠性考虑,对相关的硬件子模块和基础的保障子模块进行闭源。

②对存在较大定制化开发需求可能性的通信子模块和交通逻辑控制子模块进行开源;在保证信号机运行的安全性和可靠性的前提下,又能够提供满足定制化需求的开发空间。

有关具体开发环境的搭建,内部代码业务流程,可通过相关网站获取进一步信息。

2. OpenATC 开源统一信控平台

OpenATC 开源统一信控平台功能介绍参见本书 6.3 节。

OpenATC 开源交通信号控制平台,采用 Mulan PSL v2 开源许可协议。

代码开源仓库地址:https://gitee.com/openatc/open-atc-admin.git。

由于平台涉及的开发工具种类较多,该工程所涉及的编程语言种类也相对复杂,目前各类编程语言在项目中所占比例如图 8-14 所示。

OpenATC 统一信控平台部署对运行环境基础配置要求如下。

(1)处理器:3.0 GHz 酷睿® i3 系列及以上或相同性能的其他品牌处理器;

(2)RAM 内存:4 GB 及以上;

(3)操作系统:Linux/Windows 10 或更高版本操作系统;

(4)运行环境:Java 1.8 以上;

(5)浏览器:Chromium 内核浏览器。

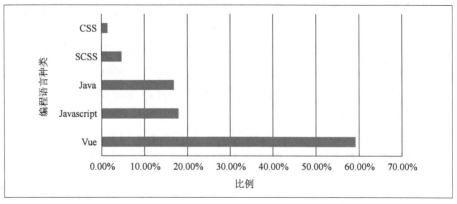

图 8-14 OpenATC 开源统一信控平台编程语言种类及比例

对于一个典型的开源项目,通常根据实际项目需求,在这个开源项目基础上做迭代开发,为此该项目针对常见的开发需求将对应的接口独立以便简化对应的开发工作,常见的开源开发工作如下。

(1)通信协议对接:支持对接多种协议的交通信号控制设备;

(2)优化算法开发:提供实用的信控优化算法并允许用户开发自己的算法;

(3)仿真环境开放:对接 OpenATC 虚拟环境,扩展和验证更高级的信控算法;

有关具体开发环境的搭建,内部代码业务流程,可通过相关网站获取进一步信息。

3. OpenATC 开源仿真

OpenATC 开源仿真,是将开源虚拟信号机、开源信控平台和 SUMO 开源仿真软件相结合,可对各类交通信号控制算法进行有效验证,结合交通仿真行业标准组建 OpenATC 硬件/软件在回路仿真系统。

开源虚拟信号控制机是 OpenATC 实体信号机的软件版本,两者的关系可参考本书第 7 章的描述。

开源虚拟信号控制机可以通过协议实现与 SUMO 交通仿真软件、OpenATC 开源统一信控平台以及虚拟检测设备的通信,构建完整的开源的软件在回路系统。

4. OpenATC 开源社区

OpenATC 开源社区(官网网址:www.openatc.org.cn)致力于提供一个无商业、非营利性质的公益性共享交流平台。OpenATC 开源社区平台共分为四大功能模块:

(1)"新闻"模块:提供行业前沿动态信息共享,帮助用户把握业界新资讯;

(2)"下载"模块:提供开源程序及开发文档共享;

(3)"社区"模块:提供热点信息分享及交流讨论地;

(4)OpenATC微信公众号以及"开源信控俱乐部"微信群:提供日常技术交流平台。

8.4 开源工程的实际应用

基于上述开源项目,可进一步进行针对实际需求的开发工作,本节列举几种典型的应用场景。

8.4.1 开源仿真下的软硬件在回路系统

1. 系统架构

传统软硬件在回路系统中的交通信号控制机和仿真软件均具备行业壁垒,不利于行业整体进步,而基于开源仿真的软硬件在回路系统提供了包含开源交通信号控制机、开源交通信号控制平台以及开源交通仿真软件在内的三大模块。开源交通信号控制机具备路口传统交通信号控制机的所有功能,并支持源码开发;开源交通信号控制平台具备页面显示及配置功能,同时具备各种成熟的控制接口,开发者可通过修改接口调用形式实现对开源信号控制机实时方案的修改,并进行算法开发工作;开源交通仿真软件用于仿真路网搭建,模拟真实交通运行场景,为信号控制机和控制算法提供各类实时交通流信息。图8-15为开源仿真下的软硬件在回路架构。

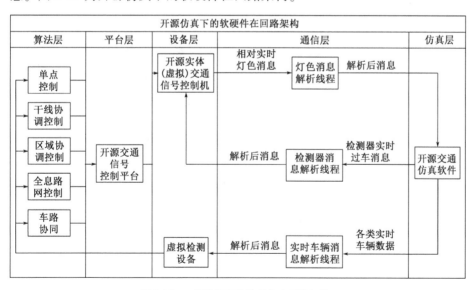

图8-15 开源仿真下的软硬件在回路架构

2. 系统开发及搭建

基于上述架构可进行开源仿真下的软硬件在回路系统的开发及搭建。本次开发工作基于Windows操作系统平台,开源交通信号控制平台选取OpenATC开源信号控制平台,交通信号控制机选取OpenATC开源信号控制机,仿真软件选取 SUMO 开源交通仿真软件。整体开发及搭建流程如下：

1）准备平台、软件及工具等

（1）OpenATC 开源信号控制平台（平台准备工作及搭建方法参考 OpenATC 平台搭建手册）。

（2）OpenATC 开源虚拟信号机。

（3）SUMO 开源交通仿真软件 1.10+（Windows 版本）。

（4）Python3+（一种编程语言工具）。

（5）Notepad++ 文本编辑器。

2）建立 OpenATC 开源信号控制平台与 OpenATC 开源虚拟信号机间的通信

为方便对信号控制方案进行修改或调用平台控制接口对虚拟信号机进行实时控制，需要建立 OpenATC 开源信号控制平台与 OpenATC 开源虚拟信号机间的通信，虚拟信号机会向平台推送各类实时状态消息，同时平台提供各类控制接口控制虚拟信号机信号控制方案的改变。

此处通过 IP 端口的配置可以实现通信，首先登录平台界面，在上方菜单栏的基础管理处选择路口管理，单击右上方新增按钮，添加一个路口，在新增路口编辑界面编辑平台向虚拟信号机发送控制消息的 IP、端口，如图 8-16 所示。

图 8-16　OpenATC 开源信控平台新增路口配置界面

在虚拟信号机 OpenATCHWParam.json 配置文件中需要将 netcard 后 ip 更改为平台配置的路口 ip，OpenATCHWParam.json 配置文件如图 8-17 所示。在虚拟信号机 ConfigPort.xml 配置文件中将 CfgPort 后的数字更改为平台配置的路口端口，以使虚拟信号机正确接收到平台的控制命令，ConfigPort.xml 配置文件如图 8-18 所示。

```
{"netcard": [{"ip": "192.168.16.145", "subnetmask": "255.255.255.0", "gateway": "192.168.15.1"},
{"ip": "10.118.156.12", "subnetmask": "255.255.255.122", "gateway": "10.118.156.22"}],
"centerip": {"ip": "192.168.16.133", "port": 31003}, "cascade": {"lampboards": 0,
"detectorboards": 0, "ioboards": 0, "joinoffset": 0}, "startsequence": {"startyellowflash": 6,
"startallred": 6, "greenwavecycle": 5}, "faultdetect": {"closegreenandredon": 0,
"detectgapgreenandredon": 20, "closenoredon": 0, "detectgapnoredon": 0, "detectgapgreenconflict"
: 0}, "siteid": "21001", "areaid": "11001", "intersectionid": "15001", "fixintersectioninfo":
"11", "steptype": 0}
```

图 8-17　虚拟信号机 OpenATCHWParam.json 配置文件

```
1  <Config>
2      <CfgPort>15001</CfgPort>
3      <DetectorPort>20030</DetectorPort>
4      <VideoDetectorPort>20030</VideoDetectorPort>
5      <SimulateIP>127.0.0.1</SimulateIP>
6      <SimulatePort>6667</SimulatePort>
7  </Config>
```

图 8-18　虚拟信号机 ConfigPort.xml 配置文件

另外，为实现虚拟信号机实时方案的平台展示，需要在虚拟信号机 OpenATCHWParam.json 配置文件中将 centerip 后 ip、port 修改为平台服务的 IP 和端口，确保平台可以接收到虚拟信号机推送的各类状态信息，以实现 OpenATC 开源信控平台与 OpenATC 开源信号控制机之间的通信，OpenATCHWParam.json 配置文件如图 8-17 所示。

3）建立 OpenATC 开源虚拟信号机与 SUMO 开源交通仿真软件间的通信

当 OpenATC 开源虚拟信号机方案灯色发生变化时，OpenATC 开源虚拟信号机会将变化后的灯色状态信息发送给指定的 IP 端口，仿真软件 UDP 客户端接收到灯色状态信息后经过解析处理转化为 SUMO 中 TraCI 相关接口可识别的格式，向仿真软件中对应的设备下发新的灯色状态指令，SUMO 中下发灯色状态代码如下所示：

1. traci.trafficlight.setRedYellowGreenState(tlsID,newryg)
2. traci.trafficlight.setPhaseDuration(tlsID,999)

其中第一行表示为指定信号控制机设置当前仿真步内的灯色状态，第二行表示为指定信号控制机设定色步持续时间，直到收到虚拟信号机发送的下一个灯色状态指令，通过该处理方法保证仿真运行中的实时灯色与虚拟信号机保持一致，实现虚拟信号机信控方案在仿真环境中的实时映射。

另外，仿真通过上下文订阅的方式获取仿真路网中所有检测器实时过车消息，并经过解析，发送给对应 ID 的虚拟信号机，虚拟信号机接收仿真检测器消息的端口为 ConfigPort.xml 配置文件中的 VideoDetectorPort，SUMO 中订阅检测器消息的代码如下：

```
1. traci. inductionloop. subscribeContext ( inductionloopid, tc. CMD _ GET _
INDUCTIONLOOP_VARIABLE, radius, [ tc. LAST_STEP_VEHICLE_NUMBER ] )
2. det = traci. inductionloop. getContextSubscriptionResults( inductionloopid)
```

至此，OpenATC 开源虚拟信号机与 SUMO 开源交通仿真软件、OpenATC 开源信号控制平台间的基本通信完成了，构建了一个最基本的开源仿真下的软硬件在回路系统，该系统将联通虚拟信号机和平台，并将虚拟信号机的实时信控方案映射在仿真虚拟环境中，同时该系统也将仿真环境中的车辆状态信息实时传输给虚拟信号机，给虚拟信号机提供各类控制算法运行所需的基础数据。

3. 系统应用

开源仿真下的软硬件在回路系统在实际项目中也有着广泛的应用，可以为现实复杂交通场景下各类信控解决方案提供优劣评价，根据用户需求侧重点提供合理有效的解决方案。下面将以有轨电车路口为例，简单叙述开源仿真下软硬件在回路系统在工程案例中的实际应用。

有轨电车作为城市重要的公共交通出行方式，其在城市道路中运行时一般具备一定的优先通行权，即有轨电车途经路口上下游一般会设置检测器，用来检测有轨电车的到达情况，并联动路口信号机对既定信控方案进行调整，确保有轨电车能够在无停等或少停等情况下经过路口，该控制方式可以在较大程度上提升有轨电车经过路口时的通行效率，但也存在一定的问题，即对路口非有轨电车所在相位影响较大，从而导致整个路口其他社会车辆的通行效率有较大幅度的下降，在这种情况下，路口有轨电车拥有较高优先通行权是否还是最优解就要画上一个问号了。

利用开源仿真下软硬件在回路系统可以有效测试、验证有轨电车经过路口的延误，优化有轨电车优先算法，同时也能较好地评估优先算法给其他社会车辆带来的延误影响。

众所周知，不论何种交通运输工具，都是人员流动的载体，为人服务，因此优先控制准确来说是为高人员密度的车辆服务的，即常规有轨电车或公交车辆的优先权应该基于其较高的人员密度来赋予。从这一角度来看，路口有轨电车优先通行权其实并不固定，若其他冲突相位车辆排队较长，公交车辆较多，而有轨电车上乘客较少，此时有轨电车在路口的优先权反而不如路口其他相位车辆。

针对上述这种情况，开源仿真下的软硬件在回路系统可以根据车载人员数量，通过实时给予不同类型车辆不同的权重值，在仿真中验证、对比不同优先算法的控制效果，提供多个角度和不同优化侧重点的解决方案。

基于开源仿真的软硬件在回路系统，打破行业壁垒，并提供配套的开源交通信号控制平台和开源交通信号控制机,行业算法开发者可利用该系统进行独立的算法开发工作,同时也可以将算法输出结果导入软硬件在回路系统进行仿真验证,促进行业健康发展。

8.4.2 不同网联渗透率下的交通仿真

智能网联将导致驾驶人行为模型的变更,交通仿真必须与时俱进,驾驶人行为模型处在快速变化中,传统闭源仿真方式导致模型迭代缓慢,不利于仿真准确还原现实场景。而开源交通仿真由于其开源特性,往往具备更多的模型参数选择,可根据现实场景各类实时参数及时进行模型修正。

1. 建立网联下的驾驶人行为模型

交通仿真按对交通系统描述的细节程度不同分为微观、中观和宏观仿真,而微观交通仿真的研究对象聚焦于单车车辆行为,因此相比较而言,微观交通仿真模型是三种交通仿真中对实际交通情况还原度最高的。驾驶人行为模型是微观交通仿真的核心组成部分,可以分为跟驰模型和换道模型。在城市智能网联环境下,前端感知设备具备实时感知能力,通过感知、计算,可以准确获取现实路网中各类车辆的驾驶行为、习惯等数据,该数据可进一步用于修正微观仿真驾驶人行为模型,使仿真模型可以最大限度地还原现实场景,提供切实可靠的优化解决方案。下面将以 SUMO 开源交通仿真软件为例,简单叙述如何在微观交通仿真软件中修改跟驰模型及换道模型,并根据智能网联下的实时数据在仿真运行中修改相关参数,实时修正驾驶人行为模型:

(1) 车辆跟驰模型

SUMO 开源交通仿真软件默认采用经过改进的 Krauss 跟驰模型,该模型是安全距离类模型,该模型中驾驶人会与前车保持安全车头间距,前车突然制动时,后车与前车保持足够的安全距离,有利于驾驶人及时作出减速制动反应,避免碰撞。除此之外,SUMO 还提供多种跟车模型供用户选择,如原始 Krauss 模型、PWagner2009 模型、BKerner 模型、IDM 模型、SmartSK 模型、Wiedemann 模型、W99 模型、ACC 模型、CACC 模型等,并支持部分共用参数的实时修改。

SUMO 中可通过以下 XML 语法设定不同车辆类型采用的车辆跟驰模型,并调整跟驰模型内部所用到的部分参数:

```
< vTypeid = " idmAlternative" length = "5" minGap = "2" carFollowModel = "IDM" tau = "1.0".../ >
```

在城市智能网联场景下,前端检测设备检测驾驶人各种驾驶行为参数,如车辆速度、加速度、常规减速度、紧急制动速度、最小停车间距、车头时距等,通过实时解析、大数据分析等处理手段描绘出包含车辆跟驰模型参数的车辆画像。在 SUMO 中,这些参数既可通过上述 XML 配置下发给指定类型的车辆,进行离线仿真测试,也可通过 TraCI 接口实时调整仿真中指定车辆相关跟驰模型参数,SUMO 中部分调整代码如下:

```
1. traci.vehicle.setSpeed(vehID,doubleValue)
2. traci.vehicle.setAccel(vehID,doubleValue)
3. traci.vehicle.setDecel(vehID,doubleValue)
4. traci.vehicle.setEmergencyDecel(vehID,doubleValue)
5. traci.vehicle.setMinGap(vehID,doubleValue)
6. traci.vehicle.setTau(vehID,doubleValue)
```

上述代码中第1至第6行分别展示了SUMO中实时调整运行中仿真目标车辆速度、加速度、常规减速度、紧急制动减速度、最小停车间距、车头时距这些共用跟驰模型参数的方法。

另外,SUMO还可通过设置车辆速度模式改变车辆在路口的通行行为,速度模式参数是一个由bitset转换而来的整数,具备如下字段:

①Bit0:考虑安全速度;
②Bit1:考虑最大加速度;
③Bit2:考虑最大减速度;
④Bit3:考虑交叉路口的通行权(仅适用于交叉口路口外接近的冲突车辆);
⑤Bit4:急刹车避免闯红灯;
⑥Bit5:忽略路口内车辆通行权(仅适用于已经进入交叉口内部的车辆)。

对应位为1时启用检查,为0时关闭对应检查。例如,[0,1,1,1,1,1]为默认打开所有检查,即车辆运行中考虑各种限制条件,转换为速度模式整数值为31;[0,0,0,1,1,1]将使车辆无视十字路口内部通行权,车辆会出现闯红灯现象,转换为速度模式整数值为7。SUMO中实时更改速度模式可以通过以下代码实现:

```
traci.vehicle.setSpeedMode(vehID,intBitValue)
```

(2)车辆换道模型

SUMO开源交通仿真软件默认采用LC2013换道模型,该模型由Jakob Erdmann基于DK2008开发,该模型的换道行为基于以下四个方面考虑:

①战略换道(即改变车道保证设定路线);
②合作换道(即前车速度较慢时主动换道避让后续车辆);
③速度收益换道(即通过换道获取更高的允许驾驶速度);
④靠右行驶原则。

除此之外,SUMO还提供了SL2015和DK2008两种换道模型,其中SL2015换道模型用于子车道模拟,该模型可实现多辆非机动车在同一车道上的并排行驶,单车道超车等功能;DK2008模型为SUMO0.18.0版本以前的原始换道模型。其中,LC2013模型和SL2015模型支持共用参数的实时修改。

SUMO中可通过以下XML语法设定不同车辆类型采用的车辆换道模型,并调整换道模型内部所用到的部分参数:

```
<vType id="myType" lcStrategic="0.5" lcSpeedGain="0.5"/>
```

上述XML配置中lcStrategic参数表示车辆进行战略换道的意愿,该值默认为1,取值范围为[0,inf]、-1,该值越大则战略换道的意愿越强烈,会导致更早地进行换道,反之则会更晚地换道。该值设置为 0 时,车辆会在车道尽头换道;该值设置为 -1 时,完全禁用战略换道。lcSpeedGain 参数表示驾驶人渴望通过换道提高车速的意愿强度,该值默认为 1,取值范围为[0,inf],该值越大则渴望通过换道提高车速的意愿越强烈。SUMO 换道模型中还有许多调节参数,本书此处不再一一列出,可通过 SUMO 官方网站提供的换道模型属性列表查询。

SUMO 中驾驶人换道行为既可以通过下发给指定类型的车辆,进行离线仿真测试,也可通过 TraCI 接口实时干预车辆换道行为或调整仿真中指定车辆相关换道模型参数,SUMO 中部分调整代码如下:

1. traci.vehicle.changeLane(vehID,laneIndex,duration)
2. traci.vehicle.setLaneChangeMode(vehID,1cm)

上述代码中第一行表示选定仿真运行中的指定车辆进行强制换道,其中 vehID 表示目标车辆 ID,laneIndex 表示需要换道到达的车道编号,duration 表示如果换道成功,则该车辆在指定车道上的持续运行时间。第二行表示实时更改 SUMO 中指定车辆换道模型的换道策略,其中,vehID 为目标车辆 ID,1cm 参数是一个由 bitset 转换而来的整数,该整数通过具备以下字段的位集转换而来。

①Bit1,bit0:00 = 不进行战略换道;01 = 如果不与 TraCI 换道请求冲突,进行战略换道;10 = 即使与 TraCI 换道请求冲突也进行战略换道。

②Bit3,bit2:00 = 不进行合作换道;01 = 如果不与 TraCI 换道请求冲突,进行合作换道;10 = 即使与 TraCI 换道请求冲突也进行合作换道。

③Bit5,bit4:00 = 不进行速度收益换道;01 = 如果不与 TraCI 换道请求冲突,进行速度收益换道;10 = 即使与 TraCI 换道请求冲突也进行速度收益换道。

④Bit7,bit6:00 = 不进行正确驱动换道;01 = 如果不与 TraCI 换道请求冲突,进行正确驱动换道;10 = 即使与 TraCI 换道请求冲突,也进行正确驱动换道。

⑤Bit9,bit8:00 = 遵循 TraCI 换道请求时不考虑其他车辆行为,调整速度满足换道请求;01 = 遵循 TraCI 换道请求时避免发生碰撞,调整速度以满足换道请求;10 = 换道时尊重其他车辆行为,调整速度以满足换道请求;11 = 换道时尊重其他车辆行为,不进行速度调整。

⑥Bit11,bit10:00 = 不进行子车道换道;01 = 如果不与 TraCI 换道请求冲突,则进行子车道换道;10 = 即使与 TraCI 换道请求冲突也进行子车道换道。

SUMO 默认的车道变换模式是 0b011001010101 = 1621,表示 laneChangeModel 可以执行所有与 TraCI 换道请求不冲突的变化。来自 TraCI 的换道请求会得到紧急处理(根据自身车辆与周边车辆的速度适应),同时也会充分考虑安全约束。如果需要禁用所有自主更改但仍保留仿真中的安全约束,可以使用 256(避免碰撞)或 512(避免碰撞和安全间隙强制)车道变换模式中的一种。

2. 建立网联下与交通信号机互动的控制模型

智能网联下与交通信号机互动的控制模型主要是在交通仿真中建立与交通信号机的交互控制，智能网联环境下，前端感知设备可以提供的数据不再只局限于检测器过车数据，还提供如车辆速度、车辆驾驶行为、车辆间距、路口路段车辆存量、车辆排队长度等多个维度的路网实时信息。这些信息均可在交通仿真中进行还原，并通过一定的形式传输给交通信号机或交通信号机的外接控制算法模块，交通信号机或外接控制算法模块通过多维度的仿真路网信息计算信控优化方案，并向仿真路网传输路口的实时灯色消息，建立智能网联下与信号机交互的控制模型。下面以 SUMO 开源交通仿真软件为例，简单叙述智能网联场景下与交通信号机互动的控制模型。

(1) 仿真灯色控制

SUMO 中交叉口信号灯采用色步控制，即为路口所有信号灯设置相应的灯色状态，在 SUMO 中每个车道信号灯具备多种灯色状态选择，下面为几种常用的灯色状态。

r:红灯，车辆必须停止；

y:黄灯，如果车辆距离交叉口较远，车辆开始减速，否则会通过交叉口；

g:低优先级绿灯，如果冲突方向不存在优先级更高的灯色，车辆可以通过，否则会减速等待高优先级绿灯车道的车辆通过；

G:高优先级绿灯，经过该绿灯车辆具备优先通行权；

o:低优先级关灯，灯闪烁，通过车辆优先级较低，需对冲突方向让行；

O:高优先级关灯，通过车辆具备优先通行权。

如图 8-19 所示，北方向路口车道连接编号为 0，东方向路口车道连接编号为 1，南方向路口车道连接编号为 2，西方向路口车道连接编号为 3，对应的灯色状态为"GrGr"，通过上述对应方式完成 SUMO 仿真中灯色控制。

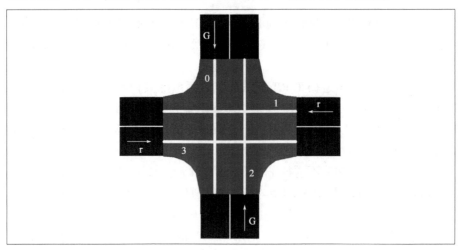

图 8-19 SUMO 路口灯色状态显示

(2) 仿真路网及车辆状态输出

SUMO 仿真支持多种路网对象实时状态的输出，提供从检测器数据到每个车辆的个体行为数据再到车道车辆排队、延误、占有率数据，在实际应用中，通常采用上下文订阅的方式批量获取对象实时状态，此方法避免了每个仿真步内的大批量调用，提升仿真运行速度。

①检测器过车数据输出。

SUMO 交通仿真中检测器 I/O 数据可通过以下代码进行订阅：

```
1. traci.inductionloop.subscribeContext.(
2. inductionloopid,tc.CMD_GET_INDUCTIONLOOP_VARIABLE,150,
3. [tc.LAST_STEP_VEHICLE_NUMBER])
```

上述示例代码展示了订阅某个检测器测得的周边 150 m 范围内的车辆数量，可以用于模拟真实检测器的 I/O 状态，当检测器检测到车辆时，对应检测器订阅的数据为 1，否则为 0，该数据可在每个仿真步进行输出。

②车辆个体维度数据输出。

```
1. traci.junction.subscribeContext.(
2. junctionID,tc.CMD_GET_VEHICLE_VARIABLE,150,
3. [tc.VAR_POSITION,tc.VAR_SPEED,tc.VAR_ANGLE,tc.VAR_LANE_ID,tc.VAR_TYPE])
```

上述示例代码展示了订阅指定路口 150 m 范围内所有车辆的位置、速度、行驶角度、所在的车道 ID 以及车辆类型数据，该数据可在每个仿真步进行输出。

③车道维度数据输出。

```
1. traci.junction.subscribeContext1.(
2. junctionID,tc.CMD_GET_LANE_VARIABLE,lane_sub_radius,
3. [tc.LAST_STEP_MEAN_SPEED,tc.LAST_STEP_VEHICLE_NUMBER,
4. tc.LAST_STEP_VEHICLE_HALTING_NUMBER,
5. tc.LAST_STEP_OCCUPANCY,tc.LAST_STEP_LENGTH,
6. tc.VAR_WAITING_TIME,tc.LAST_STEP_VEHICLE_ID_LIST])
```

上述示例代码示例展示了订阅指定路口 150 m 范围内所有车道上的车辆平均速度、车辆数量、排队车辆数、车辆占有率、车辆平均长度、车辆平均停车等待延误、车辆 ID 列表数据，这些数据可在每个仿真步进行输出。

基于 SUMO 交通仿真软件的各类输出参数，交通信号控制机内部控制算法或外部平台控制算法可进行信控方案的实时生成和修改，形成智能网联下与信号控制机实时交互的控制模型。

3. 建立智能网联下的联动仿真

对于微观交通仿真而言，静态模型通常包含路口渠化、道路长度、宽度、各类检测器位置等路网模型，这部分模型由于不具备动态变化的特点，在建模时往往更容易与现实场景保持一致，通常在正确的建模流程下对仿真精准度影响较小。因此微观交通仿真中，还原现实场景准确度主要由各种动态模型决定，如路网车流量、路网车流时间分布、路网车流空间分布、路网车辆类型分布、路网车辆跟驰模型、路网车辆换道模型、路网路口交通信控方案等，这些交通数据在无感知设备的路网中往往是难以获取的，模型中相关参数往往采取人工统计值或规范标准中的参考值,导致仿真建模精度不够,不能有效还原现实场景。而智能网联下可以获取车辆完整 OD、车辆运行中的行为模型参数以及每个个体车辆的时间、空间分布,前端检测将数据定时传输给仿真环境,仿真环境接收数据后通过控制接口修正路网中各类动态参数进行联动仿真。

本章思考题

1. 简述开源的定义和基本特征,列举自己所知的开源项目。
2. 列举几种典型的开源许可协议,并描述几种协议之间的区别。
3. 开源的交通信号控制系统是基于什么样的需求背景产生的?
4. 仿真在数字孪生系统中发挥什么样的作用?举例说明。
5. SUMO 交通仿真二次开发一般使用什么接口?
6. 开源的交通信号控制系统有哪些优点?

参 考 文 献

[1] Advanced Transportation Controller Joint Committee. Advanced Transportation Controller (ATC) Standard Version 06A：ATC 5201 v06A.36[S]. Washington，D.C.：AASHTO，2020.

[2] AASHTO，ITE and NEMA. Model 2070 Controller Standard Version 03：ATC 5202 v03.04[S]. Washington，D.C.：AASHTO，2012.

[3] AASHTO，ITE，NEMA. Advanced Transportation Controller (ATC) Cabinet Standard Version 02：ATC 5301 v02.02[S]. Washington，D.C.：AASHTO，2019.

[4] Advanced Transportation Controller Joint Committee. Application Programming Interface (API) Standard for the Advanced Transportation Controller (ATC) v02A：ATC 5401 v02A.35[S]. Washington，D.C.：AASHTO，2020.

[5] 李瑞敏，章立辉. 城市交通信号控制[M]. 2版. 北京：清华大学出版社，2021.

[6] 于泉. 城市交通信号控制基础[M]. 2版. 北京：人民交通出版社股份有限公司，2019.

[7] 吴兵，李晔. 交通管理与控制[M]. 6版. 北京：人民交通出版社股份有限公司，2020.

[8] 徐建闽. 交通管理与控制[M]. 北京：人民交通出版社，2007.

[9] 王殿海，蔡正义，曾佳棋，等. 城市交通控制中的数据采集研究综述[J]. 交通运输系统工程与信息，2020，20(3)：95-102.

[10] 中华人民共和国国家质量监督检验检疫总局，中国国家标准化管理委员会. 道路交通信号控制机：GB 25280—2016[S]. 北京：中国标准出版社，2016.

[11] 中华人民共和国国家质量监督检验检疫总局，中国国家标准化管理委员会. 交通信号控制机与上位机间的数据通信协议：GB/T 20999—2017[S]. 北京：中国标准出版社，2017.

[12] 中华人民共和国公安部. 公安交通集成指挥平台通信协议 第1部分：总则：GA/T 1049.1—2013[S]. 北京：中国标准出版社，2013.

[13] 中华人民共和国公安部. 公安交通集成指挥平台通信协议 第2部分：交通信号控制系统：GA/T 1049.2—2013[S]. 北京：中国标准出版社，2013.

[14] 杨文臣，张轮，ZHU Feng. 多智能体强化学习在城市交通网络信号控制方法中的应用综述[J]. 计算机应用研究，2018，35(6)：1613-1618.

附录A　GB 25280 对象消息结构

[节选自《道路交通信号控制机》(GB 25280—2016)]

A.1　联机

A.1.1　联机请求指令

信号机发送联机请求指令,见表 A.1。

联机请求指令　　　　　　　　　　　　　　　　　表 A.1

帧开始	版本号	发送方标识	接收方标识	数据链路码	区域号	路口号	操作类型	对象标识	保留	数据内容	帧校验	帧结束
0xc0	0x10	0x10	0x20	0x01	—	—	0x81	0x01	0x01		—	0xc0

A.1.2　联机请求应答

上位机发送联机应答消息,见表 A.2。

联机请求应答　　　　　　　　　　　　　　　　　表 A.2

帧开始	版本号	发送方标识	接收方标识	数据链路码	区域号	路口号	操作类型	对象标识	保留	数据内容	帧校验	帧结束
0xc0	0x10	0x20	0x10	0x01	—	—	0x84	0x01	0x01		—	0xc0

A.1.3　联机查询指令

信号机发送联机查询指令,见表 A.3。

联机查询指令　　　　　　　　　　　　　　　　　表 A.3

帧开始	版本号	发送方标识	接收方标识	数据链路码	区域号	路口号	操作类型	对象标识	保留	数据内容	帧校验	帧结束
0xc0	0x10	0x10	0x20	0x01	—	—	0x80	0x01	0x01		—	0xc0

A.1.4　联机查询应答

上位机发送联机查询应答消息,见表 A.4。

联机查询应答　　　　　　　　　　　　　　　　　表 A.4

帧开始	版本号	发送方标识	接收方标识	数据链路码	区域号	路口号	操作类型	对象标识	保留	数据内容	帧校验	帧结束
0xc0	0x10	0x20	0x10	0x01	—	—	0x83	0x01	0x01		—	0xc0

A.2 交通流信息

信号机主动上传交通流消息,见表 A.5。

表 A.5
交通流信息主动上传

帧开始	版本号	发送方标识	接收方标识	数据链路码	区域号	路口号	操作类型	对象标识	保留	数据内容	帧校验	帧结束
0xc0	0x10	0x10	0x20	0x02	—	—	0x82	0x02	0x01	$1+N\times6$ 字节(N 为检测器数量),首字节为检测器数量	—	0xc0

A.3 信号机工作状态

A.3.1 信号机工作状态查询指令

上位机查询信号机工作状态指令,见表 A.6。

表 A.6
信号机工作状态查询指令

帧开始	版本号	发送方标识	接收方标识	数据链路码	区域号	路口号	操作类型	对象标识	保留	数据内容	帧校验	帧结束
0xc0	0x10	0x20	0x10	0x02	—	—	0x80	0x03	0x01	—	—	0xc0

A.3.2 信号机工作状态查询应答

信号机收到上位机查询指令后发送应答消息,见表 A.7。

表 A.7
信号机工作状态查询应答

帧开始	版本号	发送方标识	接收方标识	数据链路码	区域号	路口号	操作类型	对象标识	保留	数据内容	帧校验	帧结束
0xc0	0x10	0x10	0x20	0x02	—	—	0x83	0x03	0x01	6 字节,包括当前运行相位、方案及控制方式等状态数据	—	0xc0

A.3.3 信号机工作状态主动上传

信号机工作状态发生变化后主动上传消息,见表 A.8。

表 A.8
信号机工作状态主动上传

帧开始	版本号	发送方标识	接收方标识	数据链路码	区域号	路口号	操作类型	对象标识	保留	数据内容	帧校验	帧结束
0xc0	0x10	0x10	0x20	0x02	—	—	0x82	0x03	0x01	6 字节,包括当前运行相位、方案及控制方式等状态数据	—	0xc0

A.4 灯色状态

A.4.1 灯色状态查询指令

上位机查询灯色状态时发送指令,见表 A.9。

灯色状态查询指令   表 A.9

帧开始	版本号	发送方标识	接收方标识	数据链路码	区域号	路口号	操作类型	对象标识	保留	数据内容	帧校验	帧结束
0xc0	0x10	0x20	0x10	0x02	—	—	0x80	0x04	0x01	—	—	0xc0

A.4.2 灯色状态查询应答

信号机收到查询指令后发送应答消息,见表 A.10。

灯色状态查询应答   表 A.10

帧开始	版本号	发送方标识	接收方标识	数据链路码	区域号	路口号	操作类型	对象标识	保留	数据内容	帧校验	帧结束
0xc0	0x10	0x10	0x20	0x02	—	—	0x83	0x04	0x01	12 字节,首字节 BIT0～BIT1 用于标识 1 号灯组灯色,首字节 BIT2～BIT3 标识 2 号灯组灯色,依次类推	—	0xc0

A.4.3 灯色状态主动上传

灯色发生变化时信号机主动发送消息,见表 A.11。

灯色状态主动上传   表 A.11

帧开始	版本号	发送方标识	接收方标识	数据链路码	区域号	路口号	操作类型	对象标识	保留	数据内容	帧校验	帧结束
0xc0	0x10	0x10	0x20	0x02	—	—	0x82	0x04	0x01	12 字节,首字节 BIT0～BIT1 用于标识 1 号灯组灯色,首字节 BIT2～BIT3 标识 2 号灯组灯色,依次类推	—	0xc0

A.5 信号配时方案

A.5.1 信号配时方案查询指令

上位机查询信号配时方案时发送查询指令,见表 A.12。

信号配时方案查询指令   表 A.12

帧开始	版本号	发送方标识	接收方标识	数据链路码	区域号	路口号	操作类型	对象标识	保留	数据内容	帧校验	帧结束
0xc0	0x10	0x20	0x10	0x03	—	—	0x80	0x08	0x01		—	0xc0

A.5.2 信号配时方案查询应答

信号机收到查询指令后发送应答消息,见表A.13。

表A.13 信号配时方案查询应答

帧开始	版本号	发送方标识	接收方标识	数据链路码	区域号	路口号	操作类型	对象标识	保留	数据内容	帧校验	帧结束
0xc0	0x10	0x10	0x20	0x03	—	—	0x83	0x08	0x01	1+N×24字节（N为方案数量）,首字节为方案数量,定义每个方案中需要执行的相位	—	0xc0

A.5.3 信号配时方案设置指令

上位机设置信号配时方案时发送设置指令,见表A.14。

表A.14 信号配时方案设置指令

帧开始	版本号	发送方标识	接收方标识	数据链路码	区域号	路口号	操作类型	对象标识	保留	数据内容	帧校验	帧结束
0xc0	0x10	0x20	0x10	0x03	—	—	0x81	0x08	0x01	1+N×24字节（N为方案数量）,首字节为方案数量,定义每个方案中需要执行的相位	—	0xc0

A.5.4 信号配时方案设置应答

信号机收到设置指令后发送应答消息,见表A.15。

表A.15 信号配时方案设置应答

帧开始	版本号	发送方标识	接收方标识	数据链路码	区域号	路口号	操作类型	对象标识	保留	数据内容	帧校验	帧结束
0xc0	0x10	0x20	0x10	0x03	—	—	0x84	0x08	0x01		—	0xc0

附录 B　通信帧结构、通信规范定义及通信规程

[节选自《交通信号控制机与上位机间的数据通信协议》(GB/T 20999—2017)]

B.1　通信帧结构

协议约定：

(1)信号机使用 RS-232-C、TCP/IP 通信方式时需要使用转义字符,当信号机使用 UDP/IP 通信方式时,不需要使用转义字符;

(2)协议约定开始字节为 0x7E,结束字节为 0x7D,转义字符为 0x5C,在报文数据中,遇到开始字节、结束字节、转义字符,在其前增加转义字符 0x5C;

(3)转义字符不参与 CRC-16 校验运算;

(4)协议约定采用 16 进制方式通信,协议数据为多字节时,高字节在前低字节在后;

(5)协议约定读取某个属性或者元素的全部值时,属性或者元素字段填 0。

协议约定见表 B.1。

协议约定　　　　　　　　　　　　　　　表 B.1

序号	字段名称	字节数	说明
1	开始字节	1	通信报文的开始字节,规定为 0x7E
2	报文长度	2	通信报文的长度,不包含报文头尾
3	协议版本	2	通信协议的版本号,0x0102 表示协议的版本号为 V1.02
4	上位机 ID	1	区分和信号机进行通信的上位机的 ID
5	信号机 ID	4	信号机在整个中心系统中的唯一标识符
6	路口 ID	1	信号机控制多路口时,通信确认路口序号
7	帧流水号	1	信号机和上位机之间实时通信时,双方确认通信帧发送的顺序。发送方对帧流水号进行编码,回复方回复数据采用发送方的流水号值
8	帧类型	1	通信帧的类型,详见 B.2.4 帧类型定义
9	数据值数量	1	该条报文需要操作的数据值的数量,一个报文最大可以操作 255 个数据值
10	数据值索引	1	该条数据值在报文所有操作数据值中的索引位置
11	数据值长度	1	该条数据值在报文中的长度,包含数据类 ID、对象 ID、属性 ID、数据元素 ID、数据值的长度
12	数据类 ID	1	信号机内部数据结构以数据类的形式来组织
13	对象 ID	1	对象是数据类中某一个具体的数据内容的定义
14	属性 ID	1	数据对象的具体属性,在查询类型报文中,当属性值为 0 时,表示读取该对象的所有属性值

续上表

序号	字段名称	字节数	说明
15	元素 ID	1	具体元素的索引,在查询类型报文中,当元素 ID 为 0 时,表示读取该属性的所有元素值
16	数据值	变长	具体的某个标识号代表的数据或者该标识号的值状态,帧类型为查询类型时,数据值长度为 0
17	CRC-16 校验	2	报文数据 CRC-16 校验值,CRC 生成多项式:$x^{16}+x^{12}+x^2+1$,不包含报文头尾字节
18	结束字节	1	协议规定为 0x7D

B.2 通信协议规范定义

B.2.1 概述

通信协议规范规定的数据值定义可扩展,各厂家可以根据需求定义。

B.2.2 超时时间

超时时间定义如下:
(1)超时时间 1　　　　　　　　　　　　　　　　　　　　　　　　　　　　　0x32
(2)超时时间 2　　　　　　　　　　　　　　　　　　　　　　　　　　　　　0x64
(3)超时时间 3　　　　　　　　　　　　　　　　　　　　　　　　　　　　　0xC8
注:超时时间定义,超时时间 1:0x32,十进制值为 50,表示超时时间为 5 s(超时时间单位为 0.1 s),以此类推,不同的超时时间等级为了适应不同系统的网络建设情况。

B.2.3 通信类型

通信类型定义如下:
(1)TCP 通信　　　　　　　　　　　　　　　　　　　　　　　　　　　　　0x01
(2)UDP 通信　　　　　　　　　　　　　　　　　　　　　　　　　　　　　0x02
(3)RS232 通信　　　　　　　　　　　　　　　　　　　　　　　　　　　　0x03

B.2.4 帧类型

帧类型定义如下:
(1)查询(Type_Query)　　　　　　　　　　　　　　　　　　　　　　　　　0x10
(2)查询应答(Type_Query_Reply)　　　　　　　　　　　　　　　　　　　　0x20
(3)查询出错回复(Type_Query_Error_Reply)　　　　　　　　　　　　　　　0x21
(4)设置(Type_Set)　　　　　　　　　　　　　　　　　　　　　　　　　　0x30
(5)设置应答(Type_Set_Reply)　　　　　　　　　　　　　　　　　　　　　0x40
(6)设置出错回复(Type_Set_Error_Reply)　　　　　　　　　　　　　　　　0x41
(7)广播(Type_Broadcast)　　　　　　　　　　　　　　　　　　　　　　　0x50
(8)主动上报(Type_Trap)　　　　　　　　　　　　　　　　　　　　　　　0x60
(9)心跳查询(Type_Heart_Search)　　　　　　　　　　　　　　　　　　　0x70
(10)心跳应答(Type_Heart_Reply)　　　　　　　　　　　　　　　　　　　0x80

B.2.5　错误值状态

错误值状态定义如下：
(1) 值错误(Status_BadValue)　　　　　　　　　　　　　　　　　　　　　　　0x10
(2) 值长度错误(Status_WrongLength)　　　　　　　　　　　　　　　　　　　0x11
(3) 值越界(Status_OverFlow)　　　　　　　　　　　　　　　　　　　　　　　0x12
(4) 值只读(Status_ReadOnly)　　　　　　　　　　　　　　　　　　　　　　　0x20
(5) 值不存在(Status_Null)　　　　　　　　　　　　　　　　　　　　　　　　0x30
(6) 值一般错误(Status_Error)　　　　　　　　　　　　　　　　　　　　　　　0x40
(7) 控制失败(Control_Fail)　　　　　　　　　　　　　　　　　　　　　　　　0x50

注：值错误用于 int 型数据，数据值不在规定范围内的返回值；值长度错误用于 char 型数据，数据长度不在规定范围内的返回值；值一般错误用于不在规定范围内的错误返回值。

B.2.6　灯组类型

灯组类型定义如下：
(1) 机动车灯组(Light_Type_Vehicle)　　　　　　　　　　　　　　　　　　　0x01
(2) 非机动车灯组(Light_Type_NonVehicle)　　　　　　　　　　　　　　　　0x02
(3) 行人灯组(Light_Type_Pedestrian)　　　　　　　　　　　　　　　　　　　0x03
(4) 车道灯组(Light_Type_Road)　　　　　　　　　　　　　　　　　　　　　0x04

B.2.7　灯组状态

灯组状态定义如下：
(1) 灭灯(Light_Status_Off)　　　　　　　　　　　　　　　　　　　　　　　　0x01
(2) 红灯(Light_Status_Red)　　　　　　　　　　　　　　　　　　　　　　　0x10
(3) 红闪(Light_Status_RedFlash)　　　　　　　　　　　　　　　　　　　　　0x11
(4) 红快闪(Light_Status_Red_FastFlash)　　　　　　　　　　　　　　　　　0x12
(5) 绿灯(Light_Status_Green)　　　　　　　　　　　　　　　　　　　　　　0x20
(6) 绿闪(Light_Status_GreenFlash)　　　　　　　　　　　　　　　　　　　　0x21
(7) 绿快闪(Light_Status_Green_FastFlash)　　　　　　　　　　　　　　　　0x22
(8) 黄灯(Light_Status_Yellow)　　　　　　　　　　　　　　　　　　　　　　0x30
(9) 黄闪(Light_Status_YellowFlash)　　　　　　　　　　　　　　　　　　　 0x31
(10) 黄快闪(Light_Status_Yellow_FastFlash)　　　　　　　　　　　　　　　0x32
(11) 红黄灯(LightStatusRedYellow)　　　　　　　　　　　　　　　　　　　　0x40

B.2.8　检测器类型

检测器类型定义如下：
(1) 线圈(Detetor_Coil)　　　　　　　　　　　　　　　　　　　　　　　　　　0x01
(2) 视频(Detetor_Video)　　　　　　　　　　　　　　　　　　　　　　　　　0x02
(3) 地磁(Detetor_Geomagnetic)　　　　　　　　　　　　　　　　　　　　　0x03
(4) 微波检测器(Detetor_Microwave)　　　　　　　　　　　　　　　　　　　0x04
(5) 超声波检测器(Detetor_Ultrasonic)　　　　　　　　　　　　　　　　　　　0x05
(6) 红外检测器(Detetor_Infrared)　　　　　　　　　　　　　　　　　　　　　0x06

B.2.9 相位阶段出现类型

相位阶段出现类型定义如下：

(1) 相位阶段固定出现(Phase_Stage_Type_Fix)　　　　　　　　　　　　0x10
(2) 相位阶段按需求出现(Phase_Stage_Type_Demand)　　　　　　　　　0x20

注：相位阶段出现类型主要规定相位阶段链中相位阶段出现的类型，固定出现的相位阶段是指在每个信号周期内都会出现的相位阶段，按需求出现的相位阶段是指在每个信号机周期内根据其检测器上的需求确定该相位阶段是否出现。

B.2.10 相位阶段状态

相位阶段状态定义如下：

(1) 相位阶段未放行(Phase_Stage_Status_NotOfWay)　　　　　　　　　0x10
(2) 相位阶段正在放行(Phase_stage_Status_OnTheWay)　　　　　　　　0x20
(3) 相位阶段过渡(Phase_stage_Status_Transiton)　　　　　　　　　　 0x30

B.2.11 运行模式

运行模式定义如下：

1. 中心控制模式(Mode_Center_Control)　　　　　　　　　　　　　　0x10
(1) 中心日计划控制(Mode_Center_TimeTable_Control)　　　　　　　　0x11
(2) 中心优化控制(Mode_Center_Optimization_Control)　　　　　　　　0x12
(3) 中心协调控制(Mode_Center_Coordination_Control)　　　　　　　　0x13
(4) 中心自适应控制(Mode_Center_Adaptive_Control)　　　　　　　　　0x14
(5) 中心手动控制(Mode_Center_Manual_Control)　　　　　　　　　　 0x15
2. 本地控制模式(Mode_Local_Control)　　　　　　　　　　　　　　　0x20
(1) 本地定周期控制(Mode_Local_FixCycle_Control)　　　　　　　　　 0x21
(2) 本地感应控制(Mode_Local_Va_Control)　　　　　　　　　　　　　0x22
(3) 本地协调控制(Mode_Local_Coordination_Control)　　　　　　　　　0x23
(4) 本地自适应控制(Mode_Local_Adaptive_Control)　　　　　　　　　 0x24
(5) 本地手动控制(Mode_Local_Manual_Control)　　　　　　　　　　　0x25
3. 特殊控制(Mode_Special_Control)　　　　　　　　　　　　　　　　0x30
(1) 黄闪控制(Mode_Special_Flash_Control)　　　　　　　　　　　　　0x31
(2) 全红控制(Mode_Special_AllRed_Control)　　　　　　　　　　　　 0x32
(3) 关灯控制(Mode_Special_AllOff_Control)　　　　　　　　　　　　　0x33

注：运行模式分为3大类：中心控制模式、本地控制模式、特殊控制模式。每一个大类的控制模式下可以根据信号机内部的运行规则分成不同的小类运行模式。

B.2.12 报警类型

报警类型定义如下：

(1) 信号灯报警(Type_Alarm_Light)　　　　　　　　　　　　　　　　0x10
(2) 检测器报警(Type_Alarm_Detetor)　　　　　　　　　　　　　　　 0x30
(3) 设备故障报警(Type_Alarm_Device)　　　　　　　　　　　　　　　0x40
(4) 工作环境异常报警(Type_Alarm_Environment)　　　　　　　　　　　0x60

B.2.13 报警值

报警值定义如下：

（1）信号灯报警类型的值（1~192），表示 64 个灯组中的 192 个灯头报警值，排列的顺序为：灯组 1 的红、黄、绿、灯组 2 的红、黄、绿……。

（2）检测器报警的值为：1~64，表示具体编号的检测器报警。

（3）设备报警的值为：1~255，表示具体设备发生报警。

①1~10：控制板报警；

②11~40：相位板报警，11 表示相位板 1 报警，以此类推；

③41~60：检测板报警，41 表示检测器板 1 报警，以此类推；

④255：表示黄闪报警。

（4）工作环境报警值定义。

①0x10—电压异常，0x11—电压过高，0x12—电压过低，0x13—断电；

②0x20—温度异常，0x21—温度过高，0x22—温度过低；

③0x30—湿度异常，0x31—湿度过高，0x32—湿度过低；

④0x40—烟雾报警；

⑤0x50—震动报警；

⑥0x60—水浸报警；

⑦0x70—开关门报警，0x71—前门打开报警，0x72—后门打开报警，0x74—左侧门打开报警，0x78—右侧门打开报警。

B.2.14 故障类型

故障类型定义如下：

（1）绿冲突故障（Type_Fault_GreenConfict）　　　　　　　　　　　　　　　　0x10

（2）红绿冲突故障（Type_Fault_GreenRedConfict）　　　　　　　　　　　　　0x11

（3）红灯故障（Type_Fault_RedLight）　　　　　　　　　　　　　　　　　　0x20

（4）黄灯故障（Type_Fault_YellowLight）　　　　　　　　　　　　　　　　　0x21

（5）绿灯故障（Type_Fault_GreenLight）　　　　　　　　　　　　　　　　　0x22

（6）通信故障（Type_Fault_Communication）　　　　　　　　　　　　　　　0x30

（7）自检故障（Type_Fault_Self）　　　　　　　　　　　　　　　　　　　　0x40

（8）检测器故障（Type_Fault_Detetor）　　　　　　　　　　　　　　　　　　0x41

（9）继电器故障（Type_Fault_Realy）　　　　　　　　　　　　　　　　　　0x42

（10）存储器故障（Type_Fault_Memory）　　　　　　　　　　　　　　　　0x43

（11）时钟故障（Type_Fault_Clock）　　　　　　　　　　　　　　　　　　0x44

（12）主板故障（Type_Fault_MontherBoard）　　　　　　　　　　　　　　0x45

（13）相位板故障（Type_Fault_PhaseBoard）　　　　　　　　　　　　　　0x46

（14）检测板故障（Type_Fault_DetetorBoard）　　　　　　　　　　　　　　0x47

（15）配置故障（Type_Fault_Config）　　　　　　　　　　　　　　　　　　0x50

（16）控制响应故障（Type_Fault_Response）　　　　　　　　　　　　　　0x70

B.2.15 故障动作

故障动作定义如下：

(1)无故障动作(Switch_Null)   0x00
(2)切换到黄闪(Switch_To_Flash)   0x10
(3)切换到灭灯(Switch_To_Off)   0x20
(4)切换到全红(Switch_To_Red)   0x30
(5)切换到本地定周期(Switch_To_Local_FixCycle)   0x40
(6)切换到本地协调(Switch_To_Local_Coordination)   0x50
(7)切换到本地感应(Switch_To_Local_Va)   0x60

B.2.16 命令值

命令值定义如下：
(1)黄闪(Order_Flash)   0x01
(2)全红(Order_Red)   0x02
(3)开灯(Order_On)   0x03
(4)关灯(Order_Off)   0x04
(5)重启(Order_Reset)   0x05
(6)取消命令(Order_Cancel)   0x00

B.3 通信规程

通信双方可以采用主从方式进行通信：

(1)上位机通过查询请求、设置请求、广播、心跳查询报文来管理信号机,还应能接收和处理信号机的查询应答、设置应答、心跳应答、查询出错应答、设置出错应答报文；

(2)信号机应能接收和处理查询请求、设置请求、广播、心跳查询报文,还应能根据要求发送查询应答、设置应答、心跳应答、查询出错应答、设置出错应答报文；

(3)双方还要支持主动上报报文,信号机发送主动上报报文,上位机收到后应能够进行正确的处理;协议实体间的通信通过交换协议消息的方式实现。每个协议消息都表示为一个独立完整的数据报文；

(4)通信超时的处理方式,由上端系统厂家设定。

附录C 对象定义

[节选自《交通信号控制机与上位机间的数据通信协议》(GB/T 20999—2017)和《公安交通集成指挥平台通信协议 第2部分:交通信号控制系统》(GA/T 1049.2—2013)]

C.1 《交通信号控制机与上位机间的数据通信协议》(GB/T 20999—2017)中对象定义

以下对《交通信号控制机与上位机间的数据通信协议》(GB/T 20999—2017)标准中主要的对象类型进行介绍:

数据类包含以下内容:

(1)状态标记:M(n),M为应支持项,(n)表示有多个元素时,表示不同的元素编号;O为可选项;

(2)类型标记:Q为支持查询协议;S为支持设置协议;T为支持主动上报协议。

C.1.1 相位信息

表C.1为相位信息表。

相位信息表 表C.1

数据类ID	对象ID	属性ID	元素ID	状态标记	类型标记
相位信息	1.实际相位数	0.NULL	0.NULL	M(n)	Q
	2.相位配置表	1.相位编号		M(n)	Q
		2.相位的灯组		M(n)	Q、S
		3.失去路权过渡灯色1类型		M(n)	Q、S
		4.失去路权过渡灯色1时间		M(n)	Q、S
		5.失去路权过渡灯色2类型		M(n)	Q、S
		6.失去路权过渡灯色2时间		M(n)	Q、S
		7.失去路权过渡灯色3类型		M(n)	Q、S
		8.失去路权过渡灯色3时间		M(n)	Q、S
		9.获得路权过渡灯色1类型		M(n)	Q、S
		10.获得路权过渡灯色1时间		M(n)	Q、S
		11.获得路权过渡灯色2类型		M(n)	Q、S
		12.获得路权过渡灯色2时间		M(n)	Q、S
		13.获得路权过渡灯色3类型		M(n)	Q、S
		14.获得路权过渡灯色3时间		M(n)	Q、S
		15.开机获得路权灯色1类型		M(n)	Q、S

续上表

数据类ID	对象ID	属性ID	元素ID	状态标记	类型标记
相位信息	2.相位配置表	16.开机获得路权灯色1时间		M(n)	Q、S
		17.开机获得路权灯色2类型		M(n)	Q、S
		18.开机获得路权灯色2时间		M(n)	Q、S
		19.开机获得路权灯色3类型		M(n)	Q、S
		20.开机获得路权灯色3时间		M(n)	Q、S
		21.开机失去路权灯色1类型		M(n)	Q、S
		22.开机失去路权灯色1时间		M(n)	Q、S
		23.开机失去路权灯色2类型		M(n)	Q、S
		24.开机失去路权灯色2时间		M(n)	Q、S
		25.开机失去路权灯色3类型		M(n)	Q、S
		26.开机失去路权灯色3时间		M(n)	Q、S
		27.相位最小绿灯时间		M(n)	Q、S
		28.相位最大绿灯时间1		M(n)	Q、S
		29.相位最大绿灯时间2		O(n)	Q、S
		30.相位延长绿时间		M(n)	Q、S
		31.相位的需求		M(n)	Q、S
	3.相位控制表	1.相位编号		M(n)	Q
		2.相位屏蔽		O(n)	O、S
		3.相位禁止		O(n)	Q、S

C.1.2 相位阶段信息

表C.2为相位阶段信息。

相位阶段信息　　　　　　　　　　　　　　　　　　　　表C.2

数据类ID	对象ID	属性ID	元素ID	状态标记	类型标记
相位阶段信息	1.实际配置相位阶段数	0.NULL	0.NULL	M(n)	Q
	2.相位阶段配置表	1.相位阶段编号		M(n)	Q
		2.相位阶段的相位		M(n)	Q、S
		3.阶段中相位晚起动时间		M9M(n)	Q、S
		4.阶段中相位早结束时间		M9M(n)	Q、S
	3.相位阶段状态表	1.相位阶段编号		M(n)	Q
		2.相位阶段状态		M(n)	Q
		3.相位阶段已经运行时间		M(n)	Q
		4.相位阶段剩余时间		O(n)	Q
	4.相位阶段控制表	1.相位阶段编号		O(n)	Q
		2.相位阶段软件需求		O(n)	Q、S
		3.相位阶段屏蔽标志		O(n)	Q、S
		4.相位阶段禁止标志		O(n)	Q、S

注:1.相位阶段编号:阶段的序号。
　2.相位阶段的相位:包含在阶段中的相位。
　3.阶段中相位晚起动时间:阶段中的相位对于阶段开始时刻晚起动的秒数。
　4.阶段中相位早结束时间:阶段中的相位对于阶段结束时刻早结束的秒数。

C.1.3 相位安全信息

表 C.3 为相位安全信息。

相位安全信息　　　　　　　　　　　　　　　　　表 C.3

数据类 ID	对象 ID	属性 ID	元素 ID	状态标记	类型标记
相位安全信息	1. 相位冲突配置表	1. 相位编号		M(n)	Q
		2. 冲突相位序列		M(n)	Q、S
	2. 相位绿间隔配置表	1. 相位编号		M(n)	Q
		2. 绿间隔时间序列		M(n)	Q、S

注:1. 相位编号:信号机分配给该相位的序号。
　　2. 冲突相位序列:该相位和该属性中的相位编号冲突。

C.1.4 方案信息

表 C.4 为方案信息。

方案信息　　　　　　　　　　　　　　　　　　表 C.4

数据类 ID	对象 ID	属性 ID	元素 ID	状态标记	类型标记
方案信息	1. 实际方案数	0. NULL	0. NULL	M(n)	Q
	2. 方案配置表	1. 方案编号		M(n)	Q、S
		2. 方案所属路口序号		M(n)	Q、S
		3. 方案周期		M(n)	Q、S
		4. 方案协调序号		O(n)	Q、S
		5. 方案相位差时间		O(n)	Q、S
		6. 方案的相位阶段链		M(n)	Q、S
		7. 方案的相位阶段时间链		M(n)	Q、S
		8. 方案的相位阶段出现类型链		M(n)	Q、S

注:1. 方案所属路口序号:方案属于信号机控制的路口序号,用于信号机控制多路口时使用。
　　2. 方案周期:方案运行周期。
　　3. 方案协调序号:该方案的相位阶段链中需要协调的相位阶段序号。
　　4. 方案相位差时间:相位差时间。
　　5. 方案的相位阶段链:方案中阶段的执行顺序。
　　6. 方案的相位阶段时间链:相位阶段链中,对应阶段的执行时长。
　　7. 方案的相位阶段出现类型链:相位阶段链中,对应阶段的出现类型,分为固定出现和按需出现。固定出现时该阶段不可跳过,按需出现时该阶段按照检测器的请求出现,没有请求则可以跳过。

C.1.5 过渡约束

表 C.5 为过渡约束。

过渡约束　　　　　　　　　　　　　　　　　　表 C.5

数据类 ID	对象 ID	属性 ID	元素 ID	状态标记	类型标记
过渡约束	相位阶段过渡约束配置表	1. 目标相位阶段编号		M(n)	Q
		2. 相位阶段过渡约束值		M(n)	Q、S

注:1. 目标相位阶段编号:信号机中相位阶段的序号。
　　2. 相位阶段过渡约束值:阶段跳转时,目标阶段是否可以直接跳转,或需要经过该相位阶段号。

C.2 《公安交通集成指挥平台通信协议 第2部分:交通信号控制系统》(GA/T 1049.2—2013)中对象定义

以下对《公安交通集成指挥平台通信协议 第2部分:交通信号控制系统》(GA/T 1049.2—2013)标准中主要的对象类型进行介绍:

C.2.1 车道参数(Lane Param)

表C.6为车道参数表。

车道参数表　　　　　　　　　　　　　　　　表C.6

序号	元素名	说明
1	CrossID	路口编号
2	LaneNo	车道序号。从1开始,取值2位数字
3	Direction	
4	Attribute	车道属性。取值见表C.7
5	Movement	车道交通流向。取值见表C.8
6	Feature	车道特性。取值见表C.9

表C.7为车道属性表。

车道属性表　　　　　　　　　　　　　　　　表C.7

序号	值	说明
1	1	进口
2	2	出口
3	9	其他

表C.8为车道流向取值表。

车道流向取值表　　　　　　　　　　　　　　表C.8

序号	值	说明
1	11	直行
2	12	左转
3	13	右转
4	21	直左混行
5	22	直右混行
6	23	左右混行
7	24	直左右混行
8	31	掉头
9	99	其他

表 C.9 为车道特征取值表。

车道特征取值表　　　　　　　　　　　　　　　　表 C.9

序号	值	说明
1	1	机动车车道
2	2	非机动车车道
3	3	机非混合车道
4	9	其他

C.2.2　相位参数(Phase Param)

表 C.10 为相位参数。

相位参数　　　　　　　　　　　　　　　　表 C.10

序号	元素名	说明
1	CrossID	路口编号
2	PhaseNo	相位序号。从1开始,取值2位数字
3	PhaseName	名称
4	Feature	特征。取值1:关键,0:非关键,9:其他
5	LaneNoList	车道序号列表。至少包含一个车道序号<LaneNo>
6	PedDirList	

C.2.3　阶段参数(Stage Param)

表 C.11 为阶段参数。

阶段参数　　　　　　　　　　　　　　　　表 C.11

序号	元素名	说明
1	CrossID	路口编号
2	StageNo	阶段序号。从1开始,取值2位数字
3	StageName	阶段名称
4	Feature	特征。取值0:一般,1:感应
5	Green	绿灯时间。单位(s)
6	RedYellow	红黄时间。单位(s)
7	Yellow	黄灯时间。单位(s)
8	AllRed	全红时间。单位(s)
9	PhaseNoList	放行相位序号列表。包含至少一个相位序号<PhaseNo>

C.2.4　配时方案参数(Plan Param)

表 C.12 为配时方案参数。

配时方案参数　　　　　　　　　　　　　　　　表 C.12

序号	元素名	说明
1	CrossID	路口编号
2	PlanNo	方案序号。从1开始,取值3位数字
3	CycleLen	周期长度。单位(s)
4	CoordPhaseNo	协调相位号
5	OffSet	协调阶段差。单位(s)
6	StageNoList	放行阶段序号列表。包含至少一个阶段序号<StageNo>

附录 D NTCIP 标准中主要对象类型

以下对 NTCIP 标准中主要的对象类型进行介绍。

D.1 相位和环

相位参数中定义了相位放行过程中的各项功能和属性,它是特征参数的基础。相位参数中的环和并发相位说明了相位在放行过程中所处的位置以及与其他相位的关系。

相序是每个环中各相位的放行序列。

(1)相位时间参数

最小绿:在感应控制下,相位一次放行所执行绿灯的最小时间。它保证了停车线与车辆检测线圈之间车辆的绿灯时间,同时在这段时间内判断是否有车辆通过车辆检测线圈而决定是否继续放行,执行绿灯。

最大绿 1:在感应控制下,相位一次放行所执行绿灯的最大时间 1。车辆通过感应线圈后,相位的绿灯放行时间随之变长,最大绿是绿灯放行时间的最大限制。

最大绿 2:在感应控制下,相位一次放行所执行绿灯的最大时间 2。一般情况下,相位的最大绿灯时间使用最大绿 1,只有在强制执行最大绿 2 时才使用最大绿 2。

黄灯时间:机动车相位绿灯结束转向红灯信号的黄灯时间,单位为秒。

全红时间:机动车相位放行结束,在同环的下一个相位放行之前,放行的红灯时间,单位为秒。

红灯保护:相位黄灯结束后,距再次放行该相位,执行绿灯所需经历的最小红灯时间。

单位延长绿:在感应控制下,车辆通过感应线圈,相位绿灯时间延长一次的时间,单位为秒。

行人放行:行人相位绿灯时间。

行人清空:行人相位绿闪时间。行人放行和行人清空时间之和不能大于相位的绿信比时间。

(2)相位特殊属性

初始化:信号机开启运行的第一个周期,相位所处的状态。

未启用:相位在第一个周期一直执行红灯。

绿灯:相位从机动车和行人绿灯开始执行。

机动车绿灯:相位从机动车绿灯开始执行,行人不放行。

黄灯:相位从机动车黄灯开始执行。

红灯:相位从机动车全红开始执行。

未定义/其他:相位按照正常的放行序列放行。默认选项。

注意:"绿灯""机动车绿灯""黄灯"和"红灯"在同一个环中的只能有一个相位设置,而且设置这些选项的相位必须在相位屏障的同侧。

机动车自动请求:在感应控制下,人为设置一种机动车请求。

行人自动请求:在感应控制下,人为设置行人请求,使行人相位获取放行权。如果行人没有请求(实际请求或自动请求),行人在当前周期不放行。

双入口:当设置为双入口时,当所在环没有请求而其他环有请求时,仍可获取放行权。

自动闪光退出:当从闪光放行进入方案控制时,从该相位开始放行。

(3)并发相位

并发相位是可以和本相位同时放行的相位,以此来判定冲突相位。与当前相位在同一个相位屏障的同侧且不同环的相位都是该相位的并发相位。

D.2 跟随相位

跟随相位是与母相位放行状态相同的信号。它的放行受到母相位和修正相位的制约。同时,它不受相位屏障的约束,可跨越相位屏障放行。

母相位:跟随相位所跟随放行的机动车相位。母相位可设置多个,当两个母相位连续放行时,在前一个母相位的绿信比时间内跟随相位持续执行绿灯并跟随后一个继续放行。

绿灯:跟随相位跟随母相位结束放行绿灯后,继续放行的绿灯时间。

黄灯:当跟随相位的绿灯时间不为零时,放行的黄灯时间。绿灯时间为零时,黄灯时间使用母相位黄灯时间。

红灯:当跟随相位的绿灯时间不为零时,放行的红灯时间。绿灯时间为零时,红灯时间使用母相位全红时间。

修正相位:调整跟随相位的放行状态。

跟随相位的绿灯时间为零,当该相位执行绿灯和黄灯时,跟随相位不执行绿灯和黄灯。即当跟随相位执行绿灯时黄绿停止相位开始执行绿灯,此时跟随相位马上执行黄灯,并省掉剩余的绿灯时间;当跟随相位执行黄灯时黄绿停止相位开始执行黄灯,此时跟随相位马上执行红灯,并省掉剩余的黄灯时间。

跟随相位的绿灯时间不为零,对于该相位,跟随相位的绿灯时间将被省略。

D.3 协调方案

协调方案包含了信号机运行模式和方案的具体配置,定义了在方案运行中各相位的绿信比时间及相位放行模式等属性。它包括协调参数、绿信比参数、方案参数。

(1)协调参数

控制模式:信号机的运行模式。

自动:信号机按照时段表运行,或受上端协调控制,可接收上端系统和手持终端(PDA)的命令。

手动方案:信号机按指定的方案运行,除控制面板外,不接收任何命令或干预。

本地感应:信号机运行感应方案,除控制面板外,不接收任何命令或干预。

闪光:信号机运行闪光,除控制面板外,不接收任何命令或干预。

(2)绿信比参数

绿信比时间:相位的放行时间。包含了机动车相位的绿灯、绿闪、黄灯、全红时间以及行人相位的放行时间和清空时间。

模式:相位在执行方案时的功能。

可变标志:该相位在此绿信比模式下作为可变标志输出。

最小车辆响应:感应控制时,机动车相位被强制执行最小绿灯时间。此属性优先级高于相位参数中的"机动车自动请求"属性。

最大车辆响应:感应控制时,机动车相位被强制执行最大绿灯时间。此属性优先级高于相位参数中的"机动车自动请求"属性。

行人响应:感应控制时,行人相位被强制获取放行权。此属性优先级高于相位参数中的"行人自动请求"属性。

最大车辆/行人响应:感应控制时,机动车相位被强制执行最大绿灯时间,行人相位被强制获取放行权。此属性优先级高于相位参数中的"机动车自动请求"属性和"行人自动请求"属性。

忽略相位:该相位在此绿信比模式下,从方案中去除。

协调相位:当协调控制时,该相位作为协调相位,与其他路口进行协调。

(3)方案参数

相序表:执行该方案所使用的相序表的表号。

绿信比表:执行该方案所使用的绿信比表的表号。注意:绿信比表与方案的对应关系是固定的,即三个方案同时对应一个绿信比表,1、2、3方案使用绿信比表1,4、5、6方案使用绿信比表2,以此类推……

周期长:该方案运行一个周期使用的时间。该时间必须与绿信比表中的时间一致,否则无法进行协调控制。

相位差:此方案进行协调控制的相位差,也是协调二次过街控制方式的第一个相位差。

附录 E 本教材中英文对照表

英文简称	英文全称	中文全称(备注)
3G/4G/5G	3rd/4th/5th Generation Mobile Communication Technology	第三、四、五代移动通信技术
3GPP	3rd Generation Partnership Project	第三代合作伙伴计划
AASHTO	American Association of State Highway and Transportation Officials	美国国家公路和运输官员协会
AD	Analog to Digital	模拟量到数字量转换
AI	Artificial Intelligence	人工智能
ANSI	American National Standards Institute	美国国家标准学会
API	Application Programming Interface	应用程序接口
ARM	Advanced RISC Machine	进阶精简指令集机器
ATC	Advanced Transportation Controller	先进运输控制器,北美的一个交通信号控制器标准
ATC	Aldridge Traffic Controllers Pty Ltd.	澳大利亚的一家交通信号机企业
ATM	Asynchronous Transfer Mode	异步传输模式
BIM	Building Information Modeling	建筑信息模型
BIU	Bus Interface Unit	总线接口单元
BlueTooth	BlueTooth	蓝牙,一种近距离无线通信技术
Bit,Kb,Mb,Gb	Bit, KiloBit, MegaBit, GigaBit	位、千位、兆位、千兆位,计算机数据存储空间的一个单位
Byte,KB,MB,GB	Byte, KiloByte, MegaByte, GigaByte	字节、千字节、兆字节、千兆字节,计算机数据存储空间的一个单位
BS	Browser/Server	浏览器服务器架构,一种网络结构模式
C-V2X	Cellular Vehicle-to-Anything	蜂窝车联网
C2C	Center-to-Center	中心到中心
C2F	Center-to-Field	中心到外场
Caffe	Convolutional Architecture for Fast Feature Embedding	一个兼具表达性、速度和思维模块化的深度学习框架,由伯克利人工智能研究小组和伯克利视觉和学习中心开发
CAD	Computer Aided Design	计算机辅助设计
CAE	Computer Aided Engineering	计算机辅助工程
CTA 或 Caltrans	California Transportation Authority	(美国)加州交通局

续上表

英文简称	英文全称	中文全称(备注)
CAN	Controller Area Network	控制器域网
CFP	Cycle Flow Profiles	周期流量图式,SCOOT 系统的一种计算模型
Chainer	Chainer	一个开源的深度学习框架,完全在 NumPy 和 CuPy Python 库的基础上用 Python 编写
CIM	City Information Modeling	城市信息模型
CNTK	Microsoft Cognitive Toolkit	微软开源人工智能工具包
CORBA	Common Object Request Broker Architecture	通用对象请求代理体系
COM	Component Object Model	组件对象模型,微软公司开发的一种对象结构和规范,用以建立软件模块间的通信
CPU	Central Processing Unit	中央处理器
CSU/DSU	Channel Service Unit/Data Service Unit	信道服务单元/数据服务单元
CUDA	Compute Unified Device Architecture	一种由英伟达推出的通用并行计算架构
DATEX	Data Exchange Between Systems	系统数据交换协议
DFSG	Debian Free Software Guidelines	Debian 自由软件指南
DL	Deep Learning	深度学习
DMS	Dynamic Message Sign	动态信息标志
DRL	Deep Reinforcement Learning	深度强化学习
DS	Degree of Saturation	SCATS 定义的一种饱和度计算规则
DSRC	Dedicated Short Range Communication	专用短程通信
DUA	Dynamic User Assignment algorithms	动态用户分配算法
Eclipse	Eclipse	泰科(Tyco)公司生产的一种型号的交通信号控制机
ETC	Electronic Toll Collection	电子不停车收费
EULA	End User License Agreement	最终用户许可协议
FDDI	Fiber Distributed Data Interface	光纤分布式数据接口
FEC	Forward Error Correction	前向错误校正
FHWA	Federal Highway Administration	美国联邦公路局
FMCW	Frequency Modulated Continuous Wave	调频连续波
FSF	Free Software Foundation	自由软件基金会
FTP	File Transfer Protocol	文件传输协议
GE	General Electric Company	美国通用电气公司
GIS	Geographic Information System	地理信息系统
Gitee	Gitee	开源中国(OSChina)推出的基于 Git 的代码托管服务
GNU	GNU's Not UNIX	GNU 是一个操作系统,其内容软件完全以 GPL 方式发布。名称来自 GNU's Not Unix! 的递归缩写
GPL	General Public License	GNU 通用公共许可协议

续上表

英文简称	英文全称	中文全称(备注)
GPU	Graphics Processing Unit	图形处理器
GPRS	General Packet Radio Service	通用分组无线业务
GPS	Global Positioning System	全球定位系统
GSM	Global System for Mobile Communications	全球移动通信系统
HDLC	High-Level Data Link Control	高级数据链路控制
HDSP/FU	High Density Switch Pack/Flasher Unit	高密度开关/闪烁单元
HTTP	Hypertext Transfer Protocol	超文本传输协议
HTTPS	Hypertext Transfer Protocol Secure	安全超文本传输协议
IDC	Internet Data Center	互联网数据中心
INT8	8 Bit Integer	8比特整型
I/O	Input/Output	输入/输出
IP	Internet Protocol	互联网协议
ISDN	Integrated Services Digital Network	综合业务数字网
ISO	International Organization for Standardization	国际标准化组织
IT	Information Technology	信息技术
ITE	Institute of Transportation Engineers	(美国)运输工程师协会
ITS	Intelligent Transportation System	智能交通系统
JC	Joint Committee	联合委员会
LDP	Label Distribution Protocol	标签分发协议
LGPL	Lesser General Public License	GNU宽松通用公共许可证
LTE	Long Term Evolution	长期演进
LUT	Lookup Table	查找表
MARL	Multi Agent Reinforcement Learning	多智能体强化学习
MBODL	Mulan-Magnolia Open Data License Agreement	木兰-白玉兰开放数据许可
MEC	Mobile Edge Computing	移动边缘计算
MEMS	Micro Electromechanical System	微电子机械系统
MIB	Management Information Base	管理信息库
MIMO	Multiple-Input Multiple-Output	多输入多输出
MindSpore	MindSpore	由华为于2019年8月推出的新一代全场景AI计算框架
MIT	Massachusetts Institute of Technology	麻省理工学院
MMU	Malfunction Management Unit	故障管理单元
modem	Modulator-Demodulator	调制解调器,将数字信号转化成可沿普通电话线传输的模拟信号
MTTR	Mean Time to Restoration	平均故障修复时间
Mulan PSL	Mulan Permissive Software Licence	木兰宽松许可证

续上表

英文简称	英文全称	中文全称(备注)
MulanPubL	MulanPubL	木兰公共许可证
MULTICS	MULTiplexed Information and Computing System	多路复用信息和计算系统
NEMA	National Electrical Manufacturer's Association	(美国)国家电气制造商协会
NPU	Neural Network Processing Unit	神经网络处理器
NTCIP	National Transportation Communications for ITS Protocol	(美国)国家智能运输系统通信协议
NYSDOT	New York State Department of Transportation	纽约州交通部
OBU	On Board Unit	车载单元
OD	Origin Destination	起讫点
OFDM	Orthogonal Frequency Division Multiplexing	正交频分复用
OPA	Optical Phased Array	光学相控阵激光雷达
OpenATC	Open Advanced Traffic Signal Control System	开源先进交通信号控制系统
OpenDrive	OpenDrive	一种比较成熟的开源的描述道路结构的格式
OpenVINO	OpenVINO	Intel基于自身现有硬件平台开发的一种可以加快高性能计算机视觉和深度学习视觉应用开发速度的工具套件
OS	Operating System	软件操作系统
OSD	Open Source Definition	开源定义
OSI	Open Source Initiative	开源计划
OSI	Open System Interconnection Reference Model	开放系统互联参考模型
OSM	Open Street Map	开源地图
PC	Personal Computer	个人电脑
PCB	Printed Circuit Board	印制电路板
PCIE	Peripheral Component Interconnect Express	一种高速串行计算机扩展总线标准
PCMCIA	Personal Computer Memory Card International Association	个人电脑存储卡国际协会
PI	Performance of Index	性能指标,本书特指SCOOT系统下路段饱和度和性能指标
PMPP	Point to Multi-Point Protocol	点对多点协议
POP3	Post Office Protocol-Version 3	邮局协议版本3
POSIX	Portable Operating System Interface	可移植操作系统接口
PPP	Point to Point Protocol	点对点协议
PSC Ⅱ	PSC MK2	由飞利浦(Philips)公司生产的一种交通信号控制机
QTC	Quick Turn Circuits	一家澳大利亚信号机生产厂商
RAM	Random Access Memory	随机存储器
RCS	Radar Cross Section	雷达散射截面积
RFID	Radio Frequency Identification	射频识别技术
RL	Reinforcement Learning	强化学习

续上表

英文简称	英文全称	中文全称（备注）
RMS	Roads and Maritime Services	历史上称为 RTA（道路交通局），现称 RMS（道路和海事服务局）
ROM	Read-Only Memory	只读存储器
RSU	Road Side Unit	路侧单元
SCATS	Sydney Coordinated Adaptive Traffic System	悉尼协调自适应交通系统
SCOOT	Split Cycle Offset Optimization Technique	绿信比-周期-相位差优化技术，一种对交通信号网络实行协调控制的自适应控制系统
SDLC	Synchronous Data Link Control	同步数据链路控制
Shapefiles	Shapefiles	以矢量数据表达和储存地图要素的数据文件格式
SIU	Serial Interface Unit	串行通信接口单元
SLIP	Serial Line Internet Protocol	串行线路网际协议
SMP	Symmetrical Multi-Processing	对称多处理，是指在一个计算机上汇集了多个 CPU，各 CPU 之间共享内存子系统以及总线结构
SMTP	Simple Mail Transfer Protocol	简单邮件传输协议
SNMP	Simple Network Management Protocol	简单网络管理协议
SONET	Synchronous Optical Networking	同步光纤网络
SSH	Secure Shell	安全外壳协议
STMP	Simple Transportation Management Protocol	简单运输管理协议
SUMO	Simulation of Urban Mobility	德国宇航中心开发的一款开源的微观交通仿真软件
SVP	Smart Vision Platform	海思媒体处理芯片智能视觉异构加速平台
TCIP	Transit Communications Interface Profile	交通通信接口配置文件
TCP	Transmission Control Protocol	传输控制协议
TEES	Transportation Electrical Equipment Specifications	加州运输电气设备规范
TELNET	TELNET	远程终端协议
TensorFlow	TensorFlow	一个基于数据流编程的符号数学系统，被广泛应用于各类机器学习算法的编程实现
TFTP	Trivial File Transfer Protocol	简单文件传输协议
TOPS	Tera Operations Per Second	1TOPS 代表处理器每秒钟可进行一万亿（10^{12}）次操作
Torch	Torch	一种支持机器学习的科学计算架构
TraCI	Traffic Control Interface	SUMO 软件提供的一种软件扩展接口
TRANSYT	Traffic Network Study Tool	"交通网络研究工具"，是定时式脱机操作交通信号控制系统
TRL	Transport Research Laboratory	运输研究实验室
Tyco	Tyco	泰科

续上表

英文简称	英文全称	中文全称(备注)
UC Berkeley	University of California, Berkeley	加利福尼亚大学伯克利分校
UDP	User Datagram Protocol	用户数据包协议
USB	Universal Serial Bus	通用串行总线
V2I	Vehicle to Infrastructure	车与道路设施通信
V2N	Vehicle-to-Network	车与网络通信
V2P	Vehicle-to-Pedestrian	车与人通信
V2V	Vehicle to Vehicle	车车通信
VISSIM	VISSIM	德国 PTV 公司发布的一种微观交通仿真建模工具
VISUM	VISUM	德国 PTV 公司发布的一种宏观交通仿真建模工具
VPU	Video Processing Unit	视频处理单元
WG	Working Group	工作组
WLAN	Wireless Local Area Network	无线局域网
XML	Extensible Markup Language	可扩展标记语言